그때 장자를 만났다

내 인생의 전환점
그때 장자를 만났다
ⓒ강상구, 2014

초판 1쇄 발행 2014년 11월 21일
초판 19쇄 발행 2024년 6월 3일

지은이 강상구
펴낸이 유정연

기획편집 신성식 조현주 유리슬아 서옥수 황서연 정유진 **디자인** 안수진 기경란
마케팅 반지영 박중혁 하유정 **제작** 임정호 **경영지원** 박소영

펴낸곳 흐름출판(주) **출판등록** 제313-2003-199호(2003년 5월 28일)
주소 서울시 마포구 월드컵북로5길 48-9(서교동)
전화 (02)325-4944 **팩스** (02)325-4945 **이메일** book@hbooks.co.kr
홈페이지 http://www.hbooks.co.kr **블로그** blog.naver.com/nextwave7
출력·인쇄·제본 프린탑 **용지** 월드페이퍼(주) **후가공** (주)이지앤비(특허 제10-1081185호)

ISBN 978-89-6596-136-9   13320

- 흐름출판은 독자 여러분의 투고를 기다리고 있습니다. 원고가 있으신 분은 book@hbooks.co.kr로 간단한 개요와 취지, 연락처 등을 보내주세요. 머뭇거리지 말고 문을 두드리세요.
- 파손된 책은 구입하신 서점에서 교환해 드리며 책값은 뒤표지에 있습니다.

내 인생의 전환점

그때 장자를 만났다

강상구 지음

흐름출판

그림 출처

p.19, 47, 77, 121, 161, 189 — *illust by* 필몽(reell76@naver.com)
p.225 — 팔대산인八大山人 화조산수책花鳥山水册 중 〈하화도荷花圖〉
p.253 — 문징명文徵明 〈난죽도蘭竹圖〉
p.285 — 팔대산인八大山人 〈연화도蓮花圖〉
p.321 — 조지겸趙之謙 화훼책花卉册 중 〈옥란국약도玉蘭菊藥圖〉
p.353 — 팔대산인八大山人 〈초선도蕉蟬圖〉

일러두기

1 《장자》는 크게 내편과 외편, 잡편 세 부분으로 구성된다. 내편만 장자가 직접 쓴 것으로 널리 받아들여지고, 외편과 잡편은 대부분 제자들이 쓴 위작이라는 데 전문가들의 의견이 일치한다.

2 내편은 다시 소요유, 제물론, 양생주, 인간세, 덕충부, 대종사, 응제왕의 일곱 편으로 구성된다. 소요유에서는 유명한 붕새 이야기가 등장하고, 《장자》를 통틀어 가장 중요한 글이라고 평가받는 제물론에서는 '다름'의 문제를 어떻게 받아들여야 하는지 고민한다. 양생주에서는 거스르지 않는 인생의 지혜를 다루고, 인간세에서는 '현재'를 사는 지혜를, 덕충부에서는 '한계'를 극복하는 지혜를 설명한다. 대종사와 응제왕에서는 《장자》가 '도를 얻은 사람'이라는 뜻으로 쓰는 '진인眞人'과 '지인至人'의 모습을 통해 우리 자신을 돌아보는 기회를 준다.

3 외편은 변무, 마제, 거협, 재유, 천지, 천도, 천운, 각의, 선성, 추수, 지락, 달생, 산목, 전자방, 지북유로 이뤄져 있다. 잡편은 경상초, 서무귀, 칙양, 외물, 우언, 양왕, 도척, 설검, 어부, 열어구, 천하로 구성된다. 이 중 제자백가의 학설을 비교한 천하편은 외편과 잡편 중에서 거의 유일하게 장자 본인이 썼을 가능성을 인정받는 글이기도 하다.

4 《장자》는 6만 5천 자로 이뤄진 방대한 저작이다(6천 자에 불과한 《손자병법》보다 10배, 1만 6천 자에 이르는 《논어》의 4배에 해당하는 분량이다). 해설 없이 번역만 해도 5백 쪽이 넘는다. 이 책은 《장자》의 한 대목을 뽑아서 출전 편명과 함께 소개하고 필요한 설명을 곁들였다.

5 《장자》 설명의 도구로는 그리스 로마 고전들을 주로 활용했다. 소크라테스 이래 그리스 철학의 전통과 스토아학파를 비롯한 로마 철학은 《장자》와 놀라울 만큼 비슷한 면이 많다.

6 서구의 철학자로 그리스-로마에 속하지 않는 사람이 딱 두 명 등장한다. 한 명은 《그리스인 조르바》의 작가 니코스 카잔차키스, 다른 한 명은 《수상록》을 쓴 미셸 드 몽테뉴다.

시작하며

헛똑똑이 인생, 장자를 만나다

이른바 고전이라고 이름 붙은 책을 모조리 보겠다고 덤빈 때가 있다. 외환위기의 한가운데서 입사 1년 만에 무급휴직이라는 이름으로 사실상 직장에서 쫓겨났을 때니, 시간은 많았다. 《천자문》부터 시작해 《논어》, 《손자병법》을 닥치는 대로 읽어 내려가다 《장자》도 손에 잡았다.

답답했던 그 시절, 《장자》의 시작은 매력적이었다. 어두운 바닷속에 살지만 "한번 기운을 떨쳐 날면 날개가 마치 하늘에 드리운 구름 같다"는 붕새 이야기는 초라한 나 자신에게도 언젠가 한번 떨쳐 날아오를 날이 올 거라는 위로와 용기를 줬다. 하지만 딱 거기까지였다. 바로 다음 대목부터 장자는 탁 트인 시원함보다는 황당무계함을 안겨준다. "열자는 바람을 타고 다녀서 시원하고 유쾌해 하다가 보름 만에 돌아오는 사람이다." "어느 산에 신인神人이 사는데, 살결은 얼음이나 눈처럼 희고 부드럽고, 곱기는 처녀와 같고, 곡식은 먹지 않고 바람이나 이슬을 마시며, 구름을 타고 나는 용을 몰아 사해의 바깥을 노닌다." 상식 갖고 있는 사람은 이쯤에서 책장을 접고 만다. 적어도 나는 그랬다. '21세기에 한가하게 신선 타령이라니, 괜히 시간 낭비했다'는 독백을 남기며 책을 덮고 말았다.

우여곡절 끝에 나는 복직했고, 주로 정치부에서 일하게 됐다. 할 일은 갈등 '조정'이지만 하는 일은 갈등 '조장'인 정치인들을 보며 사는 일상이 시작됐다. 남 얘기할 것 없다. 나는 선배 간부들의 이런 저런 잔소리를 퍽이나 귀찮아 했다. 솔직히 말하면 선배들을 무시했다는 편이 더 정확할지도 모른다. 사실 합리적이지도 정당하지도 않은 지시도 간혹 있었다. 명백히 상하관계이기에 그런 지시를 거부하지도 않았지만, 그렇다고 고분고분 듣지도 않았다. 그리고 속으로 '그렇게 굽실거리고 살 거면 뭐하러 기자 하냐'고 선배를 한심하게 여겼다. 독야청청獨也靑靑, 유아독존唯我獨尊. 참 재수 없는 놈이었다. 나만 잘났다고 생각했기에 남 사정은 애당초 관심사도 아니었다.

나이가 들어 반장(언론계도 팀장이라는 호칭이 일반적으로 쓰이지만 유독 정치부에서만 반장이라는 호칭을 아직도 쓴다)이 되고부터는 내 마음처럼 움직여주지 않는 후배를 다그치는 게 내 일이었다. 내가 찾은 정답을 후배들에게 강요했다. 후배들 역시 그들의 방식으로 정답을 찾아가고 있다는 사실은 생각지 못한 채. 가뜩이나 과중한 업무에 힘겨워 하던 후배를 게으른 놈 취급하고, 갓 입사해 갈피를 못 잡는 후배를 감 없는 놈으로 규정하고, 입바른 소리하는 후배를 싸가지

없는 놈으로 몰아붙인 것도 편견이었다. 내가 사는 법만 정답이라는 오만함의 결과였다.

그때, 《장자》를 만났다. 뜻하지 않게 직장에서 1년 동안의 해외연수 기회가 주어졌다. 기자지만 기사를 쓰지 않는 지위가 기자 생활의 정답에 대해 다시 생각하게 했다. 치열한 삶에서 살짝 거리를 둘 수 있었고, 내가 발 담갔던 삶을 멈춰선 정물화처럼 볼 수 있었다. 미국으로 가는 비행기에서부터 다시 펼쳐든 《장자》는, 뜻밖에 술술 읽혔다. 여전히 뜬구름 잡는 우화들이 의미 있는 줄기로 엮여 하나의 이야기로 내게 말을 걸었다. 네가 인생을 아느냐고, 너만 인생의 정답을 아느냐고, 네가 가진 가치만 참이냐고, 남들의 생각에 관심을 가져본 적이라도 있느냐고.

답답한 세상, 규범에 날 가두는 공자보다 자유로운 장자를 만나다

《장자》는 집요하리만치 '공자 바보 만들기'를 시도한다. '인仁'과 '예禮'로 다스려지는 나라를 꿈꾸는 공자를 두고 '되지도 않을 짓을 하느라 평생을 낭비한 사람'이라는 평가를 내린다. 공자에게는 '님' 자 붙이는 게 자연스러운 우리에게 불편한 주장이다. 그렇다고 마치 시험을 앞두고 족보 외우는 사람처럼 '장자는 공자의 인위적인 인과 예를 비판한 사람'이라고만 기억한다면, 《장자》를 덜 읽은 사람이다. 장자가 그토록 싫어한 편견을 낳는 오해일 뿐이다. 《장자》의 황당무계함에 놀라 중간에 책을 덮어 버린 사람들이 하는 말이다. 차분히 다시 읽은 《장자》는 '공자의 생각이 틀렸다'고 주장한 게 아니었다.

공자의 생각은 옳다. 다만, 공자의 생각 '만' 옳다고 고집을 부리는 순간 오류가 발생한다.

예의는 인간 세상에서 중요한 덕목이다. 그러나 그 예의가 '배웠다, 못 배웠다', '잘났다, 못났다', '옳다, 그르다'의 잣대가 돼 사람을 차별하는 수단이 되는 순간, 예의는 덕목이 아니라 폭력이 된다. 일 년 상을 치르느냐 삼년상을 치르느냐를 두고 싸우다 피바람까지 일으키는 조선시대 예송논쟁이 바로 장자가 걱정한 사태다. 사람 잘 살도록 하자고 만든 예의가 사람을 잡는 현실이라니……. 불행히도 몇백 년 전의 이야기가 아니다. 불과 몇 년 전 '정의로운 사회'를 구호로 내세웠던 정권이 얼마나 부도덕했는지 우리 모두 기억하고 있다.

인간 역사를 통틀어 칭찬이라고는 들어본 적 없는 정치권을 굳이 언급할 것도 없다. 우리의 하루하루 살아가는 모습도 '나만 옳다'는 폭력으로 가득 차 있다. 내가 가는 길이 정답이라는 데, 내가 택한 길이 선이라는 데 추호의 의심도 없다. 하지만 내가 선택한 길만 옳다면, 나와 다른 길을 가는 사람은 틀린 게 되고 만다. 절대 선을 추구하는 사람은 절대 악에 빠지게 돼 있다. 절대 선은 절대 악을 잉태하기 마련이다.

《논어》에 등장하는 공자는 세상 사람을 군자와 소인으로 나눴다. 예의는 무례함을 전제했고, 덕은 부덕을 전제한 개념이다. 하지만 바꿔 생각해보자. 예의가 있기에 무례도 있는 게 아닐까? 덕이 부덕을 낳은 건 아닐까? 그렇게 나누고 가르는 습관이 '같음'보다는 '다름'

에 주목하게 한다. 공통분모는 버리고 여집합에만 집착하다 보면 어느새 '다름'은 '틀림'이 되고 만다. 사문난적斯文亂賊으로 몰려 처형당한 윤휴의 말을 나는 가끔 독백처럼 되뇐다. "천하의 허다한 의리를 어찌 주자만 알고 나는 모른다 하는가."

장자는 공자의 이분법을 거부한다. "'이것'이 있어야 '저것'이 있다(彼出於是)(제물론)." 애당초 '나'라는 개념이 있어야 '너'라는 개념이 있고, '여기'라는 개념이 있어야 '저기'라는 개념도 생긴다. '선'이 없으면 '악'도 없다. '굽은 나무가 선산 지킨다'는 속담처럼 '쓸모'라는 것도 보기 나름이다. 곧게 쭉쭉 뻗은 나무들은 쓰임이 많아 일찌감치 잘려 나가지만, 구불구불하게 못난 나무는 아무도 거들떠보지 않으니 끝까지 선산을 지킨다.

우리는 흔히 '다른' 것을 '틀리다'고 말하곤 한다. 학은 오리 다리가 짧다며 늘리겠다고 덤비고, 오리는 학의 다리가 길다며 자르겠다고 덤비는 꼴이다. 학은 다리가 길어서 좋고, 오리는 다리가 짧아서 좋다. 다른 것은 그럴 만한 이유가 있어서 다르다. 그것을 틀렸다고 덤비기 시작하면 세상사 꼬인다. 꼬인 세상에서 살자니 지치고 숨이 막힌다. 기지개를 한번 쫙 펴고 싶다. 답답한 세상에선 '군자'의 틀에 날 가두는 《논어》보다는 자유로운 《장자》가 제격이다.

다시 《장자》를 펼친다. 또 "한번 떨쳐 날면 날개가 구름처럼 드리우는" 붕새 이야기다. 붕새가 온갖 고생 끝에 마침내 구만리를 날아올랐다는 이야기를 듣고 매미가 말했다. "무슨 영광 보겠다고 구만리나 날아오르고 난리래?" 물론 내킬 때 폴짝 뛰어 나무에서 나무로 뛰어다니는 삶에 만족하고 즐길 줄 안다면, 그 삶 또한 가치 있다. 하지만, 왜 구만리를 날아오르는지 알지도 못하면서 붕새를 비웃을 권리는 없다. 붕새 역시 자신이 구만리를 날아오르는 훌륭한 존재라고 해서 폴짝거리는 게 고작인 매미를 우습게 볼 권리는 없다. 내 삶은 '정답'을 찾은 붕새의 삶이어서 위대한 게 아니라, 내 삶이어서 위대하다. 타인의 삶은 매미의 삶이어서 가소로운 게 아니라, 그 사람의 삶이기에 위대하다.

막장 드라마에선 악역이 등장해 주인공을 돋보이게 한다. 그러나 삶에서는 악역이 없다. 날 돋보이게 하기 위해 사는 사람도 없고, 날 해코지하기 위해 사는 사람도 없다. 저마다 자기의 삶을 살 뿐, 모두가 제 몫의 인생을 열심히 사는 주인공이다.

자연으로 돌아가라? 세상으로 들어가라!

《장자》를 '책 한 권으로 신선 되기'쯤으로 오해하는 데에는, '장자 = 노자 = 무위 = 자연'이라는 편견이 깔려 있다. 《장자》에 《노자》의 문구가 자주 인용되기도 하고, 《사기》를 쓴 사마천이 일찍이 장자를 노자와 한 부류로 묶어 그 사상의 핵심을 '무위자연無爲自然'으로 규정했으니 아예 근거 없는 편견은 아니다. 실제로 노자도, 장자도, '무위'의 중요성을 강조하기도 했다. 하지만 노자가 말한 무위는 무지몽매한 백성을 다스리는 지배의 기술이다. 장자가 말한 무위는 험한 세상 살아가는 삶의 기술이다. 지배는커녕 차라리 피지배의 기술에 가깝다.

물 한 바가지 붓는다고 바닷물이 넘치지 않는다. 자연이란 그런 것이다. 억지로 바꾸려 든다고 바뀌지 않는다. 본성이 그렇다. '자연으로 돌아가라'는 말은 산속에 들어가 도 닦고 신선 되라는 말이 아니다. 본성을 되찾자는 주장이다. 나 자신의 본성을 되찾고, 상대의 본성을 존중하자는 말이다. 억지로 상대를 바꾸려 들지 않고 있는 그대로 상대를 인정하자는 것이다. 그러자면 내 시선을 바꿔야 한다. 내 자리만 옮긴다면 머리카락만 뒤덮인 뒷모습 대신 눈부신 앞모습도 볼 수 있다. 내 시선을 바꾸는 노력, 내 자리를 옮기는 수고, 그게 오해를 풀고 편견을 깨는 첫걸음이다. 인정과 존중, 나아가 화해의 첫걸음이다. 그래서 '자연으로 돌아가라'는 장자의 가르침은 산으로 들어가라는 말이 아니라 세상 속으로 들어가라는 말이다.

장자는 전쟁이 일상이던 세상을 살았다. '죽음'을 현실로 살면서 '행복'을 꿈꿨다. 현대의 많은 행복전도사들이 자주 하는 말, 행복의 시작은 자신의 변화로부터 시작된다는 그 말. 그러나 거짓말이다. 부모에게 학대당하는 아이가 '마음먹기'에 따라 행복해질 수 있을까? 나이 마흔이 되도록 취직 못하고 백수 생활만 해도 '마음먹기'에 따라 행복할 수 있나? 행복을 자신의 변화만으로 이루는 데는 한계가 있다. 다른 사람도 변해야 한다. 관계의 변화다. 사회도 살 만하게 바뀌어야 한다. 사회의 변화다. 장자가 세상 속으로 들어가라고 한 이유다. 다 함께 잘 사는 사회를 만들기 위해서다.

차례

시작하며 헛똑똑이 인생, 장자를 만나다 • 6

1부 개인의 변화

1장 | 내 안의 나 찾기
헛똑똑이 인생 ——————————————— 20
발자국은 발이 될 수 없다 ——————————— 29
화살 잡는 원숭이 ——————————————— 41

2장 | 마음 비우기
나 아니면 안 된다는 오만 ——————————— 48
신발이 맞으면 발을 잊는다 ——————————— 56
잃어버린 흑진주를 찾아라 ——————————— 64
욕심을 비우면 귀신도 항복한다 ———————— 70

3장 | 있는 그대로 바라보기
쓸모없음의 쓸모 ——————————————— 78
사람은 보고 싶은 대로 본다 ——————————— 88
조각은 나무 안에 이미 있다 ——————————— 96
죽음을 직시하면 삶이 보인다 ————————— 105
길은 다녀야 만들어진다 ——————————— 114

4장 | 파도 타기
내 왼팔이 새벽을 알리기를 —————————— 122
물길을 따를 뿐이다 ————————————— 128
현명한 사람은 뛰어난 배우와 같다 —————— 135
순간의 최선이 운명이다 ——————————— 141
아무것도 하지 않지만 하지 않는 일이 없다 —— 151

2부 관계의 변화

5장 차이 존중하기
- 틀리지 않고 다를 뿐이다 — 162
- 천리마가 쥐를 잡을 수 없다 — 174
- 신발장이는 신발을 넘지 마라 — 180
- 빈 배 이야기 — 184

6장 말 아닌 것으로 말하기
- 자기 인생으로 말하는 사람 — 190
- 말 안 되는 말 — 196
- 말이 사람 잡는다 — 205
- 말은 들어야 완성된다 — 210
- 책은 성인의 껍데기 — 217

7장 거울 되기
- 고장 난 시계들 — 226
- 내가 모른다는 것을 아는 것 — 230
- 고요한 물이 거울이 된다 — 236
- 보물을 버리고 아기를 업고 뛴다 — 245

8장 마음 주기
- 사랑하는 방법 — 254
- 우정에 대하여 — 260
- 위로하는 방법 — 266
- 예의에 대하여 — 273

3부 사회의 변화

9장	인정하고 공존하기
	정답 없는 세상 ——————————————— 286
	혼자 잘난 영웅은 없다 ————————————— 293
	무지개는 경계선이 없다 ————————————— 300
	꿈속 나비도 자기 생각이 있다 ———————————— 309
	허물을 금할 줄만 알지, 왜 생기는지 모른다 ——————— 313

10장	버림으로써 되찾기
	브레이크 없는 벤츠는 불량품 ———————————— 322
	중간에나 처해볼까 ——————————————— 327
	거백옥과 애태타 ——————————————— 336
	용두레를 쓰지 않는 까닭 ————————————— 343
	나무와 땅이 모여 산을 이룬다 ———————————— 349

11장	세상에서 노닐기
	속박으로부터의 자유 —————————————— 354
	완전한 자유란, 결국 의존을 깨닫는 것 ——————— 363

마치며 • 372

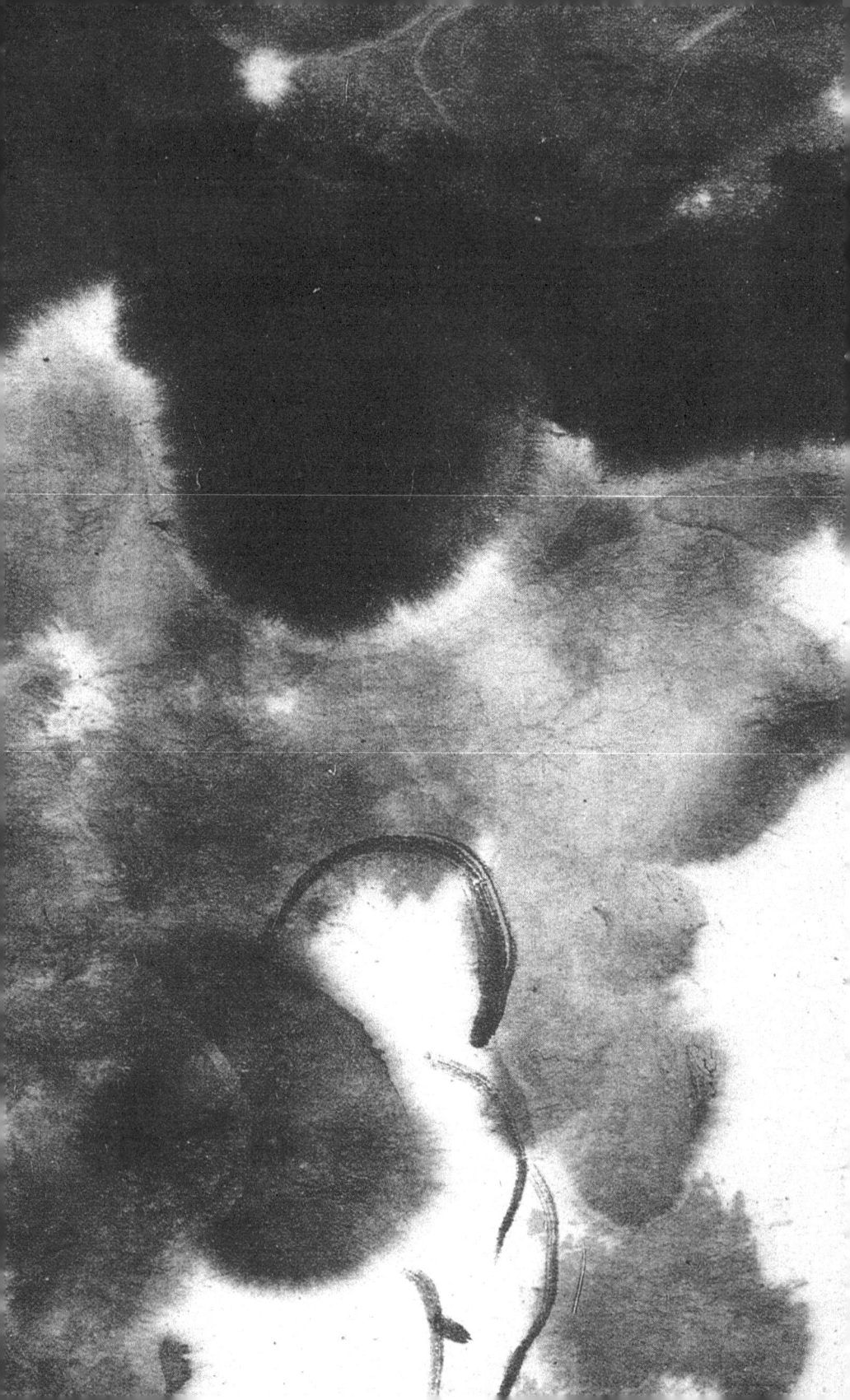

1부

개인의 변화

헛똑똑이 인생

임금의 꿈에 어떤 사람이 머리를 풀고 나타나 말했다. "제가 용왕님 심부름을 나왔다가 어부에게 붙잡혔습니다. 어부의 이름은 여차입니다." 임금이 꿈에서 깨 주변에 수소문을 해봤더니 여차라는 어부가 실제로 있다고 해서 불러들였다. "너 어제 고기잡이 나갔다가 뭘 잡았느냐?" "거북을 한 마리 잡았는데 등딱지가 유난히 컸습니다." "옳거니, 넌 내게 그 거북을 바치도록 해라." 임금은 거북을 죽여 등껍질로 점을 쳤다. 일흔두 번이나 쳤지만 틀림이 없었다.
공자가 이 이야기를 전하면서 말했다. "그 거북은 임금의 꿈속에 찾아가고 점을 치면 백발백중 맞추는 능력을 갖고 있었지만, 정작 자기 몸은 그물을 피하지 못했고 결국 등껍질만 남기고 죽음을 당하고 말았다. 지혜도 다하는 수가 있고 신령도 미치지 못하는 수가 있다(知有所困 神有所不及)." ㅇ외물 헛똑똑이 거북의 이야기다. 남의 점은 잘 쳐준다. 살려달라고 임금의 꿈속에도 나타난다. 장안 귀신 다 부리며 신출귀몰할 것 같은 거북이다. 그런데 정작 어부의 그물에 걸려 있는 신세다. 심지어 살려달라고 남의 꿈속으로 들어갔다가 제 명만 재촉하고 말았다. 지혜가 오히려 화근이다. 별의별 재주를 다 부리는 것 같지만 정작 중요한 게 뭔지 몰랐던 때문이다.

갑골문이라는 단어에 남아 있듯 거북 등껍질로 점을 치던 중국 고대의 거북 수난사의 단면이 드러나기도 하지만, 이는 장자가 지어낸 이야기다. 등장하는 공자도 역사 속의 공자가 아니라 장자가 그 입만 빌려온 인물이다. 《장자》에 등장하는 공자는 가공인물이라고 해도 과언이 아니다.

《장자》에서 공자는 실제 처했던 것과 비슷한 상황에 놓이기도 하지만 그때 내뱉는 언급은 역시 장자의 창작이다. 때로는 장자가 하고 싶은 말을 대신 해주는 득도한 사람의 역할을 맡기도 하지만 대개는 세상 물정 모르고 헛소리하는 바보 역할이다. 노자는 대부분의 경우 '정답'을 제시하는 역할이긴 하지만, 그 역시 장자의 목소리를 대신 내주는 사람일 뿐이다. 노자의 말을 직접 인용할 경우에는 오히려 노자의 이름을 빼고 '옛말'이라고만 소개한다.

때로는 역사의 한 장면을 그대로 옮겨 오기도 한다. 하지만 해석은 말할 것도 없이 장자 식이다. 역사는 결국 해석의 문제다. '사실'은 많고 문제는 늘 어떤 사실에 주목하느냐에 달려 있기 마련이다. 공자의 철학이라는 것도, 단순화하면 중국 고대사를 저 나름의 사고로 해석하고 재구성해 요순과 주공을 성인의 반열에 올려놓은 것에 다름 아니다.

월왕 구천이 오왕 부차에게 패해 군사 삼천을 수습해서 회계산에 숨어들었다. 그때 월나라에서는 오직 문종만이 당장의 패배가 훗날 승리의 밑거름이 될 줄 알고 있었다. 그러나 그 승리가 자신을 죽음으로 이끌 줄은 몰랐다. ○ **서무귀**

　오월동주吳越同舟라는 말이 괜히 생긴 게 아니다. 오나라 사람과 월나라 사람이 같은 배를 타면 공동운명체가 됐음에도 불구하고 싸움이 끊이지 않는다. 고대에는 '중국'의 범주에 들어가지도 못했던 남쪽 변방의 두 나라는 틈만 나면 전쟁을 벌였다.
　명장 오자서와 《손자병법》의 저자 손무를 영입해 오나라를 패권국으로 만들었던 오왕 합려가 월나라에게 불의의 일격을 받고 사망했다. 그 아들 부차가 장작개비를 모아 만든 이부자리에서 잠을 자며(臥薪) 복수를 다짐했다. 그리고 월나라 군대를 회계산에 몰아넣고 결정타를 날렸다. 월왕 구천은 굴욕적인 항복을 하고 말았다. 구천이 좌절해 있을 때 문종은 궁지에 몰렸다가 부활했던 사례를 열거하며 자신의 일곱 가지 계책을 따르면 오늘의 수모가 후일의 영광이 될 수 있다고 격려했다. 그 일곱 계책 중에는 중국 역사 최고의 미녀로 꼽히는 서시를 부차에게 보내는 미인계도 포함돼 있었다. 아침저녁으로 쓰디쓴 쓸개를 맛보며(嘗膽) '회계산의 치욕을 잊지 말자'고 벼른 끝에 오나라를 멸망시켰다. '와신상담臥薪嘗膽'과 '오월동주'는 이웃사촌이다.

국가와 권력에 주목하는 역사의 관심은 여기까지지만, 사람에 관심을 기울이는 장자에게는 그 다음 이야기가 알짜배기다. 월나라가 패권을 잡은 그 순간, 좌청룡 우백호가 되어 구천을 보좌해 온 범려와 문종은 상반된 선택을 한다. 범려는 구천을 두고 '고난은 함께할 수 있어도 영광은 함께할 수 없는 자'라고 규정하고 훌훌 털고 떠나버린다. 그리고 문종에게 "너도 도망치라"며 남긴 말이 그 유명한 토사구팽兔死狗烹이다. 토끼가 죽으면 더 이상 필요 없는 사냥개는 삶아 먹히는 신세밖에 안 된다. 오나라가 이미 멸망한 마당에 오나라 멸망의 일등공신은 더 이상 필요 없다. 그런데도 문종은 남았다. 오로지 제 잘난 덕에 패권을 잡았다고 생각한 구천은 "그대가 준 일곱 계책 중 세 가지를 써서 이겼다. 나머지 네 개는 저승에서 돌아가신 아버지와 함께 시험해보기 바란다"며 칼을 한 자루 줬다. 문종은 그 칼로 스스로 목숨을 끊었다.

오나라를 멸망시키는 법을 알고, 서시를 앞세워 부차의 마음을 흐트러뜨릴 줄 알고, 내분을 일으켜 숙적 오자서를 죽음으로 내몰 줄 알았지만, 정작 제 목숨 지킬 줄은 몰랐던 문종 역시, 남의 운명은 틀림없이 잘 알아맞히지만 정작 제 운명은 어쩌지 못한 점치는 거북처럼, 헛똑똑이다.

서양 철학사는 대개 탈레스Thales로부터 시작한다. '만물의 근원은 물'이라고 주장한 사람으로 교과서에 한 줄 정도 언급되지만, 실제로는 다방면에 상당한 성과를 냈고 당대에 이미 그리스를 대표하는 7명의 현명한 사람, 그리스 7현으로 이름을 날렸다. 탈레스는 기원전 585년 즈음에 최초로 정확한 일식 시점을 예언한 사람으로 기록돼 있다.

사람의 키와 그림자의 길이가 같아지는 시각을 눈여겨 봐뒀다가 그 시각에 그림자 길이를 재는 방법으로 피라미드의 높이를 계산해낸 것도 탈레스였다. 천문학을 현실적으로 어떻게 응용할 수 있는지를 보여주기 위해, 어느 해는 올리브 풍년이 들 것을 예상하고 올리브 기름 짜는 기계를 모조리 매점해 막대한 돈을 벌기도 했다. 우리나라의 허생도 그렇지만, 배움의 현실 적용이란 흔히 매점매석으로 나타난다. 탈레스의 직업이 무역상이었다니까 굳이 학문의 유용성을 강조하기 위해서가 아니라 돈을 버는 자체가 목적이었는지도 모른다.

이런 탈레스는 흔히 우물에 빠져 죽은 것으로 알려져 있다. 천문학에 빠져 하늘만 보고 다니다가 발밑의 우물을 보지 못하고 빠져 죽었다는 것이다. 그런데 이건 사실이 아니다. 탈레스는 노령에도 불구하고 뙤약볕에서 운동경기를 보다가 일사병으로 죽었다는 게 정설이다. 우물에 빠졌다는 건, 물동이에 걸려 넘어진 사실이 와전된 것 같다. 다만, 물동이를 보지 못한 이유는 알려진 것처럼 '하늘을 보느라고'가 맞다. 아마도 물동이의 주인이었을 성싶은 하녀의 명언도 전해 내려온다. "발밑도 못 보면서 무슨 하늘을 본다고 그러세요."

탈레스가 일식의 정확한 시점을 예측하고도 200년 가까운 세월이 흐른 뒤에도 아테네 군대가 월식에 놀라 철수 시기를 놓치는 바람에 시칠리아에서 전멸당한 걸 보면, 그리스인들이 보기에 만물의 근원이 어떠니, 달이 해를 가렸니 하는 말은 허황돼 보일 뿐이었던 것 같다. 제 앞가림이나 똑바로 하라는 조롱을 '우물에 빠져죽었다'로 와전시켜 전한 게 아닐까 싶다.

탈레스는 억울한 측면이 있지만, 변명의 여지없는 헛똑똑이들도 쌔고 쌨다. 괴짜 철학자의 대부로 꼽힐 법한 디오게네스Diogenes는 "문헌학자들은 고전 속에서 오디세우스Odysseus의 결점은 찾으면서 자신의 결점은 찾지 못한다"고 푸념했다. '책 속에 진리가 있다'며 오만 가지 책을 샅샅이 뒤적여 보지만, 사실 그 사람은 책 속에 갇혀 있을 뿐이다. 책을 벗어나면 방향을 잃고 갈 곳을 모르고 할 일을 못 찾는다. 그러면서도 사방팔방 돌아다니며 오지랖은 헛똑똑이 거북 못지않다.

어떤 사람이 탈레스에게 물었다. "무엇이 어려운 일인가요?"

"자기 자신을 아는 것."

"그럼 무엇이 쉬운 일인가요?"

"남에게 충고하는 것."

어떤 똑똑한 사람이 더 똑똑한 사람에게 용 잡는 법을 배웠다. 전 재산을 다 털어넣으며 열심히 배웠더니, 삼 년 만에 용을 잡을 수 있게 됐다. 그러나 그 기술을 쓸 곳이 없었다(無所用其巧). ◦ **열어구**

용을 잡으려면 장비를 제대로 갖추는 데만도 돈이 제법 들어갈 것 같다. 용이라면 불을 뿜을 테니 방화복 좋은 것으로 준비해야 할 것이고, 용이라면 하늘을 날아다니니까 성능 좋은 비행기도 있어야 하겠고, 보통 총칼로는 용의 비늘을 뚫지 못할 테니 특수합금으로 칼이나 총알을 주문제작해야 할 성싶다. 하지만 그렇게 해서 배우면 뭐하나. 어차피 용이라는 게 없는데. 헛다리 잡고 용써 봤자다. 헛똑똑이들 하는 짓이 그 모양이다.

중학교부터 대학까지 12년 동안 영어 공부하고서도 미국에서는 햄버거 하나 사먹는 데도 애먹는다면, 영어공부 헛한 거다. 실제 대화에서는 거의 쓸 일도 없는 단어만 죽어라고 외우고, 쓰지도 않는 문장구조만 닳도록 외운 결과다. 시험에 나오는 영어만 공부했지, 실제로 쓰는 영어를 공부하지 않은 탓이다.

직장에서는 유능한 직원이지만 집에서는 무능한 남편이 되는 대한민국 남자들도 헛똑똑이들이다. 용 잡는 법 배웠으니 용 잡으러 다녀야지 집에서 밥할 시간이 어디 있고, 쇼핑 같이 갈 시간이 어디 있으며, 아이들과 놀아줄 시간이 어디 있나. 그러니 집에 돌아오면 외톨이고, 그래서 더욱 밖에서 지내는 시간이 편하다. 그리고 은퇴 후에 버림받기까지 하면 인생 헛살았다고 자책한다. 그토록 애썼던 바깥생활은, 그 역시 직장 떠나면 아무것도 남는 게 없다. 애당초 용이 없었으니, 용을 잡았을 리 없기 때문이다.

내가 할 일에는 두 가지가 있다. 하나는 급한 일이다. 다른 하나는 중요한 일이다. 내가 마감시간에 맞춰 기사를 넘기는 건 급한 일이다. 취재원과의 점심약속에 늦지 않게 가는 것도 급한 일이다. 당장 해치워야 하는 일이다. 색시와 함께 쇼핑을 하며 시간을 보내는 건 중요한 일이다. 자주자주 부모님을 찾아뵙는 것도 중요한 일이다. 그러나 색시와의 쇼핑은 오늘 안 하면 내일 해도 되는 일이다. 부모님을 찾아뵙는 건 이번 주에 못하면 다음 주에 해도 되는 일이다. 친구들과 만나 소주 한 잔을 나누는 것도 중요한 일이지만, 이번 달 모임에 못 나가면 다음 달에 나가면 된다. 그래서 나는 내 시간의 대부분은 급한 일을 하는 데에 쓴다. 정작 중요한 일을 할 시간은 늘 없다. 늘 급한 일 때문에 바쁘니까.

암에 걸린 사람이 손가락에 가시 찔렸다고 징징거린다. 암으로 죽음이 시시각각 다가오는데 정작 신경 쓰는 건 손가락의 따끔거림이다. 어떤 사형수는 형장으로 끌려나가면서 집행인에게 조용히 부탁했다. '저쪽 길로 가면 외상 깔아둔 가게가 있으니 다른 길로 가주세요.' 저 죽을 판에 빚 독촉이 무서운가?

하긴 모든 조직과 사회도 마찬가지다. 정말 중요한 본질적인 문제에는 손을 대지 않다가 끝내 곪아터지는 꼴을 보고야 만다. 본질적인 문제를 언급하면 '바빠 죽겠는데 한가한 소리한다'는 타박이나 듣기 십상이다. '일하기 싫으니까 딴지 건다', '현실에 도움 안 되는 몽상가'라는 비아냥도 감수해야 한다. 모든 개혁이 그래서 실패하는 것이고, 모든 혁명이 그렇게 터져나온다.

값비싼 보석을 던져 천길 위의 새를 잡으려 한다면(以隨侯之珠彈千仞之雀)

세상 사람들이 비웃을 것이다. 소중한 것을 써서 보잘 것 없는 것을 구하는(其所用者重而所要者輕) 탓이다. ○ **양왕**

  참새 한 마리 잡겠다고 결혼반지 집어던지는 건 미친 짓이다. 급한 일 한답시고 정작 중요한 일을 늘 뒷전으로 미루는 것도 바보짓이다. 그런데 우리 일상에 그런 바보짓이 넘쳐난다. '나는 바쁘다'고 자랑스럽게 말하면서.
  "눈밝음이 위태롭고, 귀밝음이 위태하다(目之於明也殆 耳之於聰也殆)." 장자가 문종의 이야기를 전하면서 내린 평가다. 귀밝고聰 눈밝은明 게 바로 총명聰明한 거다. 하지만 바로 그 총명함이야말로 '위태로움'의 근원이다. 그저 귀로만 듣고 눈으로만 보는 탓이다. 사랑, 용기, 관용, 신뢰……. 세상에서 중요한 것들은 어느 것 하나 눈으로 볼 수 없고, 귀로 들을 수 없다. 정작 봐야 하고 들어야 할 것을 듣지 못하면, 아무리 열심히 보고 들어도, 결국 헛똑똑이가 될 수밖에 없다.

발자국은 발이 될 수 없다

쇼윈도에 걸린 옷을 보면 탐이 난다. 쭉 빠진 마네킹이 입고 있는 모습은 보는 것만으로도 기분이 좋다. 하지만 막상 내가 옷을 입고 거울을 보면, 배는 불룩 나오고 머리는 벗겨진 중년이 서 있을 뿐이다. 내 머릿속의 나는 20년 전에 사라진 존재다. 나는 마네킹이 아니다.

원숭이를 잡아다가 예복을 입혀 놓는다면, 온통 물고 뜯고 잡아 뜯어놓고야 만다. 그리고 옷을 다 없애 버리고 나면 그제야 시원해 한다. ○천운

그냥 '예복'이라고 풀어서 번역했지만 원문은 '주공周公의 옷'으로 표현하고 있다. 공자가 중국 역사상 가장 이상적인 인물로 꼽은 성인이 바로 주공이다. "요즘 꿈에서 주공을 자주 못 뵈오니 내가 이제

늙었나 보다"했던 바로 그 사람이다. 어린 나이에 왕위에 오른 조카를 대신해 섭정을 펼치면 대개 왕위 찬탈로 결말이 나기 마련이다. 하지만 주공은 끝내 조카의 왕위를 지켜줬다. 공자는 바로 그 사실에 높은 점수를 주지 않았나 싶다.

고대 왕실의 옷이었다면 아마 혼자 입는 게 불가능할 정도로 번거로운 복장이었을 가능성이 크다. 그래도 사람이라면, 그 번거로움을 감수할 수 있을지 모른다. 왕족의 복장을 입는다는 마음에, 특히나 성인의 옷을 직접 입어본다는 마음에, 그깟 불편쯤은 참아낼 수 있다. 적어도 잠깐 동안은.

하지만 원숭이라면, 번거로운 왕실의 복장은 물론이거니와 사람의 옷을 입는 것 자체가 참기 힘든 일이 아닐까. 애써 입혀놓으면 벗으려 하고, 안 벗겨지면 결국 찢어내지 않을까. 원숭이는 '성인이 입었던 옷'을 입는다고 해도 딱히 영광스러운 마음도 없다. 불편을 감수할 이유가 없다. 그저 제 몸에 맞는 편안한 옷, 나아가 아무것도 입지 않는 편안함이 제일이다.

서시가 월나라에 살 때 아파서 얼굴을 찌푸렸는데, 동네 처자들이 그걸 보고 예쁘다며 저마다 가슴을 부여잡고 찡그리고 싸돌아다녔다. 동네의 있는 집 사람들은 그 꼴 보기 싫어서 아예 문 닫아 걸고 집안에만 틀어박혔고, 없는 집 총각들은 내친 김에 다른 동네로 떠나가 버렸다. 인상 써서 예쁜 줄은 알겠는데, 그게 왜 예쁜지 모르다 보니 생긴 일이다. ◦ 천운 중국의 4대 미녀가 있다고 한다. '경국지색傾國之色'이라는 고사성어의 주인공 양귀비는 말 그대로 '나라를 뒤집어엎을 미색'이었는지 꽃도 그 앞에 서면 부끄러워 고개를 돌린다고 해서 수화羞花라는 별명을 갖고 있다. 《삼국지》에서 사내들에게 강렬한 인상을 남긴 초선의 별명은 폐월閉月이었는데, 그 미모에 주눅 들어 달이 구름 사이로 숨어 버린다는 뜻이다. 여기까지는 그럭저럭 과장된 은유의 한 자락으로 봐줄 법도 한데, 남은 두 명은 어차피 확인할 수 없는 미모보다 별명이 더 걸작이다.

왕소군은 한나라의 후궁이었지만 흉노의 후궁으로 끌려간 여인이었다. 중국이 지금이야 온 세상이 자기 것인 양 날뛰지만, 한나라 때만 해도 흉노가 '에헴' 하면 '형님, 어디 불편하십니까' 하며 전전긍긍하던 신세였다. 왕소군이 그토록 예쁜 줄 몰랐다가 공녀로 팔려가는 날 황제가 처음으로 보고서는 뒤늦게 아쉬워했다는 말도 전한다. 왕소군은 고향 떠나 추운 흉노 땅에서 맞이하는 봄을 '춘래불사춘春來不似春', 즉 '봄이 왔으되 봄이 아니다'는 명언으로 표현하게 한 주인공이기도 하다. 이 왕소군의 미모를 보고선 날아가던 새도 넋을 잃고 날갯짓을 멈추는 바람에 떨어진다고 해서 붙은 별명이 낙안落雁이다.

월왕 구천이 오왕 부차를 손아귀에 넣기 위해 보낸 미인 서시는, 적어도 별명으로 보면 역대 최강이다. 침어沈魚. 서시의 미모를 보고는 물고기마저 넋을 놓는 바람에 헤엄치는 법을 까먹어서 꼬르륵 잠겨 버렸다는 뜻이다. 헛웃음을 자아내는 과장이긴 하지만, 예쁘긴 예뻤던 모양이다.

　서시에겐 병이 있었다. 가슴이 아프고 얼굴을 찡그린다는 증세로 볼 때 위장병이 아니었겠냐는 추측이 많다. 본인은 아파서 찡그리지만, 보는 입장에서는 살짝 눈웃음 짓는 것 같기도 한 것이 애간장을 녹일 듯 예뻐 보였던지, 이걸 동네 처자들이 너도나도 다 따라 한 것이다. 하지만 서시가 할 때나 예뻤지, 가뜩이나 안 예쁜 여인들이 얼굴까지 찡그리면 정말이지 봐주기 힘들었을지도 모른다. '서시西施가 눈을 찡그린다顰目', 서시빈목西施顰目이라는 고사성어는, 이렇게 앞뒤 사정 재지 않고 무작정 남 따라 하기를 가리킨다. 나폴레옹이 명치에 손을 올리고 있으면 영웅의 풍모로 보인다. 하지만 그 역시 위장병의 결과일 뿐이다.

　대개 예쁜 여자들은 어떤 표정을 지을 때 자신이 예쁜지를 정확히 안다. 심지어 예쁜 표정 짓는 걸 연습도 한다. '백만불짜리 미소'는 그렇게 만들어진다. 그 미소에 넋 나간 남정네들은 물론 날다 떨어진 새와 헤엄치다 가라앉은 물고기는 상상도 못하겠지만, 엄밀히 말하면 '놀아나고' 있는 것이다. 놀아난다고 기분 나빠 할 일이 아니다. 무수한 연습의 결과물을 어설픈 흉내로 따라잡겠다는 생각이야말로 해서는 안 될 일이다. 물론 연습한다고 아무나 되는 일이 아닌 것도 사실이다. 무수한 연습이란, 자기 것으로 만드는 과정이다. 의식하지 않아도 저절로 되는 것, 그걸 본성이라고 한다면, 무수한 연습은 새로운 본성을 만들어 내는 과정이다.

연나라 시골 청년이 조나라 수도 한단에 가서 걸음걸이를 배웠다. 아직 한단의 걸음걸이를 채 다 배우지 못했는데(未得國能) 자기 본래의 걸음걸이를 잊어버리고 말았다(失其故行). 집에는 엉금엉금 기어서 돌아왔다.
○ 추수

한단의 걸음걸이, 한단지보邯鄲之步라는 말이 여기서 비롯됐다. 자기 주제 파악도 못하고 쇼윈도의 마네킹이 입은 최신 유행 패션을 사는 것도 바보짓이요, 자신이 누군지도 모른 채 서시 흉내를 내는 것도 바보짓이요, 자신의 걸음걸이도 모르면서 한단의 걸음걸이를 배우겠다고 나서는 것도 바보짓이다. 그저 남이 하는 게 멋있어 보이니까 했을 뿐, 내가 잘할 수 있는 일인지, 내가 해도 어울리는지는 생각하지 않은 결과다.

백이·숙제는 남들이 하라는 일 하고(役人之役), 남들이 하는 일 따라 했을 뿐(適人之適), 자기 스스로 하고 싶은 일을 하지 못했다(不自適其適者).
○ 대종사

백이·숙제는 고죽국의 왕자들이었지만 왕위를 서로 양보하다가 둘 다 나라를 떠나 유랑하는 신세가 됐다. 마침 주 무왕이 은 주왕을 몰아내려고 쿠데타를 일으키는 순간을 목격하고선 말고삐를 잡고서 "신하가 군주를 죽이는 것을 인仁이라고 할 수 있느냐"고 따지며 말렸다. 하마터면 목숨을 잃을 뻔했지만 강태공이 나서서 말린 덕분에 살아서 돌아왔다. 하지만 주나라 백성이 되는 것이 부끄러워 주나라 땅에서 나는 것은 먹지 않겠다며 수양산에 들어가 고사리만 캐먹다가 굶주려 죽고 말았다.

　백이·숙제는 적어도 우리의 상식으로는 지조의 상징이다. 그런데 그 상식이라는 것이 공자의 생각이다. 장자의 생각은 전혀 다르다. 공자에게 '배워야 할 사람'의 대표가 백이·숙제라면, 장자에게는 '배우지 말아야 할 사람', '잘못 산 사람'의 대표가 바로 그들이다. 공자는 "일은 옳기를 구하고(事求可) 공은 이루기를 구한다(功求成)"고 했지만, 장자는 "뜻에 맞지 않으면 가지 않고(非其志不之) 마음에 맞지 않으면 하지 않는다(非其心不爲)"고 했다.

　굶어죽으면서까지 지키려 했던 가치는 무엇인가? 인仁? 의義? 그 대의는 누가 무엇을 위해 만든 대의인가? 혹시 백이·숙제는 '의로운 사람'이라는 이름을 남기고 싶었던 것은 아닐까? 그 이름 얻자고 자기를 스스로 버리는 게 과연 인仁이 맞을까? 자신에게 그토록 냉정하다면 남들을 재단할 때면 얼마나 매정하며 냉혹할 것인가? 백이·숙제 역시도 예복을 입혀놓은 원숭이이자, 서시 흉내를 내는 동네 처녀들이자, 한단의 걸음걸이를 배우려는 연나라 시골뜨기에 불과한 게 아닌가? 장자가 말했듯, "스스로 보지 못하고 남이 본 것만 본(不自見而見彼)(변무)" 결과가 아닌가.

　《수상록》을 쓴 몽테뉴는 다른 사람들의 평판에 매달릴 시간에 자신의 본성을 좀 더 들여다보라고 충고했다. "아는 것은 그대뿐이다. 다른 사람들은 그대를 보지 못한다. 그들은 불확실한 추측으로 그대를 짐작한다. 그들은 그대의 기교를 보는 만큼 그대의 본성을 보지 못한다. 그들의 판결에 매이지 마라. 그대 자신의 판결에 매여라."

로마의 스토아철학자 세네카Seneca의 목소리에도 귀 기울일 만하다. "분주한 자들은 하나같이 처지가 딱하지만, 그 중에서도 자기 일에 분주한 것이 아니라 남의 잠에 맞춰 자기 잠을 조절하고, 남의 걸음에 보조를 맞추고, 사랑과 증오에서 남의 지시를 받는 자들의 처지가 가장 딱하다. 인생에서 자신의 것이 얼마나 적은지 생각해보라."

'피타고라스 정리'로 잘 알고 있는 피타고라스Pythagoras는 자신의 직업을 '철학자'라고 소개한 최초의 인물이다. '지혜의 사랑philos+sophia'이라는 철학의 정의를 만들어낸 피타고라스는 인생을 올림픽에 비유하는 지혜로운 말을 남기기도 했다. "인생은 올림픽이다. 어떤 사람들은 선수로 오고, 어떤 사람은 관객으로 오고, 어떤 사람들은 장사하러 온다." 올림픽이 열리면 물론 금메달에 도전하는 선수들이 출전한다. 코칭스태프도 동행한다. 관중들도 몰린다. 관중을 노린 장사치들도 활개를 치고, 심지어 소매치기에게도 대목이다. 자국 선수단을 응원하는 모습을 보이려는 국내 정치적 이유로 국가 원수들이 참석하는가 하면, 경기를 생생하게 중계하기 위한 방송 기술진들도 대거 몰린다. 누구나 스포트라이트를 받는 선수로 참여하고 싶지만, 내 몫은 코치일 수도 있고, 관중일 수도 있고, 심지어 좀도둑일 수도 있다. 중요한 것은 내가 어떤 역할을 맡았는지 아는 것이다. 내가 김연아가 아닐 수도 있고, 노력해도 못 될 수도 있다는 것을 받아들이는 것이다. 그리고 내가 수만 관중 가운데 단 한 명에 불과하더라도 내 역할은 충분히 중요하다는 것을 아는 것이다.

그래서 피타고라스는 제자들이 귀가할 때마다 반성하도록 했다. "나는 어디에서 길을 벗어났는가. 나는 무엇을 행했나. 나는 해야 할 일 중 무엇을 하지 않았나." 피타고라스는 사람이 스스로를 위해 기도하는 것을 금지했다. 자신이 누군지 모르면 무엇이 진정으로 도움이 되는지도 모르기 때문이었다. 내가 누군지 모를 때 비극은 시작된다. 내가 누군지 모르면, 열심히 하면 할수록 일은 꼬이기만 한다.

'오이디푸스 콤플렉스'로 잘 알려진 오이디푸스Oedipus 왕은 널리 알려진 대로 아버지를 살해하고 어머니와 결혼했다. 그러나 이 사건 자체는 패륜이지 비극이 아니다. 오이디푸스가 비극의 주인공이 된 건 테바이의 왕자인 오이디푸스가 자신을 코린토스의 왕자로 잘못 알고 있기 때문이다. 아버지를 제 손으로 죽일 거라는 운명을 피해 코린토스를 떠났다가 마주쳐 싸움 끝에 죽이고 만 사람이 바로 진짜 아버지였다. 자신이 누군지 모르기 때문에 일어난 비극이다.

"내가 진실을 규명하겠소. 나는 선왕 라이오스의 살인자, 이 나라의 오욕을 내쫓을 것이오." "살인자가 누구든, 내가 왕좌를 차지하고 있는 이 나라에서는 누구도 은신처를 제공하거나 말을 걸어서는 안 된다." "살인자는 불행한 일생을 비참하게 살다 가라고 나는 저주한다(《오이디푸스 왕》, 소포클레스)." 전염병이 테바이를 덮친 이유는 선왕 라이오스를 살해한 자가 멀쩡히 살아 돌아다니기 때문이라는 말을 듣고는, 오이디푸스가 살인범을 잡겠다고 내뱉은 다짐의 말들이다. 바로 그 자신을 향한 저주들이다.

망망대해에 배가 한 척 떠 있다. 방향을 제대로 잡으면 뭍으로 가지만 자칫 먼 바다로 나가서 표류할 수도 있다. 자신이 어디에 있는지를 아는 게 중요하다. 자신이 누군지 모르면 내딛는 발걸음 발걸음이 모두 헛발질이다.

공자가 노자에게 말했다. "나는 시, 서, 예, 악, 역, 춘추 육경을 오랫동안 공부했습니다. 그런데 절 써주는 사람이 아무도 없네요."
그러자 노자가 답했다. "육경은 선왕의 케케묵은 발자국이잖소. 발자국이 어찌 신발이 될 수 있겠소(迹豈履哉)?" ○ 천운

신발은 내가 신으면 내 신발이 되지만, 발자국은 내 것이 아닌 것은 영원히 내 것이 아니다. 모르는 길을 갈 때 앞서 간 사람의 발자국을 따라가 도움을 받을 수는 있지만, 그 사람이 목적지에 도달했는지는 끝까지 가보기 전에는 모른다. 끝까지 가보려면 역시 신발을 신어야 한다. 발자국은 보이기만 하면 그 어떤 것도 쫓아갈 수 있다. 하다못해 짐승의 발자국도 쫓아갈 수 있다. 신발은 발에 맞지 않으면 신을 수 없다.

신발은 자기 정체성의 상징이라는 소설가 이윤기의 지적은 옳다. 콩쥐가 잃어버린 꽃신, 신데렐라가 놓고 간 유리구두가 누구도 대신할 수 없는 그 자신을 입증한다. 숙부가 빼앗은 나라를 되찾는 그리스 신화의 영웅 이아손 Iason(영어식으로 읽으면 제이슨)은 아예 이름부

터가 모노산달로스Monosandalos, 즉 외짝신 사나이다. 신발로 그 자신이 누구인지를 적나라하게 드러내는 것이다.

서시는 물론 미인이지만, 서시가 아니면 어떤가. 안 예쁜 애교덩어리가 있는가 하면, 육감적인 몸매를 앞세워 뭇 남성들의 시선을 잡아끄는 여성도 있다. '금발머리는 멍청하다' 또는 '가슴 큰 여자는 머리 나쁘다'를 주장하며 지성으로 승부를 거는 여성도 있다. 제 멋에 사는 거다. 남들의 눈으로 제 멋을 판단할 필요 없다.

《명상록》을 쓴 아우렐리우스Aurelius는 "어째서 사람들은 저마다 어느 누구보다 자신을 더 사랑하면서도 자신에 관해서는 남들의 판단보다 자신의 판단을 덜 평가하는지 의아하다"고 했다. 그러나 이렇게 쓰면서도 실천은 역시나 쉽지 않았던 모양이다. 《명상록》에는 이런 말도 있다. "너는 아직도 자신을 존중하지 않고 타인들의 영혼에서 행복을 찾는구나." 《명상록》은 아우렐리우스가 전쟁터 한 가운데에서 일기를 쓰듯 혼자서 스스로를 경계하며 쓴 글이다. 아우렐리우스가 죽기 전까지 가장 가까운 측근조차 그 존재도 몰랐던 책이다. 글 속의 '너'란 아우렐리우스 자신이다. 늘 경계하지만, 아우렐리우스 역시 남들의 발자국을 따라가는 대신 자신의 신발을 신고 자신의 길을 간다는 건 쉽지 않은 일이었다. 용기가 필요한 일이었다.

대학 때 참 궁금했던 일 중의 하나는 "왜 여자들은 화장실에 같이 갈까?"였다. 솔직히 그 답은 지금도 얻지 못했다. 지금은 질문이 조금 바뀌었다. "왜 여자들은 쇼핑을 같이 갈까?" 객관적인 시선의 판단을 얻고 싶어서일까? 꼭 그런 것 같지는 않다. 대개의 경우 "이 옷

어때요"라는 질문에 대답은 "예뻐요" 또는 "괜찮아요"지, "안 어울려요"는 보기에도 없으니까 말이다. 어차피 자신이 입을 옷인데, 자신이 좋으면 그 자체로 좋은 것일 텐데, 꼭 다른 사람에게까지 좋다는 말을 들어야만 안심하는 거 아닐까? 그 역시 남의 기준에 자신을 맡기는 것이다.

발자국은 신발이 될 수 없다. 흉내는 어디까지나 흉내일 뿐이다. 연나라 시골뜨기가 한단의 걸음걸이를 잘 배웠더라도 그 역시 우스꽝스러운 흉내일 뿐이다. 남들이 하라는 일 하고, 남들이 하는 일 따라 해서는 신발 가는 대로만 흔적을 남기는, 제 스스로는 어디로도 갈 수 없는 발자국 신세다. 스토아철학자 가운데 가장 빛나는 성취를 이룬 세네카는 "집에서 가장 만나보기 어려운 사람은 다름 아닌 자기 자신"이라고 말했다. "무엇보다 필요한 것은 자신감을 갖는 일이다. 길에서 벗어나 이리저리 헤매는 자들과 바로 그 길에서 헤매고 있는 자들의 수많은 발자국에 오도되지 않고 바른 길을 가고 있다는 믿음을 가져야 한다."

<u>스스로 하고 싶은 일, 잘할 수 있는 일을 해야 신발이 된다.</u> 신발이 되면, 남들이 따라오는 발자국을 남긴다. 어떤 사람은 발이 커서 큰 발자국을 남기고, 어떤 사람은 발도 작고 몸무게도 가벼워서 발자국조차 희미할 수 있다. 발자국이 희미한 건 초라한 건가? 내 신발로 내 발자국 내가 남겼으면 그걸로 됐다. 남들이 따라오면 좋지만, 안 따라오면 또 어떤가. 나는 이미 신발이고, 이미 발자국을 남겼는데.

나를

한번이라도 본 사람은 모두

나를 떠나갔다, 나의 영혼은

검은 페이지가 대부분이다, 그러니 누가 나를

펼쳐볼 것인가, 하지만 그 경우

그들은 거짓을 논할 자격이 없다

거짓과 참됨은 모두 하나의 목적을

꿈꾸어야 한다, 단

한 줄일 수도 있다

나는 기적을 믿지 않는다

- 〈오래된 서적〉, 기형도

화살 잡는 원숭이

임금이 강에 배를 띄우고 원숭이들이 많이 사는 언덕에 놀러 갔다. 갑자기 나타난 선단에 원숭이들은 혼비백산해 저마다 숨기 바빴는데, 유독 한 마리만은 예외였다. 너 따위가 날 어쩌겠냐는 듯이 나뭇가지를 타고 재주를 넘는가 하면 가지 사이로 넘어다니며 장난치고 놀 뿐이었다. 괘씸한 마음이 든 왕이 직접 활을 쐈더니 원숭이는 보란 듯이 그 화살을 손으로 잡아채기까지 했다. 임금은 머리끝까지 화가 나서 주위의 호위무사들에게 일제 사격을 명령했다. 재주 많은 원숭이도 비오듯 쏟아지는 화살은 피하지 못해 죽고 말았다. 그제야 만족한 임금이 옆에 서 있던 신하에게 말했다. "이 원숭이는 재주를 믿고 까불다가 죽었다. 그대도 잘난 척하는 표정으로 남들에게 교만하게 굴지 말지어다(無以汝色驕人)." ◦ 서무귀

임금의 말처럼 저 잘났다고 나대다가 죽은 원숭이 이야기다. 친구들은 모두 몸 사리고 숨었는데 홀로 평소처럼 재주넘고 장난치는 이유는 둘 중 하나다. 노느라 정신 팔려서 분위기 파악을 못하거나, 잘난 척하거나. 하지만 날아오는 화살을 피하지 않고 손으로 잡는 이유는 딱 하나밖에 없다. 잘난 척이다. 화살에 맞지 않는 게 목적이라면 가볍게 피하고 말 일이다. 바람처럼 날아오는 화살을 번개 같이 잡는 모습을 연출하는 건 멋있게 보이기 위해서다. 그렇게 멋있게 보여서 주목받으면, 물론 박수갈채를 받을 때도 있다. 하지만 미움을 받을 때가 더 많다. '네가 화살을 받을 수 있어? 그럼 이것도 받아봐' 하며 화살 수십 개를 한꺼번에 쏘는 거다. 물론 초절정 무예 고수라도 그걸 다 잡을 수는 없다.

원숭이의 미련한 잘난 척의 말로를 확인한 임금은 스스로 교훈을 새긴 것일까? 만약 그랬다면 반응은 '나도 조심해야겠구나'가 됐어야 한다. 그러나 왕의 반응은 '그러니 너도 조심해라'였다. 진짜 교만한 건 오히려 왕이다. 압도적인 권력을 이용해 재주 많은 원숭이를 죽여놓고선, 그걸로 신하를 협박한다. '너도 나한테 잘났다고 까불면 저렇게 된다.' 저 스스로 누구보다도 잘난 척쟁이면서도 남 잘난 척 하는 꼴은 절대 못 봐주는 왕이야말로 우리 자신의 모습이다.

양주가 길을 가다가 한 여관에 들었더니, 주인에게 두 명의 부인이 있었다. 한 명은 미인이고, 한 명은 박색이었는데, 미인은 괄시를 받고 못난이가 귀염을 받고 있었다. 어찌된 일이냐고 물었더니 "예쁜 여자는 예쁘

다고 뽐내고, 못난이는 제가 박색인 줄 압니다. 그런데 저는 박색이 못생겼는지 잘 모르겠더라구요." ○산목

양주楊朱는 《장자》에서는 비판의 대상이지만 《열자》에서는 따로 편명을 하나 할애할 정도로 자세히 설명하는 초기 도가의 선구자다. 위아설爲我說이라는 이름의 이기주의를 주장한 것으로 유명한데, 맹자의 격렬한 비판으로 지금은 '천하의 몹쓸 사상의 소유자' 정도의 이미지로 남아 있다. 아닌 게 아니라 '위아설'의 핵심이란 '내 터럭 한 올을 뽑아서 온 천하가 이롭게 된다고 해도 내 털을 뽑지 않겠다'고 한 말이고 보면 극단적인 이기주의자인 것 맞다. 하지만, 그 이기주의란, 국가나 종교의 이름으로 이뤄지는 억압과 폭력에 대한 격렬한 반발의 표현이었다. 국가든, 종교든, 이념이든, 어떤 외부적인 절대 가치도 소중한 내 삶과 바꾸지 않겠다는 선언이었다. 사람 나고 국가 났다. 사람 살자고 국가를 만들었고 종교를 만들었다. 그런데 언제부터인지 국가와 종교를 위해서 사람이 죽어나갔다. 앞뒤가 바뀌었다. 바로 이런 양주의 통찰이 당대 사람들에게 큰 설득력을 가졌기 때문에 맹자가 거센 비판을 가하기도 했다.

공주병에는 약이 없다. 여자들끼리는 거의 보는 순간 '재수 없음'을 알아차리고, 남자들도 한동안 미모에 혹해 주변을 얼쩡거리지만 결국은 지쳐 나가떨어지기 마련이다. 양주가 만난 여관 주인은 아마도 예쁜 부인의 공주병에 지쳤을 것이다. 그리고 자신이 못난 줄 아는 못생긴 부인이 보내는 남편에 대한 무한 존경에 고마워하고 있을

것이다. 사람 누구나 자신을 떠받들어주기를 원하지, 자신이 다른 사람을 떠받들고 싶어 하지 않는다. 제 아무리 절세미인을 모시고 사는 한이 있더라도.

그나마 공주병은 '예쁜 여자는 예쁜 값을 한다'며 대충 넘어가 주는 관대한 사람들도 가끔 있다. 정말 대책 없는 건 왕자병이다. 키케로Cicero는 로마 공화정이 낳은 최고의 천재다. 라틴어를 사실상 '만들었다'는 평가까지도 들을 만큼 탁월한 저술가였고, 마흔 셋의 나이에 집정관에 오를 정도로 유능한 정치가이기도 했다. 전쟁 국가인 로마에서 전쟁 영웅이라는 배경 없이, 명문귀족도 아닌 평민 출신으로 이루기 쉽지 않은 성과였다. 집정관 시절 키케로의 명연설이자 로마 공화국을 구해준 '국부'라는 칭호를 안겨준 최대의 치적인 동시에 카이사르Caesar와 최초의 악연을 만든 '카틸리나 탄핵'은 우리가 유리왕의 '황조가'와 을지문덕의 '오언시'를 배우듯 지금도 유럽의 고등학생들을 괴롭히는 문장이다(키케로는 집정관 선거에서 떨어진 카틸리나가 반란군을 이끌고 로마로 쳐들어오려는 음모를 적발해 일당을 처형했는데, 당시 카이사르는 일어나지도 않은 반란에 대해 사형은 과도하다는 주장을 설득력 있게 펼쳐 키케로를 당황스럽게 만들었다).

돈도 백도 없이 거물이 된 천재는 일찍부터 두각을 나타냈다. 똑똑하기로 유명해서 다른 집 부모들이 키케로가 도대체 어떻게 생겨 먹었는지 보려고 학교에 왔고, 자신의 아이들에게는 키케로 좀 보고 배우라고 닦달했다. 하지만 어렸을 때부터 주목받는 데 익숙하고 칭찬에 익숙했던 이 인물은, 평생 주목받지 못하고 칭찬받지 못하면 안달복달하는 성격을 갖게 되고 만다.

　카이사르가 죽은 혼란의 와중에도 18살의 옥타비아누스가 와서 '아버지'라고 부르며 찰싹 안기자 62살의 키케로는 다시 한 번 자신의 시대가 왔음에 감격하며 홀라당 넘어가 버리고 말았다. 스스로 '어린애'라고 불렀던 청년이 집정관이 되도록 선거운동도 해주고, 원로원의 바람잡이 역도 자임했다. 바로 그 옥타비아누스가 살생부의 가장 윗 목록에 키케로 자신의 이름을 써넣는 데 합의해줄 거라고는 꿈에도 생각하지 못하고.

　고대의 역사가 플루타르크 Plutarch 는 키케로를 '명예에 급급한 인물'로 규정하면서, 탁월한 능력에도 불구하고 세력을 키우지 못하고 오판을 거듭하며 정치적으로 몰락한 이유를 '지나친 자기 자랑 때문'이라고 분석했다. 원로원이나 민회, 법정을 가리지 않고 공개석상에서 입만 열면 카틸리나 사건을 언급하며 자신의 결단력과 연설 솜씨를 뽐냈다. 물론 키케로가 남긴 책과 편지, 저술에도 자기 자랑은 빠지지 않았다. 그 탁월한 말솜씨와 글솜씨에도 불구하고 키케로의 끝도 없는 잘난 척은 연설을 듣거나 글을 읽는 사람에게 불쾌감을 안겨줬다.

　내전이 폼페이우스의 죽음으로 끝나자 카이사르는 새로운 국정철학으로 '화해'를 내세우며 자신의 정적이었던 폼페이우스를 반역자로 규정하는 대신 애국자로 복권시킨다. 그 상징으로 원로원에 폼페이우스의 동상도 세운다(나중에 바로 그 밑에서 카이사르 자신이 암살당하는 건 화해가 얼마나 어려운지를 단적으로 보여주는 한 단면이기도 하다).

"카이사르는 폼페이우스의 동상을 다시 일으켜 세웠다. 그리고 그렇게 함으로써 자기 자신의 설 자리 또한 굳건히 다졌다." 키케로 자신이 내린 평가다. 자신이 죽음으로 내몬 상대를 오히려 격상시키는 건, 적을 높이는 게 아니라 자신을 높이는 것이다. 겸손은 자신을 올리는 일이다. 잘난 척이 자신을 내리는 만큼. 그걸 아는 키케로조차도 평생 잘난 척하는 버릇은 어쩌지 못했으니, 알고도 못하는 일이기도 하다. 제 재주를 뽐내다 죽은 원숭이를 보면서도 남 가르칠 생각만 했던 왕처럼.

2장

마음 비우기

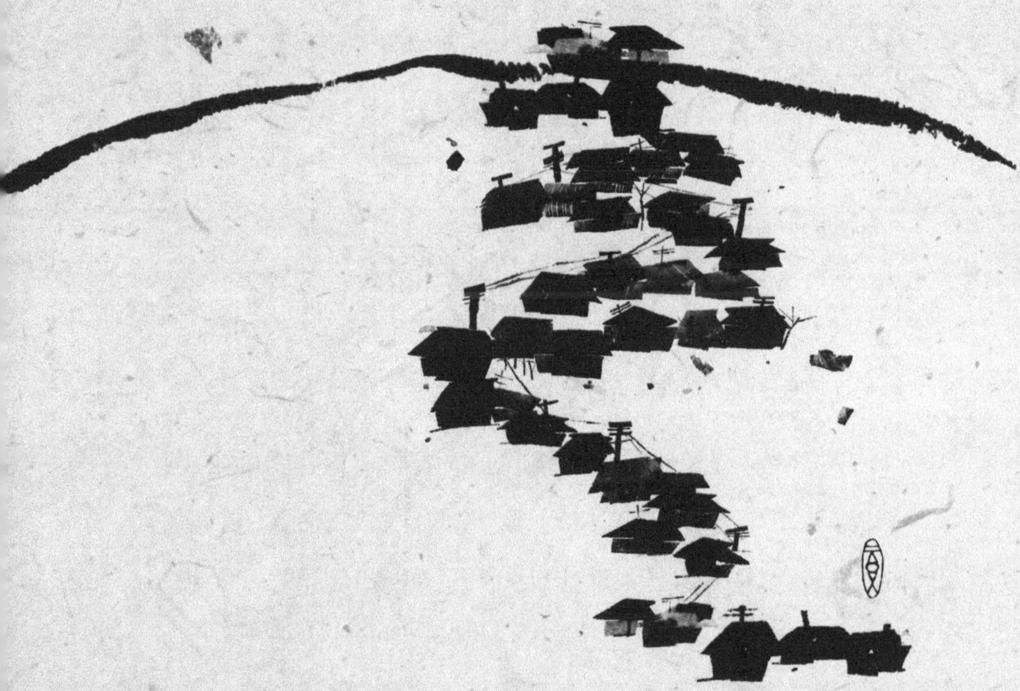

나 아니면
안 된다는 오만

위무후가 서무귀에게 말했다. "나는 백성을 사랑합니다. 의롭게 살기 위해 전쟁을 멈출까 하는데, 좋은 생각이죠?"
서무귀는 대답했다. "그렇지 않습니다. 백성을 사랑하는 게 백성을 해치는 근본입니다(愛民, 害民之始). 의롭게 살겠다며 전쟁을 그만두겠다는 생각이야말로 전쟁의 근본입니다(爲義偃兵, 造兵之本). 착한 일을 하겠다는 생각이 악의 그릇입니다(成美, 惡器)." ○ 서무귀

위무후는 춘추전국시대 위나라의 전성기를 이끌었던 왕이다. 《손자병법》과 함께 병법서의 양대 산맥으로 꼽히는 《오자병법》의 저자 오기를 장군으로 발탁한 사람이 바로 위무후다. 전성기라는 게 영토를 가장 넓혔다는 뜻이고, 그러자면 전쟁을 많이 벌일 수밖에 없었

다. 그리고 모든 전쟁에는 '국민을 위해서'라는 명분이 따라 붙기 마련이다. 실컷 전쟁을 벌여온 왕이 뒤늦게 전쟁을 그만두겠노라고 선언한다. 서무귀에게 칭찬 한 마디 듣는 게 목적이지, 별로 진심이었을 성싶지도 않은 말이다. 그런데 나름 한 도道 하신다는 서무귀는 냉정하게 '어림없는 소리'라고 잘라 버린다. '어설프게 백성사랑 한다는 놈들이 꼭 사고 친다. 국민 핑계 대지 말고 얌전히 있는 게 국민 도와주는 거다.'

때로는 아무것도 하지 않는 게 좋은 일이고 옳은 일이다. 투자회사 고위직에 있는 분의 얘기로는, 대부분 사람들은 돈을 갖고 있으면 어떻게든 굴리려고 하고, 주식을 갖고 있으면 끊임없이 사고팔려고 든다고 한다. 얼마 안 되는 수익을 수수료로 다 날리는 한이 있더라도, 가만히 있는 것보다는 뭐든 하는 게 낫다고 생각한다는 것이다. "왜 가만히 있는 게 돈 버는 거라는 걸 모르는지 모르겠어. '현금 보유' 그 자체가 좋은 투자라는 걸 왜 이해하지 못하는지 모르겠어."

사람들은 뭔가를 하지 못해 안달이다. 어차피 "만물은 각자 알아서 스스로 살아가는데(物故自生)(재유)." 쓸 수 있는 대휴도 월차도 자진반납하고, 심지어 휴가마저 알아서 줄여 쓰는 간부들이 간혹 있다. 윗사람 눈치가 보여서 그럴 수도 있고, 많은 대한민국 중년 남성들처럼 집에 있는 것보다 직장에 있는 게 더 편해서 그럴 수도 있다. 그러면서 하는 말은 다 똑같다. "회사 일이 걱정돼서." 나는 중요한 사람이고, 나 없으면 안 된다는 뜻에 다름 아니다. 가끔 되묻고 싶어진다. 쉬는 날에도 억지로 나오는 건, 혹시 본인 없어도 회사 너무 잘 돌아가는 걸 확인하기 두렵기 때문이 아니냐고.

사실 나 자신이 그런 사람 중 하나였다. 쉬는 날에도 기자실에 나가서 노닥거리기 일쑤였고, 기자에게 대휴가 어디 있느냐며 안 쓸 때도 많았다. 실제로 할 일이 많기도 했다. 그러나 그런 대휴 하루, 쉬는 날 하루 반납 정도가 아니라 1년 동안 장기연수를 나가도 회사 일은 잘만 돌아갔다. 내 부재가 느껴지지 않는 게 서운할 정도로.

이런 식의 '나 아니면 안 돼'의 최고봉은 역시 정치인들이 아닐까 싶다. 아무도 그 부재를 느끼지 못하는데, 혼자만 그 빈자리를 자신이 채우지 못하는 걸 아쉬워한다. 국민들은 그 사랑 받기를 별로 원하지도 않는데 저 혼자 국민을 사랑한다며, 국민이 자신을 원한다며 선거 때만 되면 가만있질 못하고 출사표를 던진다. 언젠가는 그들도 노나라 애공처럼 철이 좀 드려나.

노나라 애공이 말했다. "지금까지 나는 임금의 자리에 있으면서 백성을 다스리는 법을 지키고, 백성들이 굶주리지 않을까 걱정하는 것으로 정치를 다했다고 생각했다. 그러나 이제는 아무런 실력도 없으면서 경솔히 행동해 내 나라를 망칠까 두렵다(恐吾無其實 輕用吾身而亡吾國)." ○덕충부

애공은 공자의 말년에 노나라를 다스렸던 왕이다. 《논어》에도 자주 등장하는 걸 보면 가끔 공자와 대화를 나눴던 것 같다. 그러나 질문이라는 게 "어떻게 해야 백성들이 복종합니까(何爲則民服)?" 같은 걸 보면 꽤나 권력지향적인 인물이었다. 《장자》에서는 '무위의 통치'

에 대한 이야기를 듣고 '실력도 없이 경솔히 행동해 나라를 망칠까 두렵다'며 마음 고쳐먹은 것으로 나오지만, 실제로는 노나라의 실권을 쥐고 있던 호족들을 공격했다가 되레 쫓겨나 죽음을 당했다. 철든다는 게 참 어렵다.

황제가 임금이 된 지 19년이 지나 광성자를 찾아가 물었다. "저는 모든 중생을 기르려고 합니다. 어떻게 하면 좋겠습니까?" 광성자는 매몰차게 대답하며 물리쳤다. "너처럼 옹졸해서야 무슨 수로 세상 이치를 배우려 하느냐." 황제는 일단 돌아왔다가 여러 달 뒤에 다시 찾아가 질문을 바꿔 물었다. "몸을 어떻게 다스리면 오래 살 수 있습니까?" 광성자는 자세를 고쳐 앉으며 반겨 맞았다. "너 정말 좋은 질문했다. 이리 가까이 오게. 우리 함께 세상 이치를 얘기해 보세나." ○ **재유**

여기서 황제는 일반명사 황제皇帝가 아니라 고유명사 황제黃帝다. 우리가 '단군 할아버지의 자손'이라고 스스로 부르듯, 중국 민족은 '황제의 자손'을 자칭한다. 중국 최초의 통일왕조를 세웠다고 알려져 있지만, 실제로는 씨족연맹을 이끈 부족장 정도 된다.

광성자는 신선의 경지에 다다랐던 사람으로 전해지는데, 나이가 무려 1천2백 살이었는데도 전혀 늙지 않았다고 한다. 그 얘기 듣고는 황제도 두 번이나 만나러 갔었다고 한다. 그 두 번의 만남 가운데 첫 방문은 문전박대로 끝나고, 두 번째 방문은 환담으로 이어졌다고 장자는 전한다. 그리고 광성자의 태도가 돌변한 이유는 황제의 질문이 겸손해졌기 때문이라고 분석한다.

　사실 저 한 몸 못 다스리면서 세상 고치겠다고 날뛰는 꼬락서니야말로 잘난 척의 끝판이다. 주변 사람도 행복하게 못해주면서 세상을 행복하게 하겠노라는 오만도 없다. 황제가 "세상을 구하는 법을 가르쳐 주십시오" 했더니 광성자가 상대도 안 해준 이유다. 차라리 "1천 2백 살이나 살면서 늙지 않는 비법을 가르쳐 주십시오"가 수준 낮아 보이지만 솔직한 질문이었다. 수준 낮아 보이는 솔직함, 그거 체면 따지는 사람에게선 절대 볼 수 없는 모습이다. 자기도 잘 모르는 고담준론으로 아는 척하고 싶고, 잘난 척하고 싶고, 좀 있어 보이고 싶은 마음이 인지상정이다. 황제가 자신을 낮추고 먼저 마음을 터놓는 모습에 광성자 역시 마음을 여는 것이다.

양자거가 노자를 만나러 일부러 멀리까지 나갔다. 하지만 노자는 보자마자 대뜸 면박부터 준다. "예전에는 싹이 좀 보이는가 싶더니, 이제 보니 틀렸네." 양자거는 아무 말도 못했다. 그리고 숙소에 들어가서야 노자에게 따졌다. "아까는 무슨 말씀이셨습니까?" "네 이 놈, 내 앞에서마저 거만하구나. 그래서야 누구하고 같이 있을 수 있겠느냐. 명심해라. 아주 흰 것은 도리어 더러운 것처럼 보인다(大白若辱). 큰 덕은 도리어 모자라는 것처럼 보이는 법이다(盛德若不足)." ○우언

　양자거도 나름 도 좀 닦았다고 자부하던 위인이다. 그래서 노자를 만나러 가는 길에 여관에 들르면, "나 같은 도인이 어떻게 보통 사람

과 겸상하느냐"며 특별대우를 요구했고, 여관 주인에게도 "나 같은 손님이 오는데 나와보지도 않느냐"며 하인 부리듯 했다. '나는 너희 같은 천한 인간들과 다르다'는 특권의식으로 똘똘 뭉쳐 있었던 것이다. 이런 양자거에게 노자한테서 한 수 더 배우는 도란, 다름 아닌 좀 더 높은 특권으로 이어지는 징검다리였던 셈이다. 노자는 이걸 단숨에 간파하고는 '거만하게 굴지 마라'고 일갈했다. 양자거가 진짜 대인이라면 "재물을 다투지 않지만 사양으로 자랑하지 않고, 행동은 세상과 다르지만 다름을 자랑하지 않고, 세속을 따르지만 간사와 아첨을 천하게 여기지 않는다(추수)."

청바지에는 김치국물 한 방울 묻어도 그냥 슥 닦아내면 그만이다. 그러나 새하얀 면바지는 김치국물 한 방울 튀면 온통 다 더러워졌다는 평가를 듣기 마련이다. 김치국물 한두 방울에 좌우되지 않을 넉넉함, 그 힘은 겸손이다. 저 혼자 깨끗하다고 깔끔 떨지 않는 겸손, 저 혼자 잘났다고 나대지 않는 겸손, '나 아니면 안 돼'를 고집하는 대신에 다른 사람들을 믿고 의지하는 겸손. 《노자》도 말한다. "곧아도 방자하지 않고(直而不肆) 빛나도 번쩍이지 않는다(光而不輝)."

'그리스 7현' 가운데 그 7명이 누구누구인지는 꼽는 사람마다 조금씩 차이가 있는데, 탈레스, 비아스Bias, 피타코스Pittakos, 솔론Solon은 공통적으로 들어간다. 서양철학의 아버지로 꼽히는 탈레스는 무역상이었지만, 아테네에 민주정치를 처음으로 도입한 솔론을 비롯한 나머지 3명은 모두 정치가였다. 책상물림들이 아니어서 그런지 이들 모두 흥미로운 촌철살인의 일화들을 남겼다.

비아스가 한번은 무신론자들과 함께 배를 타고 있었다. 갑자기 풍랑이 일면서 배가 곧 뒤집힐 것 같으니까 신을 믿지도 않는 사람들이 가장 소리 높여 기도를 시작했다. "신이시여, 저희를 굽어살피소서." 그걸 듣고 비아스가 옆에서 한마디 했다. "제발 조용히 좀 하세요. 당신들의 기도를 듣고 무신론자가 이 배에 타고 있는 걸 신이 아시면 어쩌려고."

그리스 7현의 지혜를 압축해 보여주는 장면이 '솥 이야기'다. 바다에서 어부들이 세 발 달린 솥을 하나 건져 올렸다. 세 발 달린 솥은, 동서양을 막론하고 고대 세계에서 권력과 신성의 상징이다. 어부들은 이 솥을 서로 갖겠다고 다퉜지만, 결론이 날 턱이 없다. 주인을 가리겠다며 결국 신탁을 구했더니, 답은 이랬다. "누구든지 지혜가 가장 뛰어난 자, 그 사람에게 솥이 돌아가야 한다." 어부들은 자신들이 아는 가장 현명한 사람, 탈레스에게 이 솥을 갖다 줬다. 하지만 탈레스는 사연을 듣고 나서 "나는 가장 현명한 사람이 아니오"라며 솔론에게 줬다. 하지만 솔론 역시 가장 지혜로운 사람에 자신이 어울리지 않는다며 다른 사람에게 보냈다. 이렇게 그리스 7현을 두루 돌고 나서 솥은 다시 탈레스에게 돌아왔다. 탈레스는 "가장 뛰어난 지혜의 소유자는 신"이라며 솥을 델포이의 아폴론 신전에 바치는 것으로 결론 냈다.

일반적이지는 않지만 페레키데스^{Pherekydes}도 7현 중 하나로 꼽히기도 한다. 우주와 신의 기원에 대해 연구했는데, 지금은 죽기 직전 탈레스에게 보냈다는 편지 한 통으로 기억된다. "제가 죽으면 유고들을 모조리 선생님께 보내라고 하인들에게 일러뒀습니다. 다른 7현들과 함께 원고를 검토해 주십시오. 혹시 인정할 만하면 원고를 출판해 주시되, 아니면 그냥 없애 주십시오. 사실 제 자신도 만족하지 못하고 있습니다. 제 주장은 증명된 것도 아니고, 제가 진실을 알고 있다고 말할 생각도 없으니까요."

가장 뛰어난 지혜는 겸손이다. "저보다 더 훌륭한 분이 계십니다."라고 말할 줄 아는 그 사람이 가장 훌륭한 사람이다.

신발이 맞으면
발을 잊는다

미치광이 접여가 공자가 머무는 집 문 앞에서 노래를 불렀다. "봉황이여, 봉황이여, 덕이 쇠한 걸 어쩌겠는가. 오는 세월 기다릴 수 없고, 가는 세월 따라갈 수 없다(來世不可待 往世不可追). 복은 털끝보다 가볍건만, 그거 하나를 짊어질 줄 모르는구나(福輕乎羽 莫之知載)." ◦ 인간세

접여는 《장자》에도 여러 번 등장하고, 심지어 《논어》에도 나온다. 공자를 졸졸 쫓아다니면서 입바른 소리하는 역할이다. 그리고 공자가 한마디 되받아칠라치면 어느새 사라지고 없어진다. 공자로선 약 오르는 인간형이다. 더구나 접여가 이렇게 약 올린 때는 공자가 자신을 써 달라고 세상을 떠돌다 모두 거절당하고 터덜터덜 집으로 돌아가는 길이었다. 가뜩이나 맥 빠져 죽겠는데, 옆에서 비아냥까지 들

은 셈이다.

그런데《장자》의 이 대목은《논어》가 전하는 접여의 말과 내용이며 말투까지 너무 비슷하다. "봉황이여, 봉황이여, 덕이 쇠한 걸 어쩌겠는가. 지난 일을 말해 무엇하며, 오는 일은 아직 따를 수 없다네(往者 不可諫 來者 猶可追). 됐네 됐어. 그만두게나(已而已而)《논어》." 장자가 논어를 베꼈거나, 혹은 이 대화가 어느 정도 사실에 가까운 일이거나, 둘 중 하나일 것 같다.

공자와 접여의 악연은 그렇다 치고, 내가 주목하는 문장은 그 다음이다. '복은 털끝보다 가볍건만, 그거 하나를 짊어질 줄 모르는구나.' 행복은 이루기 어려운 게 아니다. 너무나 가벼운 짐이지만, 그걸 어깨에 맬 줄을 몰라서 우리 모두 한편으로 끙끙거리고 한편으로 낑낑거리고 있다.

동곽자가 장자에게 물었다.
"자네가 말하는 도라는 게 어디 있는가?"
"없는 곳이 없지."
"그러니까, 그게 어디냐니까?"
"땅강아지나 개미에 있지."
"하필 그렇게 싸구려 예를 드나?"
"기장이나 피에도 있지."
"점점 그렇게 싸구려로만 가긴가?"
"기왓장이나 벽돌에도 있고."

"해도해도 너무 하는 거 아닌가?"
"똥이나 오줌 속에도 도가 있지." ○ 지북유

  주변 만물에 진리가 있고, 가장 하찮고 지저분한 똥이나 오줌 속에도 도가 있지만, 늘 보니까 자세히 안 보고, 자세히 안 보니까 못 볼 뿐이다. 조금만 거리를 두고, 조금만 낯설게 보면 세상은 신기한 일 투성이다.

  파리에 가면 누구나 센 강 유람선을 탄다. 서울의 한강 유람선은 안 타면서. 서울 사는 사람들은 한강 유람선 안 탄다. 서울 구경 온 사람들이 유람선을 탄다. 매일 지나다니는 한남대교의 난간 장식이 어떻게 생겼는지는 도무지 기억나지 않는다. 수없이 봤지만 한 번도 제대로 본 적이 없기 때문이다. 하지만 파리 퐁네프 다리의 밋밋한 아치형 교각은 그리라고 해도 그릴 만큼 꽤나 유심히 보고 다닌다. 신기하니까. 처음 보니까. 그런데 파리에 사는 사람들도 그럴까? 신영복의 지적처럼 내가 사는 곳의 재발견, 나아가 나의 재발견, 그것이 여행의 참뜻이다. "여행은 떠나는 게 아니라 돌아오는 것이었습니다. 자기의 정직한 모습으로 돌아오는 것이며 우리의 아픈 상처로 돌아오는 것이었습니다."

  본인의 생애는 거의 알려져 있지 않지만, 신선한 착상으로 에피쿠로스Epicurus의 철학을 교훈시로 엮어낸 루크레티우스Lucretius는 이렇게 말했다. "하도 봐 싫증이 나서 이제는 어느 누구도 빛나는 창공을 쳐다볼 생각도 않는다." 우리는 하늘을 바라볼 생각도 하지 않는다.

하지만 태어나 처음 하늘을 보게 된 사람이 느낄 감동을 생각해보자. 또는 창공을 빼앗긴 채 지하감옥에 감금돼 있다가 수십 년 만에 다시 푸르른 하늘을 마주하게 된 사람을 생각해보자. 그때 느낄 감동은 차라리 '기적'이라고 루크레티우스는 말한다. "이제 이 사물이 처음으로 인간들 앞에 나타나서 마치 그것이 갑자기 그들 눈앞에 놓여졌다고 상상하라. 이보다 더 기적에 비할 만한 일이 있을까? 그것을 보기 전에는 상상도 못했을 일이다."

못 보고, 못 듣고, 말 못하면서 세상과 치열하게 소통했던 헬렌 켈러가 남긴 글 중에 〈사흘만 볼 수 있다면〉이라는 글이 있다. 한 번도 세상을 본 적 없는 사람에게 세상을 볼 수 있는 단 사흘의 시간이 주어졌을 때 하고 싶은 일들을 적은 것이다. 첫째 날은 아는 사람들을 다 불러다가 그 얼굴들을 찬찬히 뜯어보면서 마음에 기억한다. 둘째 날은 미술관에 간다. 셋째 날은, 마지막으로 해 뜨는 광경을 보겠다고 한다. 우리가 매일매일 아무 생각 없이 하거나, 너무나 당연해서 아예 하지 않는 일들이다. 그 일들이 누군가에게는 경이로운 일들이다. 이 글의 마지막 문장은 이렇게 맺는다. "내일이면 앞을 못 보게 될 것처럼 당신의 눈을 사용하세요. 볼 수 있다는 게 가장 큰 축복이라는 걸 잊지 마세요."

선가의 역사에 양보라는 사람이 한 자락 등장한다. 불교에 심취해서 멀리 무제보살이라는 사람을 만나 불법을 배우러 길을 떠났다가 노인 한 사람을 만났다.

"어디를 가는가?"

"무제보살을 만나서 제자가 되려고 합니다."

"그래? 기왕 만나려면 보살보다도 부처를 만나야지."

"어딜 가면 부처를 만날 수 있나요?"

"지금 곧바로 집으로 돌아가면, 신발도 안 신고 담요 뒤집어쓰고 나오는 사람이 있을 거야. 그 사람이 부처야."

그래서 양보가 집에 가 봤더니, 정말로 담요 뒤집어쓰고 신발도 안 신고 뛰쳐나오는 사람이 있었다. 어머니였다. 길 떠난 아들 생각에 잠 못 이루고 있다가, 아들 기척이 나니까 옷도 안 입고 대충 담요 둘둘 두르고 맨발로 뛰어나온 것이었다. 부처가 멀리 있지 않다. 도가 멀리 있지 않다. 바로 우리 옆에 있다.

샘물이 말라 고기들이 땅 위에서 서로 물기를 끼얹고 물거품을 적셔줌은 강과 호수에서 서로를 잊고 사는 것만 같지 못하다(不如相忘於江湖).

○ 대종사

가끔씩 고래가 모래사장에 떠밀려 올라올 때가 있다. 부지런히 물을 부어주면서 수분을 유지시켜주는 게 중요하지만, 1분 1초라도 서둘러 바다로 돌려보내는 게 더 중요하다. 고래가 고마워해야 하는 대상은 육지로 떠밀려 나왔을 때 물을 부어주는 인간이 아니라, 평소 그 존재조차 느끼지 못하던 바닷물 자체다.

우리에게 가장 중요한 건 우리에게 당연한 것들이다. 예컨대 공기처럼, 정작 없어지면 1분도 못 살면서 사는 동안 그 존재조차 의식하지 못한다. 존재를 의식할 때면 불만을 토로할 때다. 공기가 탁하다고 투덜거릴 때, 누군가 가스를 배출했다며 창문을 열 때, 열린 창문으로 옆집의 청국장 냄새가 들어올 때다. 공기가 맑을 때는 공기가 있는지조차 느끼지 못한다.

신발이 맞으면 발을 잊는다(履適忘足). 혁대가 맞으면 허리를 잊는다.

○ 달생

　신발이 작아서 발이 아플 때, 혹은 신발이 커서 자꾸만 벗겨질 때, 우리는 발을 의식한다. 허리띠가 커서 바지가 흘러내릴 때, 또는 허리띠가 작아서 숨을 못 쉴 때, 우리는 허리를 의식한다. 신발이 맞으면 발은 생각하지 않는다. 허리띠가 맞으면 허리를 생각하지 않는다. 고마움마저 잊는 그 순간, 우리는 가장 행복한 순간을 보내고 있는 것이다.
　피로스 Pyrrhus 는 역사상 가장 탁월한 장군으로 꼽힌다. 로마를 공포에 몰아넣었던 명장 한니발 Hannibal 은 역사상 최고 명장으로 피로스를, 두 번째로 자신을 무너뜨린 스키피오 Scipio 를, 그리고 세 번째로 자기 자신 한니발을 꼽았다. 피로스는 그리스 북서부의 산골마을 에페이로스의 왕이었지만, 당대의 강대국 마케도니아를 물리치고, 신흥강국 로마 본토까지 쳐들어갔다. 로마군도 물리치지만, 그 자신도 회복할 수 없는 타격을 받는 바람에 '피로스의 승리'라는 말을 남기고 물러날 수밖에 없었다. 우리말로 하면 '상처뿐인 영광' 정도

되겠다.

이탈리아 출정을 앞두고 피로스 왕은 최측근 참모 키네아스와 마주 앉았다. 피로스 자신이 "내가 힘으로 빼앗은 것보다 키네아스가 혀로 얻은 땅이 더 많다"고 평가한 인물이다. 빼어난 연설 솜씨로 점령지의 민심을 얻어 전투로 빼앗은 땅을 명실상부한 영토로 바꾸는 게 주된 역할이었다. 그러자면 역시 사람의 마음을 읽는 데 귀재였던 것 같다.

키네아스가 궁금한 듯 물었다. "전하, 이번에 로마에 출정해서 승리를 거두면 그 다음엔 뭘 하실 건가요?" 피로스가 신나서 답했다. "뭐 그런 당연한 걸 물어보시오? 그 다음엔 이탈리아 정복이지!" 키네아스는 잠깐 뜸을 들였다가 다시 물었다. "이탈리아도 정복하면요?" "그 다음엔 시칠리아가 기다리고 있지." "그럼 시칠리아까지 정복하고 나면 전쟁은 끝나겠네요?" "아니지, 그 다음엔 지중해를 건너서 카르타고로 가야지." 이 말을 들은 키네아스는 감동한 듯 말했다. "와, 그럼 세계를 정복하는 거네요? 세계를 정복하고 나면 뭘 하실 건가요?" 피로스는 만족한 듯 답했다. "그때는 편히 쉬어야지. 날마다 마시고 놀고, 내가 싸움에서 이긴 신나는 이야기로 세월을 보내야지."

드디어 원하는 답을 얻은 키네아스는 마침내 조심스럽게 한 마디 했다. "전하, 편하게 쉬는 거라면 지금도 할 수 있지 않나요? 날마다 마시고 노는 것 역시 지금도 할 수 있지 않나요? 전하가 싸움에서 이긴 무용담은 지금도 매일 밤을 새면서 해도 모자라지 않는 걸요? 그런데 왜 로마를 쳐부수고, 이탈리아를 정복하고, 카르타고까지 건너가야 하죠?"

역사상 가장 싸움 잘하는 장군이라는 피로스는 치명적인 약점이 있었다. 자신이 왜 싸우는지를 모른다는 것이다. 왜 싸우는지 모르면 전투에 이기고도 전쟁에는 지는 상처뿐인 영광, '피로스의 승리'밖에 거두지 못한다. 편히 쉬기 위해서 하는 싸움이라면, 싸움을 하지 않는 편이 더 편히 쉴 수 있다는 평범한 진리를 잊고 산다. 자기 눈앞만 보고, 한발 떨어져 자기 자신을 보지 못하면 흔히 빠지는 함정이다. 피로스는 키네아스의 충고에도 불구하고 끝내 로마 원정을 포기하지 않았고, 결국 스스로의 몰락을 자초했다.

진실은 가까이에 있다. 너무 가까이에 있어서, 너무 당연하게 생각해서, 마치 발에 너무 잘 맞는 신발처럼, 평소에는 깨닫지 못할 뿐이다. 이미 잘 맞는 신발을 신고 있으면서 자꾸만 더 멋진 남의 신발만 탐을 낸다. 그게 더 눈에 잘 띄니까. 눈 크게 뜨고 잘 보면 내 발에 이미 너무나도 잘 맞는 신발이 신겨져 있다. 중요한 건 내 신발의 가치를 찾는 일이다.

잃어버린 흑진주를 찾아라

임금이 뒷동산에 올라 놀다가 그만 아끼던 흑진주를 잃어버렸다. 임금은 우선 기억력 좋고 피가 많은 사람을 보내서 찾아봤지만 빈손으로 돌아왔다. 그 다음엔 눈 밝은 사람을 보내 찾았지만 역시 헛걸음이었다. 말 잘하는 사람도 보내봤지만 역시 흑진주는 찾지 못했다. 마지막으로 아무 생각 없는 사람을 별 기대 없이 보냈더니 찾아왔다. 임금이 중얼거렸다. "별일이네. 아무 생각 없는 놈이 어떻게 이걸 얻었을꼬." ○ **천지**

뭔가 잃어버리면 우리 모두 똑같은 과정을 되풀이한다. '내가 어디서 빠뜨렸더라' 기억을 더듬는다. '마지막으로 어디서 썼으니까 어디쯤 있겠군' 이런 추측도 한다. 거기 있으면 다행이지만, 없으면 난감해진다. 그럼 시력에 의존해야 한다. 샅샅이 찾는 수밖에 없다. '눈

밝은 사람'을 원문에는 '이주'라는 사람 이름으로 소개한다. 백 걸음 앞의 바늘구멍을 봤다는 사람이다. 하지만 눈 밝다고 다 찾는 건 아니다. 헤매고 다니다 지치면 마침내 자포자기한다. 그리고 기대조차 하지 않고 어슬렁어슬렁하다 뜻밖의 장소에서 반짝 눈에 띄는 게 있다. 바로 내가 찾던 물건이다. 어느 베스트셀러 제목처럼 '(찾기를) 멈추면 비로소 (찾던 게) 보이는 것'이다.

개똥도 약에 쓰려면 없다지만, 약에 쓰려니까 개똥이 안 보이는 거다. 무심하게 다니면 발에 차이는 게 개똥이다.

안회가 공자에게 물었다. "예전에 귀신같은 솜씨로 배를 모는 사공이 있길래 제가 물었습니다. '저도 배 모는 법을 배울 수 있나요?' 그러니까 사공이 말하길 '헤엄칠 줄 알면 다 할 수 있습니다. 물에 뜨면 배를 보지 않고, 배를 보지 않으면 배를 저을 수 있지요(未嘗見舟而便操之)'라고 하는데, 저는 도무지 무슨 말인지 못 알아듣겠습니다."

공자는 대답했다. "네가 배를 보지 않는다는 건, 네가 물에 있다는 걸 잊는 것이다. 배가 물이 아니라 언덕에 있다고 생각하면 된다는 뜻이다. 활 쏠 때에도 마찬가지다. 싸구려 기와를 걸고 쏘면 최대한의 실력을 발휘할 수 있다. 그러나 황금을 걸고 내기 활을 쏘면 하나도 맞지 않는다."

◦ 달생

사람들이 배를 모는 법을 배우지 못하는 건, 거센 물살에 먼저 시선을 빼앗기기 때문이다. '저 물에 빠지면 죽는다'는 생각을 먼저 하기 때문이다. '물에 빠지면 나와서 다시 하면 된다'는 편안한 마음을 가질 수 있다면 배 모는 법은 누구나 배울 수 있다. '잘못하면 어때. 다시 하면 되지.' 이 마음가짐이 없으면 아무것도 배울 수 없다.

'연습은 실전처럼, 실전은 연습처럼'이라고 했다. 연습할 때는 실전처럼 최선을 다하지만, 정작 실전에서는 연습한다 생각하고 마음 편히 임해야 한다. '이번에 뭔가 보여주겠어'라고 마음먹고 하는 일 치고 제대로 되는 게 없다. 골프장에서 흔히 하는 말처럼 '오케이 받고 치면 다 들어간다.' 어차피 못 넣어도 된다고 생각하면, 뜻밖에 잘 들어간다. 하지만 반드시 넣어야 한다는 중압감을 느끼면 짧은 퍼팅도 놓치기 일쑤다.

열자가 백혼무인 앞에서 활솜씨를 뽐냈다. 활을 겨냥하는 왼팔은 물잔을 얹어둬도 될 만큼 움직임이 없었고, 쐈나 싶으면 어느 틈에 다음 화살이 올라와 있어 도무지 빈틈이 없었다.
백혼무인은 말했다. "잘 쐈는데, 혹시 '쏘지 않으면서 쏜다(不射之射)'는 말은 못 들어봤나?" 그러고는 높은 산에 올라가 흔들거리는 돌을 딛고 반 발짝만 움직이면 절벽 아래 계곡으로 떨어질 것 같은 곳에 섰다. "자네는 여기서 쏴도 잘 쏠 수 있겠나? 어허, 벌써 떨고 있군. 도 좀 닦았다는 사람은 어디를 가더라도 기운이 변함없어야 한다네." ○ 전자방

열자는, 《열자》라는 재미있는 책이 있듯이, 노자와 장자를 잇는 도가의 최고봉 가운데 한 명으로 꼽히는 인물이다. 《장자》의 첫 번째

편 '소요유'에서는 바람을 타고 날아다니는 사람으로 등장하고, 서른 두 번째 편명 '열어구'는 바로 열자의 이름이기도 하다. 하지만 서열에서 밀린 탓인지 도인은 도인이되 늘 2퍼센트 모자란 도인으로 묘사된다. 여기서도 활의 명인이지만, 제대로 된 활쏘기가 뭔지 모르는 사람 역할이다.

절벽 위에서 활을 쏘는데, 밟고 있는 돌멩이는 흔들흔들한다. 당연히 활이 맞을 턱이 없다. 발밑을 신경 쓰기도 바쁜데 언제 과녁을 보겠으며, 언제 호흡을 조절해서 가볍게 시위를 놓을 수 있겠나. 배 몰다가 물에 빠지면 '다시 나와서 몰면 되지 뭐'의 마음가짐을 가질 수 있지만, 벼랑 끝에서는 떨어지면 끝이다. '다시 한 번'이 없다. 하지만 본질은 같다. 쓸데없는 데 마음 빼앗기지 않고 본질에 충실하기. 배를 몰면서 거센 물살에 마음 빼앗기지 않기와 활을 쏘면서 발밑 신경 쓰지 않기는 같다.

빌헬름 텔이 아들의 머리 위에 있는 사과를 활로 쏜 일이 전설이 된 건, 멀리서 조그만 목표물을 맞춘 게 신내림의 기술이어서가 아니라 자칫 아들을 제 손으로 죽일 수 있다는 중압감을 이겨냈기 때문이다. 양궁 경기에서 과녁 정중앙의, 카메라를 숨겨놓은 중심점 엑스텐X-10을 심심찮게 맞추는 모습을 볼 수 있다. 실력으로는 백발을 쏘면 백발 다 텐10을 맞출 수 있다. 문제는 '이번에 맞추지 못한다면'이라는 중압감이다. 그 중압감을 누가 이겨내느냐가 늘 승부를 좌우한다. 그래서 양궁 선수들의 훈련에서 가장 중요한 건 마인드 컨트롤이다. 단 한 발에 승부가 갈리는 긴장 속에서 마음을 비우는 훈련,

마음 비우기 훈련이다.

빈방에 볕이 들면(虛室生白) 좋은 징조가 깃든다(吉祥止止). 마음이 그칠 곳에 그치지 못하면(不止) 앉아서 달리는(坐馳) 꼴이 된다. ◐ 인간세

　빈방에 볕이 드는 것처럼, 마음을 비웠을 때 새롭게 채울 여지가 생긴다. 중요한 건 멈춤이다. 물리적인 멈춤이 아니라 마음의 멈춤이다. 멈추지 않고 달리면, 앉아서 달리는 꼴이다. 앉아서 달릴 수는 없는 노릇이다. 그냥 마음만 바쁘지 백날 가도 제자리다.
　도연명이《귀거래사》에서 이렇게 마음만 바빴던 자신을 나무랐다. "어찌 마음 내키는 대로 떠나고 머물지 못하고(曷不委心任去留), 어찌 서둘러 어딘가로 가려 하는가(胡爲乎遑遑欲何之)."
　연구실에만 24시간 박혀 산다고 문제가 풀리지 않는다. 퇴근도 안 하고 밤 샌다고 답이 나오지 않는다. 휴일에 사무실 지키고 앉아서 머리만 쥐어뜯는다고 달라지는 것 없다. 세네카의 말처럼, "그들은 할 일을 찾아 정처 없이 돌아다니고, 의도한 일이 아니라 닥치는 대로 아무 일이나 한다. 누가 그런 삶을 분주한 게으름이라고 불러도 틀렸다고 할 수 없다."
　"천재는 가장 적게 일할 때 가장 많이 일한다." 르네상스가 낳은 최고의 천재 레오나르도 다빈치의 말이다. 남들 보기엔 노는 것 같지만, 그 순간이 가장 생산적인 시간일 수 있다. 등산을 하다 깔딱고개에서 머리가 하얘지는 순간 번쩍하는 황홀한 아이디어가 떠오를

수 있다. 아르키메데스Archimedes처럼 욕탕에 몸을 담그고 배꼽 아래는 발갛게 익어가는 그 순간 떠오르는 아이디어를 붙잡기 위해 황급히 메모지를 찾게 될 수도 있다. 어여쁜 딸내미와 놀다가 재롱어린 한마디가 쿵 하고 머리를 때릴 수도 있다.

긴장을 풀고, 마치 남의 일 보듯 심드렁해지는 그 순간, 문제의 해답이 보인다. 전혀 다른 각도에서 엉뚱한 순간에 멋진 답이 튀어나온다. 훈수꾼들이 늘 장기판을 더 잘 보는 이유도 같다. 내 일이 아니고 남의 일이기 때문이다. 장기판에 바짝 붙어 앉지 않고 약간 떨어져 앉아 전체를 보기 때문이다. 거리 두기, 또는 마음 비우기 효과다. 장자의 용어로는 무심無心이다. 말 그대로 무심히 보면, 안 보이던 것들이 비로소 보인다.

욕심을 비우면
귀신도 항복한다

알렉산드로스Alexandros가 바빌론을 점령했을 때 수중에 들어온 전리품 중에는 페르시아의 궁중 요리사들도 있었다. 알렉산드로스는 그러나 다른 전리품들과 마찬가지로 요리사들도 부하들에게 나눠줬다. 자신은 필요 없다면서. "나는 레오니다스 선생님에게서 훌륭한 식사법을 배웠다. 아침을 맛있게 먹으려면 야간행군을 하면 되고, 저녁을 맛있게 먹으려면 아침을 적게 먹으면 된다." 식판이 넘치도록 밥을 담아 먹던 훈련병 시절을 떠올리면 확 공감되는 말이다. 그러나 알렉산드로스 자신도 몰랐겠지만, 이 말이 담고 있는 뜻은 훨씬 더 크다.

'쾌락주의'라는 다소 거부감 가는 이름을 가진 학파를 만든 에피쿠로스는 같은 생각을 가진 사람들끼리 모여서 '정원'이라고 이름 붙인 그들만의 공동체를 만들었다. 쾌락주의라는 이름만 보면, 매일 랍

스터니 캐비어니 고급요리만 상에 올리거나, 또는 라면 하나를 먹어도 조개로 국물 내 먹을 것 같은, 제대로 식도락에 빠져서 사는 공동체 같다. 그런데 어라, 그 정원의 팻말에는 이렇게 쓰여 있었다. "이 정원은 식욕을 돋우지 않습니다. 식욕을 풀어주기는 합니다." 실제로 정원의 만찬에는 빵과 채소, 그리고 약간의 올리브가 오를 뿐이었다. 그리스에서는 식사 중에 포도주를 마시는 게 당연한 관행이었지만, 정원의 밥상에는 포도주 대신 물이 올랐다. 말 그대로 소박한 식탁이었다. 공동체를 돕는 후원자가 "뭐 필요한 거 없냐?"고 물었을 때 에피쿠로스의 대답은 쾌락주의라는 이름을 무색하게 한다. "치즈 한 단지만 보내주면 좋겠네. 그럼 마음 내킬 때 잔치를 벌일 수 있을 테니 말이야."

도대체 식도락은 어디 가고, 쾌락(다분히 성적 방탕을 떠올리게 하는 용어)은 어디 갔나? 그런 건 쾌락이 아니다. 할 때는 좋지만 뒤탈이 있기 마련이니까. "자연스럽지도 않고, 필요하지도 않은, 다만 헛된 욕망에 따른" 쾌락은, 쾌락이 아니다. 먹는 것으로 말하자면, 무엇을 먹느냐가 아니라 누구와 먹는지를 따져볼 문제다. 벗들과 함께 흥겹게 먹는다면 짜장면 한 그릇을 나눠먹어도 탕수육이 부럽지 않다. 마음을 나누는 사람들과 함께라면, 콜라 잔을 부딪쳐도 최고급 와인 부럽지 않은 '신의 물방울'을 경험할 수 있다. '술이 좋은 게 아니라 술자리 분위기가 좋다'는 술꾼들의 오래된 거짓말을 에피쿠로스는 이렇게 표현했다. "친구 없이 먹는 건, 사자나 늑대의 삶이다."

장자는 이렇게 표현한다.

성인은 새끼 새처럼 먹는다 (穀食). ○ 천지

새끼 새는 할 수 있는 일이 아무것도 없다. 그저 하는 일이라곤 먹이 구하러 나간 어미 새가 돌아오길 하염없이 기다리는 것뿐이다. 어미 새가 돌아오면 어미 새의 입속에 뭐가 들었는지 상관하지 않고 입을 쫙 벌린 채 기다린다. 맛없다고 뱉어내는 일 없다. 그저 입 안에 넣어주는 먹이가 감사할 따름이다.

알렉산드로스가 그랬듯 훈련병의 식사도 꿀맛이지만, 친구와 함께 하는 에피쿠로스의 식사도 유쾌하지만, 하루 종일의 기다림과 어미의 사랑을 뭔지 모를 먹이에 버무려 먹는 새끼 새의 식사야말로 최고의 맛이 아닐까. 이것이야말로 에피쿠로스 자신이 말한 '소박한 즐거움(쾌락)'이다.

"풍요로움이란 우리가 소유한 것이 아니라 우리가 향유하는 것으로 만들어진다." 틀림없이 경제학에는 문외한이었을 에피쿠로스가 거침없이 내린 부에 대한 정의다. 아닌 게 아니라, 맛있게 먹었으면 길거리 떡볶이가 유명 음식점 갈비보다 못할 게 없다. 갈비 한번 먹으러 가자고 라면만 물리게 먹느니, 길거리 떡볶이도 먹고 쫄면도 먹으면서 맛있는 시간을 갖는 편이 더 낫지 않나 싶다.

돈 모으는 재미라는 게 있다고 한다. 모으다 보면 모으는 자체의 재미가 있단다. 뭐든지 키워나가는 건 그 나름의 재미가 있으니까 재산 증식도 그런 재미가 있을 수 있겠다 싶다. 하지만 돈이란, 궁극적으로 쓰기 위해 모으는 거 아니던가? 쓰지도 않으면서 악착같이 모으기만 하면, 그래서 딸내미가 좋아하는 떡볶이 하나 못 사먹게 하고, 주변에서는 수전노라고 손가락질을 받으면, 그래도 돈 모으는 재미를 위해서 모두 감수할 수 있는 일인가?

명검을 깊이 감춰두고 쓰지 않는 것은 지극히 보배로워 하는 까닭이다.
◦ 각의

칼도 그 자체로 하나의 예술품이 됐으니, 조용히 감상하는 대상이 될지도 모르겠다. 그러나 장자의 시기는 전쟁이 일상이었다. 칼은 감상하라고 있는 게 아니라 싸움하라고 있는 것이다. '좋은 칼이니 아껴뒀다 나중에 쓰자'는 미련한 짓이다. 칼 가질 자격 없는 사람이다. '나중'이 언제가 될지는 아무도 모른다. 올지 안 올지도 모른다. 써야 맛이다. 아끼다 똥 된다.

플라톤Platon과 말싸움을 했던 시라쿠사의 참주 디오니시오스Dionysios의 신하 중에 재산 모으는 게 취미인 사람이 있었다. 돈 단지를 땅에 묻어놓고 시간 날 때마다 돈 세어보는 게 즐거움이었다. 이 사실을 알게 된 디오니시오스는 다른 신하를 시켜 그 돈을 몰래 가져오게 했다. 숨겨놨던 돈을 잃어버린 신하는 차곡차곡 돈을 모아봤자 남 좋은 일이라고 생각해서 돈이 생기는 족족 펑펑 쓰기 시작했다. 다른 곳에 묻어뒀던 또 하나의 돈 단지도 꺼냈다. 그제야 디오니시오스는 훔쳐갔던 돈 단지를 주인에게 돌려줬다. 그러면서 빠지지 않는 잘난 척 한 마디. "이제 그대도 돈을 쓸 줄 알게 됐으니 이 돈을 돌려주노라."

 돈을 쓴다는 건, 돈으로부터 해방된다는 뜻이다. 돈에 집착한다는 건, 돈에 매여 산다는 뜻이다. 사람이 돈의 주인이 돼야지, 돈이 사람의 주인이 되도록 할 수는 없는 노릇이다. 사람이 살아갈 때 돈이 돛이 돼야지 닻이 되면 안 된다.

뱁새가 깊은 숲에 들어도 몸을 두기는 한 나뭇가지에 지나지 않는다. 생쥐가 강물을 마셔도 제 배를 채우는 데 지나지 않는다. ○**소요유**

 불가에서 비슷한 취지의 선시가 전해 내려온다. "집이 천 칸이나 되는 대궐이라도 / 하룻밤 자는 데는 방 한 칸이면 족하고 / 만석의 논을 가졌더라도 / 한 끼 먹는 데는 한 되 쌀이면 족하다《선사귀감》)."
 뱁새 혼자 사는 데 숲 전체가 필요하지 않다. 나뭇가지 하나면 된다. 뱁새가 숲 하나를 모두 다 차지하겠다고 고집을 부릴 이유가 없다. 숲 하나를 전부 차지하지 못한다고 화낼 이유는 더더욱 없다.
 생쥐가 물을 마시면 강물을 다 마시는 게 아니다. 생쥐의 배를 채울 만큼, 딱 두 모금이다. 저 혼자 강물 다 차지하겠다고 덤비는 미련한 생쥐는 없다. 그런데 가끔 사람들이 그런 미련한 짓을 한다.

소인은 이익에 목숨 걸고(小人則以身殉利) 선비는 이름에 목숨 건다(士則以身殉名). ○**변무**

꼭 돈만 문제일까. 이름에 목숨 걸면, 명예에 목숨 걸면 좀 멋있어 보일까? 본질은 똑같다. 욕심의 노예가 되는 길이다.

신들을 조롱하고 싶은 욕심에 사로잡혀 아들을 죽여 신들에게 음식을 해다 바쳤다가 영원한 목마름에 시달리는 탄탈로스Tantalos는 욕심의 본질을 보여준다. 목 아래까지 물이 가득 차 있다. 그러나 막상 마시려 입을 대는 순간 수면은 쑥 내려간다. 바로 앞에 보이건만 단 한 모금도 마실 수 없다. 손만 뻗으면 닿을 거리에 과일이 주렁주렁 달려 있지만, 그 역시 막상 팔을 뻗으면 가지가 높이 올라가버린다. 손 닿을 법하건만 단 한 입도 먹을 수 없다.

욕심이란 지평선과 같다. 차를 타고 가면 금방 갈 것 같지만, 가도 가도 결코 도착할 수 없다. 여전히 손에 닿을 듯 눈앞에 보일 뿐이다. 하늘이 땅으로 무너지기 전에는 절대로 갈 수 없다. 욕심은 그래서, 채우는 게 아니라 비우는 것이다. "모든 것을 얻기에 이르려면 아무 것도 얻으려 하지 마라." 꼭 노자가 했다면 어울릴 법한 이 말을 한 사람은 16세기 교회개혁가 십자가의 성 요한이다. 욕심의 본질을 꿰뚫어 보기는 동서양이 다를 바 없고, 종교에도 차이가 없다.

욕심이 없으면(마음을 비우면) 귀신도 항복한다(無心得而鬼神服). ○천지

욕심의 대상이 꼭 돈이나 명예만 있는 것은 아니다. 삶 그 자체도 예외일 수 없다. 하지만 돈이 그렇듯이, 삶도 소유의 대상이 아니다. 돈이 '갖는' 것이 아니라 '쓰는' 것이듯, 삶은 '갖는' 것이 아니라 '사

는' 것이다. 삶을 아껴뒀다가 다 살지 못한 사람들이 죽음을 두려워한다. 아낌없이 삶을 살아낸 사람들은 죽음이 두렵지 않다. 죽음이 두렵지 않은데 귀신인들 두려울 게 없다. 귀신이 두렵지 않은데 사람인들 두려울까. 세상에 무서울 게 없다. 욕심만 버린다면.

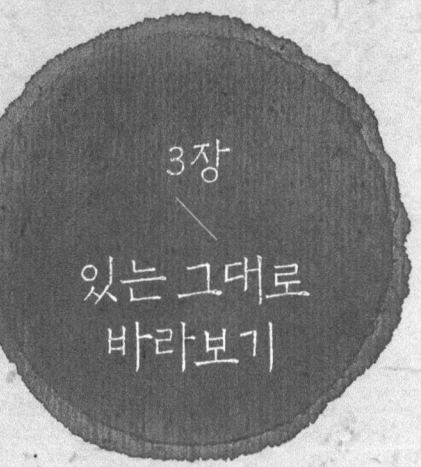

3장

있는 그대로 바라보기

쓸모없음의 쓸모

《장자》에는 여러 번 나오는 이야기가 꽤 많다. 장자 하면 바로 나비를 떠올리게 만든, 장자가 나비가 된 꿈을 꾸는 건지, 나비가 장자가 된 꿈을 꾸고 있는 건지 모르겠다는 호접지몽胡蝶之夢을 비롯해서 사마귀가 수레를 막겠다고 덤빈다는 당랑거철螳螂拒轍 같이 사골국물 우려먹듯 되풀이되는 이야기들이 많다. 물론 이미 나왔던 이야기는 가볍게 취급하고 넘어가기 때문에 같은 책이면서도 뒷부분이 앞부분을 인용한다는 느낌을 살짝 준다. 그도 그럴 것이 《장자》는 앞부분(내편)만 장자 본인의 저작이고, 중간(외편)부터 뒷부분(잡편)은 위작이거나 적어도 제자들의 작품이라는 분석이 일반적이다.

그런데 단순히 여러 번 나올 뿐만 아니라 나올 때마다 약간의 변주가 이뤄지고, 뒷부분이 앞부분을 인용했다기보다는 좀 더 살을 붙인 인상을 주는 이야기도 있다. 그렇게 자주 나오는 이야기 중 하나가 '쓸모없는 나무' 이야기다.

유명한 목수가 사당 앞의 큰 나무를 보았다. 밑둥은 소를 가릴 만했고, 키는 산을 내려다볼 만큼 높았다. 배를 만들어도 좋을 성싶은 가지만도 수십 개였다. 제자들은 흥분해서 나무 구경하느라 얼이 빠졌는데, 정작 목수는 본 체도 안 하고 갈 길만 갔다. 제자들이 뒤늦게 따라와서 물었다. "선생님, 이렇게 큰 나무를 본 적이 없습니다. 그런데 선생님은 왜 관심도 안 두십니까?"
"그 나무 못 쓴다. 배를 만들면 가라앉을 것이고, 널을 만들면 썩을 것이고, 그릇을 만들면 깨질 것이고, 기둥을 만들면 좀이 슨다. 아무 짝에도 쓸모없는 나무다(無所可用)."
그날 밤 목수의 꿈에 나무가 나타나 말했다. "네가 쓸모를 말했느냐? 그래 그 쓸모 있는 배나무나 유자나무, 하다못해 오이를 봐라. 열매가 열리기 무섭게 따 가지 않느냐? 큰 가지는 꺾이고 작은 가지는 부러진다. 그 쓸모 때문에 삶이 피로워지는 것이다. 그 쓸모 때문에 세상의 해침을 입는 것이다. 나는 쓸모없기를 바란다(予求無所用). 내가 쓸모가 있었더라면 어찌 이처럼 크게 자랐겠느냐!" ◦ 인간세

굽은 나무가 선산 지킨다. 못난 자식이 효도한다. 잘난 놈들은 잘나서 제 살기 바쁘다. 선산을 지키고, 부모 곁을 지키는 건 못난 놈들이다.

이솝(이 책에서는 대체로 그리스어식 표기를 따르기 때문에 아이소포스 Aisopos로 쓰는 게 맞겠지만, 이 경우에는 워낙 영어식 이솝Aesop이 굳어져 있어 '아이소포스'라는 표기는 혼란만 부를 것 같아서 포기한다.) 우화에도 비슷한 이야기가 있다. 곧고 높게 쭉쭉 뻗은 전나무가 자랑한다. "나무라면 나 정도는 돼야지. 그래야 군함 같은 큰 배 만드는 데에도 쓰이지 않겠어?" 그 말을 듣고 가시나무가 냉소한다. "도끼와 톱에 무자비하게 잘리는 건 생각하지 못하는군(이 이야기는 이윤기의 《무지개와 프리즘》에서 인용했다. 내가 가진 《이솝우화 전집》에는 없는 이야기다)."

사실 이솝 자신이 쓸모없는 가시나무였다. 이솝이 실존인물인지 여부조차도 논란이 있긴 하지만, 14세기쯤 갑자기 세상에 나타나 가장 널리 읽힌 전기에 따르면 이솝은 노예였다. 당시 노예는 주특기를 하나씩 갖고 있었다. 셈을 잘해서 회계사 겸 세무사가 되기도 하고, 공부를 잘해서 가정교사를 하기도 하고, 악기를 연주하는 악사가 되기도 하고, 로마시대에는 검투사가 되기도 했다. 현대식으로 말하자면 전문직과 연예인에 해당하는 직종을 노예들이 담당했다. 물론 들에서 농사일을 하거나 집에서 허드렛일을 하는 노예도 있었다. 이솝이 바로 그런 노예였다. 쓸모없는 싸구려 노예.

이솝은 하프 연주자(연예인), 필사생(전문직)과 함께 노예 경매장에 섰다. 다른 두 사람은 각각 주특기도 있었고 빼어난 미소년이기도 했다. 이솝은 할 줄 아는 것도 없고, '감자에 옥수수 꽂아놓은 것 같다'고 할 만큼 추남이었다. 곰보 얼굴에 뻐드렁니가 도드라졌던 모양이다.

철학자 크산토스Xanthos가 가장 잘 생긴 하프 연주 노예에게 먼저 물었다. "뭘 할 줄 아느냐?" 대답은 오늘날 입사 면접에서도 흔히 듣는 말이다. "뭐든 할 수 있습니다." 피식 웃는 소리가 들렸지만 크산토스는 무시하고 가격을 물었다. 너무 비쌌다. 크산토스는 필사생 노예에게도 같은 질문을 했고, 대답 역시 같았다. 그때 키득키득 웃음소리가 들렸다. 이솝의 웃음이었다. 크산토스가 물었다. "넌 왜 웃느냐? 넌 뭘 할 줄 아느냐?" 이솝의 대답은 달랐다. "할 줄 아는 게 없습니다." 스스로를 세일즈하기 바쁜 경매장에서 듣기 힘든 말이었기에 크산토스는 되물었다. "왜 아무것도 못한다고 하는 게냐?" "이 친구들이 뭐든지 다 할 줄 안다고 하는데, 제가 할 수 있는 게 뭐가 있겠어요?" 결국 크산토스가 산 노예는 이솝이었다. 그 당돌함 때문이 아니라, 터무니없이 싼 가격 때문이긴 했지만.

그리스 7현 중에 무척 논쟁적인 인물이 있다. 코린토스의 참주 페리안드로스Periandros다. 후궁들의 모함을 듣고 임신 중인 왕비를 발로 걷어차서 죽이고, 나중에 자신이 속았다는 사실을 알고서는 후궁들을 모조리 불태워 죽이는 잔인한 인물이다. 성격은 형편없지만 정치적 역량은 뛰어나서 육로와 해상 교통의 요지였던 코린토스를 당대 부국으로 만들었다. 그리스인들은 어쩌면 이런 정치적 역량을 '지혜'로 간주하고 페리안드로스를 7현에 포함시켰는지도 모른다. 7현 중에 유난히 정치인들이 많은 것도 그 때문이 아닐까 싶다. 다만 플라톤처럼 윤리를 중요시하는 사람은 페리안드로스를 7현에 포함시키지 않는다.

　페리안드로스의 정치적 스승은 밀레토스의 참주 트라시불로스Trasyboulos였다. 페리안드로스가 '한 수 가르쳐 주십사' 심부름꾼을 보냈더니 트라시불로스는 밀밭에 데려가서는 웃자란 이삭들을 슥슥 베고 다니는 것으로 대답을 대신했다. 헤로도토스Herodotos가 쓴《역사》에는 트라시불로스가 아무 말 없이 심부름꾼을 돌려보냈는데, 센스쟁이 페리안드로스가 무슨 뜻인지를 간파했다고 적혀 있다. 그런데 라에르티우스의《그리스 철학자 열전》에는 트라시불로스가 페리안드로스의 심부름꾼 손에 쥐어 보낸 편지가 떡 하니 실려 있다. "시민 가운데 유달리 특출한 자들이 있다면, 그들이 적이든 친구이든, 제거해야 합니다."

　'모난 돌이 정 맞는다'가 '쓸모'에 대한 반론이 될 수는 없다. 세상살이에서 '쓸모'의 중요성은 그런 식으로 뭉개고 넘어갈 수 없다.

장자가 산중을 지나다 큰 나무를 봤다. 마침 나무꾼도 지나갔지만 그 나무는 본체만체했다. 어째서 베지 않느냐고 물었더니 '쓸모가 없다'고 답했다. 장자는 말했다. "이 나무는 쓸모가 없어 천년을 마치는구나."
산에서 내려와 어느 집에서 묵었다. 주인은 장자를 대접하겠다며 하인에게 닭을 잡게 했다. "잘 우는 놈을 잡을까요, 잘 못 우는 놈을 잡을까요?" 주인이 말했다. "잘 울지 못하는 놈을 잡아라." ○ 산목 때로는, 아니 대부분의 경우 우리에게 필요한 것은 '쓸모없음'이 아니라 '쓸모 있음'이다. 못 우는 닭이 잘 우는 닭보다 먼저 밥상에 오르는 건 당연한 일이다. 시계가 없던 시대에 잘 우는 닭은 새벽에 시간이라도 알려줄 테니까. 다만 그 쓸모란, 사람의 입장에서 하는 말일 따름이다. 닭의 입장에서도 그럴까? 쓸모 있는 나무란 목재로 쓸 수 있는 곧고 단단한 나무겠지만, 그 역시 사람의 입장이다. 나무에게도 그런 게 쓸모가 될까? 세상을 호령하고 싶었던 이백은 술꾼이 됐다. 재주는 많지만 써주는 사람이 없었다. 술 취한 이백은 《장진주》에서 노래했다. "하늘이 나 같은 재질을 냈다면 반드시 쓸 곳이 있으리라(天生我材必有用)." 호기롭게 말했지만 이백은 끝내 자신이 바라는 방식의 '쓰임'은 얻지 못했다. 그러나 그 쓰임을 얻지 못한 덕분에 우리는 시선詩仙 이태백의 시를 즐길 수 있다.

혜자가 장자에게 말했다. "우리 집에 큰 나무가 있는데, 크기만 했지 쓸데가 없다네. 줄기는 울퉁불퉁해서 먹줄에 맞지 않고, 잔가지들은 꼬불꼬불해서 잣대에 맞지 않네. 팔아치울까 하고 목수들한테 보여줘도 거들떠보지도 않는다네."
"이 사람아, 큰 나무가 있으면 그 나무 주변을 유유히 거닐고 그 그늘에서 편안히 누워 쉬면 되지 않는가. 그 나무야말로 도끼에 찍힐 일도 없으니 좋지 않은가. 아무 쓸모도 없으니 무슨 피로움이 있겠는가(無所可用 安所困苦哉)?" ● **소요유**

'쓸모' 이야기를 이어가기 전에 혜자惠子(이름은 '혜시') 이야기는 잠깐 하고 가는 게 좋을 듯하다. 혜자야말로 《장자》에서 장자의 밥이다. 논리와 이성을 앞세워 감성과 직관을 추구하는 장자에게 대들지만 번번이 '뭘 모르는 사람' 취급만 받는다. 《장자》를 읽는 입장에서 보면 가장 공감 가는 사람이기도 하다. 우리네 보통 사람이 장자에게 할 법한 말을 대신 해주는 역할이기 때문이다. 수업시간에 이해가 안 되고 궁금한 게 있어도 '무식한 놈'이라고 망신만 살까봐 질문하지 못하고 있는데, 바로 그 순간 내가 하고 싶은 질문을 대신 해주는 용감무쌍한 친구쯤 된다고나 할까?

《장자》의 잡편에는 "혜자가 죽어 더 이상 이야기할 상대가 없다"고 장자가 아쉬워하는 장면이 나온다. 책에 등장하는 두 사람의 대화를 봐도 그들은 세상과 인간을 바라보는 각도는 달라도 서로의 시선을 존중하는 친구 사이다. 그런데 실제로도 그랬는지는 의문이다. 어떤 사람들은 장자가 위나라 재상이던 혜자의 식객이 아니었겠냐는 가설을 세우기도 한다. 장자가 별다른 직업을 갖지 않았고, 혜자와의 대화가 유난히 많이 등장하는 걸 보면, 설득력이 전혀 없는 가설은 아닌 것 같다.

이 이야기에서도 혜자는 여지없이 '나무는 목재'라는 등식에서 벗어나지 못하는 꽉 막힌 사람이다. 장자는 쓸모에 대한 관점의 변화를 촉구한다. 왜 꼭 나무는 목재로만 써야 한다고 생각하는 거지? 그냥 두고 보면 안 되나? 그 그늘 아래 쉬기만 해도 좋은 것 아닌가? 그럼 나무 자신에게도 더 좋은 일 아닌가?

쓸모란 결국 관점의 문제일 뿐이다. 시선만 바꾸면, 즉 내 자리를 조금만 옮겨서 보면 쓸모가 없다가도 생기고, 있다가도 없어진다. 굳이 내 자리 지키고 서서 사물을, 남들을 함부로 재단하면서 쓸모가 있고 없고를 평가하는 식이다. 그 평가를 마음속으로만 가지면 그나마 낫다. 다른 사람이 제 자리에 서서 쓸모를 말하면, 그 자리에 가보지도 않고 자기 자리에 서서 그 말이 맞네 틀리네 싸움까지 벌인다.

혜자가 장자에게 말했다.
"자네 이야기는 현실에서는 아무 쓸모가 없네."
"쓸모없는 것을 알아야 쓸모 있는 것을 말할 수 있는 법이라네(知無用而始可與言用). 저 대지는 얼마나 넓은가. 하지만 사람이 걷는 땅은 겨우 발을 디디는 얼마 안 되는 자리뿐이지. 그렇다고 해서 발을 디디는 자리만 남겨두고 나머지는 싹 다 없애 버린다고 하면 어떻게 되는가. 그래도 사람들이 밟는 그 얼마 안 되는 땅이 여전히 쓸모 있다고 할 수 있는가?"
"그럼 그 땅도 쓸모없게 되지."
"그러니까 쓸모없는 게 쓸모가 있다니깐(無用之爲用)." ◎ 외물

관점의 변화를 온몸으로 느끼게 해주는 장면이다. 사무실 문을 열고 책상에 가기까지 내가 사용하는 땅은 백 걸음 반경이 거의 전부이다. 면적으로 따져도 얼마 안 될 게 뻔하다. 그런데, 내가 밟았던 그 발자국만 남겨놓고 나머지 땅은 푹 꺼져서 끝없는 절벽이 된다면, 난 그 백 걸음을 그토록 편안하게 다시 한번 걸어갈 수 있을까?

생각만 해도 오싹하다. 오금이 저려 한 발짝도 내디딜 자신이 없다. 실제로 그동안 밟지 않던 땅이 사실은 중요하다는 사실도 물론 의미 있지만, 이 대목에서는 가벼운 상상만으로도 우리가 얼마든지 새로운 관점을 발견할 수 있다는 사실이 더욱 중요하다. 매일 아침 아무 생각 없이 너무나 편안하게 걷는 길이지만, 살짝만 각도를 틀어서 생각해보면 엄청난 비밀이 숨어 있다. 전혀 다른 관점에서 세상을 이해할 수 있다. 이게 바로《장자》가 우리에게 하고 싶은 말이다.

《장자》에 대한 흔한 오해 중 하나는 '산에 들어가서 신선 되는 법'이 적힌 책이라는 것이다. 그런 관점에서 보면 '쓸모없는 나무' 이야기도 세속의 쓸모에 연연하지 말라는, 까마귀 노는 곳에 백로는 가지 말라는 가르침 정도로 읽힌다. 하지만 내가 읽은 장자는 철저히 사람 속에서 살 것을 전제하고, 사람과 함께 사는 법을 가르친다. 그러기 위해서 다른 사람도 나만큼 중요하다는 걸 인정하자는 게 장자의 시작이요 끝이다.

세상은 단순명쾌하지 않다. 낮과 밤은 분명히 다르다. 밝으면 낮이요 깜깜하면 밤이다. 그런데 언제부터 낮이고 언제부터 밤인가? 해 뜨면 낮인가? 해뜨기 전에도 이미 세상은 환하지 않은가? 해가 지면 밤인가? 해져도 노을 진 하늘은 여전히 환하지 않은가?

쓸모가 있고 없고도 마찬가지다. 쓸모 있다고 무조건 좋은 거 아니고, 쓸모없다고 무조건 나쁜 거 아니다. 쓸모 있다면 덮어놓고 좋다고 윽박지를 필요 없다. 그게 다른 사람에게도 쓸모 있다는 보장은 어디에도 없다. 쓸모없다고 묻지도 따지지도 않고 버릴 것도 아니다. 다른 누군가에게는 쓸모가 있다. 그저 내가 선 자리를 조금만 옮겨 보면 세상이 달라져 보인다.

사람은
보고 싶은 대로 본다

송나라 사람이 머리 두건을 팔려고 월나라에 갔더니, 월나라 사람들은 모두 머리를 깎고 문신을 해서 머리 두건을 쓸 일이 없었다. ◦ **소요유**

머리 감기가 연례행사였던 옛 사람들에게 두건은 필수품이었다. 보기에도 깔끔하고, 위생적으로도 두건을 쓰는 게 더러운 머리카락을 처리하기에 적합했다. 그래서 세상 사람들 다 두건 두르고 살겠거니 싶어서 월나라에 가서 두건을 팔려고 했더니, 월나라 사람들은 이미 다른 해법을 개발했다. 위생문제는 아예 빡빡 미는 것으로 해결했고, 미용문제는 문신으로 풀었다. 두건이 필요가 없었다.

월나라는 고대에 '중국'의 범주에 들어가지도 않았던 남쪽 끝이다. 전혀 다른 환경에서 전혀 다른 생활습관이 생겨나는 게 당연하다.

이 정도 시장조사도 안 하고 겁 없이 뛰어들었으면 장사 망하는 건 당연하다. 이 송나라 사람처럼 자기 장사만 망하면 그나마 다행인데, 이런 사람들이 꼭 남들까지 피곤하게 만든다. 두루미를 식사에 초대해 놓고 접시에 음식 내어줄 위인인 탓이다.

서구인들에게 부자의 대명사로 인식되는 인물 가운데 크로이소스Kroisos가 있다. 소아시아를 지배했던 리디아의 왕이다. 남부러울 게 없는, 그래서 세상에서 가장 행복한 사람이라고 스스로 믿었던 크로이소스에겐 한 가지 고민이 있었다. 동쪽에서 키루스Cyrus(영어식으로 읽으면 사이러스) 대왕이 이끄는 페르시아 제국이 급성장해 리디아 왕국을 압박했다.

크로이소스는 전쟁을 해도 좋은지 신탁에 물었다. 대답은 이랬다. "전쟁을 하면 큰 나라를 멸망시키리라." 크로이소스는 신탁을 듣고 기뻐하며 싸움을 걸었다. 그러나 결과는 패배, 멸망한 '큰 나라'는 키루스의 페르시아가 아닌 크로이소스 자신의 리디아 왕국이었다. 이미 전쟁 벌일 마음을 굳히고 있던 크로이소스에겐 도망갈 구멍투성이의 애매모호한 신탁마저도 분명한 뜻으로 보였다. 시장조사도 안 하고 겁 없이 월나라로 건너간 송나라 머리 두건 장수처럼, 크로이소스도 눈에 뭐가 씌웠다. 그저 자기가 보고 싶은 것만 볼 뿐이었다.

혜자가 장자에게 말했다. "전하께서 큰 박씨를 주시기에 심었더니, 무려 닷섬들이 열매가 열리지 않았겠나. 그 속을 파내고 바가지를 만들었더니 무거워서 들 수도 없고, 너무 커서 우물에 넣을 수도 없고, 장독대에서 쓸 수도 없었다네. 크기만 하고 쓸모가 없어서 그만 부숴 버리고 말 았네."

장자가 말했다. "자네는 참으로 큰 것을 쓸 줄 모르는구먼(夫子固拙於用大). 닷섬들이 박이면, 그걸로 아예 배를 만들어서 호수에 띄워놓을 생각은 왜 못하는가?" ○소요유

혜자는 이번에도 어김없이 바보 역할이다. 박은 바가지 만드는 데 쓰는 거라는 고정관념에 사로잡힌 인물이다. 바가지라는 건 무조건 크다고 좋은 게 아니다. 손에 쏙 들어오게 잡혀야 쓰기 좋다. 닷섬들 이가 되면 들 수도 없고, 보관할 곳도 없고, 쓸데도 없다.

하지만 바가지는 꼭 물 푸는 데만 써야 한다는 건 누가 만든 법인 가? 그 바가지 안에 들어가지 말라는 법 있나? 나무를 일부러 곡면 으로 붙이려고 애쓸 것 없이 처음부터 매끈한 곡선으로 만들어진 박 이야말로 가장 좋은 배가 될 수도 있다.

박은 바가지를 만들기에 적당한 식물일 뿐이다. 그래서 사람들이 흔히 박으로 바가지를 만드는 것일 뿐이다. 하지만 꼭 혜자 같은 우 리들은 '박'이라고 하면 '바가지'밖에 떠올릴 줄 모른다. 보는 각도만 바꾸면, 내가 선 자리만 조금 옮기면 쓸모는 얼마든지 생긴다. 내가 선 자리에서 꼼짝도 하지 않으려니까 '쓸모없어서 깨버렸다'는 말을 하는 것이다. '다른 수가 없다'는 답답한 소리나 하는 것이다. 오른쪽 으로 돌리는 유리병을 갖고 계속 왼쪽으로만 돌리다가 '에잇, 이거 안 열리는 불량품이다' 하고는 갖다 버린 꼴이다. 당기면 열리는 문

을 계속 밀기만 하다가 갇혔다고 징징 우는 꼴이다.

헛된 선입견에 사로잡혀 스스로를 가둔 혜자에게 장자가 마지막으로 던지는 말이 "자네 마음은 정말 쑥무더기처럼 꽉 막혔군(有蓬之心)"이다. 장님은 사랑하는 사람의 얼굴도, 환한 세상도 보지 못한다. 세상에 빛이 없어서가 아니다. 세상이 환하지 않아서가 아니다. 자신이 눈감고 있어서다. 그 눈을 뜨기를 거부하는 건 바로 그 자신이다.

만물의 근원이 물이니 불이니 하고 있을 때 '원자'라고 최초로 주장했던 데모크리토스Demokritos도 고집불통으로 악명이 높다. 하루는 무화과를 하나 먹었는데 말 그대로 꿀맛이 났다. 원자론을 주창한 학자답게 데모크리토스는 그 즉시 밥상 걷어치우고 무화과나무를 이리저리 둘러보며 도무지 어떻게 해서 꿀맛의 무화과가 열렸는지를 탐구하기 시작했다. 식사를 나르던 하녀가 갑자기 왜 소란이냐고 물었다. '꿀맛 같은 무화과'의 정체를 찾느라 그런다고 누군가 대답해줬다. 하녀는 폭소를 터뜨리며 말했다. "그거 제가 무화과를 꿀단지에 담궈 뒀서 그래요." 데모크리토스는 그러나 하녀의 말을 듣고도 꿈쩍하지 않았다. "시끄럽다. 물러가라. 나는 무화과가 원래 그런 맛이라고 보고 계속해서 탐구할 것이다."

이미 나온 정답마저도 거부하고 제 고집만 피우는 모습, 낯설지 않다. 제 자리 잠깐만 옮기면 되는데, 무안함 잠깐만 참으면 되는데, 그걸 감수하려 들지 않는다.

손 트는 데 쓰는 약을 잘 만드는 송나라 사람이 있었다. 그 사람은 대대로 빨래하는 것을 직업으로 삼았다. 어떤 사람이 와서 백금을 줄 테니 약방문을 팔라고 했다. 일확천금의 기회라고 생각하고 송나라 사람은 얼른 약 만드는 방법을 팔았다. 그걸 배운 사람은 오나라로 찾아갔다. 겨울에 월나라와 싸움을 벌이던 오나라는 이 사람을 장수로 삼아 강에서 싸움을 벌여 크게 이겼다. 오나라 왕은 이 사람에게 땅을 떼어주고 제후로 봉했다. 똑같이 손 트는 데 쓰는 약을 가졌지만, 한 사람은 제후가 됐고 다른 사람은 평생 빨래만 했다. 약을 쓰는 법이 달랐기 때문이다(所用之異). ○**소요유**

또 송나라 사람이다. 《장자》에서 '송나라 사람'은 '바보'라는 뜻이라고 봐도 크게 틀리지 않는다. 장자 자신이 송나라 사람이었다. 자신을 몰라보는 송나라 사람들에 대한 원망이 담긴 것일까? 그보다는 주변에서 흔히 보는 장삼이사의 우리 자신에 더 가깝지 않을까 여겨진다.

송나라 사람은 아마도 대대로 빨래만 해왔기 때문에 특별한 핸드크림을 개발하게 됐을 것이다. 늘 손이 젖어 있으니 손 관리의 특효약이 누구보다 절실하게 필요했을 것이다. 애당초 빨래를 잘하기 위해서 핸드크림을 개발한 것이다. 그러니 약을 개발하고도 머릿속은 온통 빨래 생각밖에 없다. 의식하지 못했겠지만 빨래에 대한 집착이다. 자기 자리를 바꿔 약 자체를 똑바로 볼 엄두도 내지 않은 것이다.

잘 알려져 있듯 디지털 카메라를 가장 먼저 발명한 건 최대의 필름 회사 코닥이었다. 그러나 대대로 빨래만 한 사람들이 혁신적인 약을 다른 용도로 쓸 생각을 못했듯, 필름 회사도 사진은 인화해야 하는 것이라는 고정관념을 버리지 못했다. 코닥은 결국 자신이 가장 먼저 개발하고도 스스로 사장시켰던 디지털 카메라의 물결에 휩쓸려 망하고 말았다.

우연히 그 약을 알게 된 사람은 빨래에 대해서는 관심도 없다. 그저 약 자체가 관심이다. 그러니 그 약을 어떻게 하면 더 크게 쓸 수 있는지, 어떻게 쓰면 자신에게 더 도움이 될지를 꿰뚫어 볼 수 있다. 자기 자리를 고정하지 않았기에 가능한 사고의 자유다.

큰 물건은 큰 상자에 넣어야 들어간다. 깊은 우물은 긴 두레박줄을 써야 길을 수 있다. 자기 상자 바꾸고, 자기 두레박줄 늘릴 생각을 하지 않으면 큰 물건은 못 쓰게 되고, 멀쩡한 우물도 마른 우물이 된다.

그리스의 대법원은 지금도 아레이오파고스라고 불린다. 전쟁의 신 아레스가 자신의 딸을 겁탈한 포세이돈의 아들을 죽인 장소에서 재판을 받은 게 최초의 아레이오파고스였고, 그래서 이름도 '아레스의 언덕'이다. 그때 아레스에게 내려진 판결은 '무죄'였다. 실제 역사에서는 귀족정치의 최후 보루였지만, 신화의 세계에서는 정의로운 최종 판결을 뜻하는 게 바로 아레이오파고스였다.

아레이오파고스는 반드시 밤에 열었다고 한다. 재판 당사자들의 얼굴, 표정, 몸짓을 보지 못하게 해서 최대한 선입견을 배제하겠다는 뜻이다. 어차피 목소리 들으면 누군지 다 알고, 사람마다 친소관계와 이해관계는 미리 다 정해져 있는데, 이런 조치가 얼마나 효과적이었는지는 의문이다. 그러나 진실을 직시하는 데 가장 큰 적이 선입견이라는 사실만은 제대로 봤다.

 골프 선수들은 퍼팅을 하기 전에 우선 그린 전체를 본다. 그리고 반대쪽에서 홀컵과 공의 위치를 본다. 마지막으로 자기 자리에서 라인을 본다. 서서도 보고 앉아서도 본다. 내 자리는 마지막에 서는 법이다. 하물며 내 자리만 고집해서는 진실을 볼 수 없다.

도둑을 막으려면 궤짝에 넣고 자물쇠를 채우는 게 세상에서 말하는 지혜다. 하지만 큰 도둑은 궤짝째 들고 간다. 자물쇠가 튼튼하지 않을까 걱정하는 건 오히려 도둑이다. 지혜로운 사람은 결국 도둑을 위해서 재물을 쌓아두는 셈이다.

전성자는 하루아침에 제나라 임금을 죽이고 나라를 훔쳤다. 나라만 훔친 게 아니라 법과 인의까지 함께 훔쳤다. 인의를 아는 사람은 도둑을 위해 문지기 노릇을 하는 셈이 됐다(聖者 有不爲大盜守者乎).　◦ **거협**

 제나라는 강태공이 받은 땅이었다. 강 씨의 나라였다. 그러나 전자방이라는 귀족이 실권을 잡고는 급기야 나라를 빼앗았다. 전 씨의 나라가 된 것이다. 강 씨가 애써 쌓아놓은 보물은 한꺼번에 전 씨 소유가 됐다. 눈에 보이는 물건뿐 아니라 눈에 보이지 않는 가치까지 모조리 앗아갔다. 이념과 명분, 논리까지 모두 다. 공부 잘한다는 사람은 새로운 논리로 전 씨의 나라를 완성하는 데 동원되었다. 쓰임 많아 좋지만, 늘 그렇게 소비되는 대상일 뿐이다.

 꽁꽁 싸서 자물쇠 잘 채워놓는 '상식'이란, 좋은 학교 나와서 열심히 공부해야 성공한다는 '상식'이란, 이런 큰 도둑 앞에서 무력하기 그지없다. 이용당하기 딱 좋은 게 상식이다. 상식을 벗어나야 한다. 그러자면 자기 자리를 벗어나야 한다.

모두 금광을 찾을 때, 리바이 스트라우스는 금광을 찾는 사람들에게 청바지를 팔았다. 모두 주식시장에서의 일확천금을 꿈꿀 때, 마이클 블룸버그는 일확천금을 꿈꾸는 사람에게 주식정보를 제공했다. 진짜 금광을 찾은 건, 진짜 일확천금을 잡은 건, 바로 그들이었다.

배를 골짜기에 감춰두고, 그물을 늪에 감춰두고 든든하게 여긴다. 하지만 한밤중에 어떤 힘센 사람이 짊어지고 가면 무슨 수로 막을 수 있나. 작은 것을 큰 것에 감추면 반드시 빠져나갈 구멍이 있다. 하지만 천하를 천하에 감춘다면(藏天下於天下) 빠져나갈 구멍이 없다. ○ **대종사**

뭐가 됐든, 아무리 잘 숨겨두든, 도둑맞을 염려는 늘 있다. 천하를 천하에 숨겨두면, 새삼 가져가고 말고 할 게 없다. 가져갈 수 없다. 도둑맞을 염려가 없다.

사실 천하를 천하에 감춘다는 건, 감추지 않는다는 뜻이다. 그대로 둔다는 뜻이다. 바꾸는 건 나 자신이다. 내 위치를 바꾸고, 내 시선을 바꾸고, 내 생각을 바꾸는 것이다.

조각은 나무 안에 이미 있다

말은 말굽으로 서리나 눈을 밟고, 털로 바람과 추위를 막는다. 풀을 뜯고 물을 마시며 발을 들어 뛰기도 한다. 이게 말의 본성이다. 아무리 좋은 집, 화려한 방에 데려다 줘도 말에게는 아무 쓸모가 없다.
그런데 백락이 세상에 나와서 "나는 말을 잘 다룬다"고 하며 털을 그을리거나 깎기도 하고, 발톱을 깎거나 지지기도 하며, 여러 마리를 한 줄에 엮어 마판에 매어놓으니 죽는 놈이 열에 두셋이나 됐다. 또 훈련을 시킨다면서 굶기고 목마르게 하고 달리게 했다. 앞에는 자갈이 있고 뒤에는 채찍이 있으니 죽는 말이 거의 절반을 넘었다. ○ **마제**

백락은 원래 천마를 관장하는 신의 이름이었다. 그런데 손양이라는 인물이 말을 귀신같이 잘 알아보면서 백락이라는 이름으로 불리더니, 아예 사람 이름으로 바뀌었다.

장자는 백락을 말 조련사로 묘사하지만, 전해 내려오는 백락의 모습은 말 감정가다. 백락이 명마라고 인정하면 누구도 이의를 제기하지 않았다. 그래서 백락이 지나가다가 고개 한번 쓱 돌려서 쳐다보면 그 말은 값이 열배로 뛰었다고 한다. 이게 바로 백락일고伯樂一顧, '백락이 한 번 돌아본다'는 고사다. 숨어 있던 인재를 알아봐주는 사람을 만났다는 뜻이다. 천리마는 늘 있지만, 천리마를 알아보는 백락이 늘 있는 게 아니라는 게 비극이다. 그래서 '백락이 있은 연후에 천리마가 있다'고 한다.

한번은 명마가 소금 수레를 끌고 무거운 발걸음으로 고개를 오르는 것을 백락이 보았다. 분명 천리마지만 이미 짐꾼으로 살면서 늙어 버렸다. 백락이 안쓰러운 눈길을 보내자 말 역시 서러운 마음으로 울었다. 백락은 비단옷을 덮어주며 명마에 대한 예우를 갖췄다. 천리마는 다시 소금 수레를 끌고 천천히 고갯길을 올랐다. 이건 기복염거驥服鹽車, '천리마가 소금수레를 끈다'는 고사다.

《열자》에도 백락의 이야기가 있다. 백락이 늙자 임금이 후임자를 천거하라고 했다. 백락은 자신의 자손이 아닌 구방고라는 인물을 추천했다. 임금은 구방고에게 천리마를 구해오라고 시켰다. 그리고 석 달 후 구방고가 돌아왔다. "찾았습니다." 임금이 기뻐서 물었다. "그래 어떤 말이냐?" "암놈이고, 누런 놈입니다."

사람을 시켜 말을 끌고 오게 했는데, 들려오는 말이 이상했다. 말이 암놈이 아니라 수놈인데다, 색깔도 누렇지 않고 검다는 것이었다.

임금이 백락을 불러다 화냈다. "네 이 놈. 천리마를 알아보기는커녕 암수 구별, 색깔 구별도 못하는 작자를 말 감정가라고 추천했단 말이냐?"

백락은 한숨을 크게 쉬고 말했다. "혹시나 했는데 역시나 그렇군요. 구방고는 보아야 할 것만 보고 보지 않아도 될 것은 보지 않습니다(見其所見 不見其所不見). 명마인지만 봤지, 암놈인지 수놈인지, 누런지 검은지는 보지 않은 겁니다." 백락의 말을 듣고 말을 끌고 오라 해서 임금이 직접 봤더니 과연 나무랄 데 없는 명마였다.

백락은 말의 본성을 꿰뚫어 보는 사람이었던 것 같다. 장자는 여기서도 말 잘 보는 사람 백락의 이름만 빌려 하나의 우화를 말했을 뿐이다. 말의 본성을 생각하지 않고, 조련사가 생각하는 틀에 말을 끼워 맞추려는 미련함을 비꼰 것이다.

사람도 아닌 말이 역사에 이름을 남긴 경우가 있다. 관우의 적토마는 명마의 대명사로 지금도 쓰이고, 항우의 오추마도 유명하다. 서양에서는 가장 유명한 말이 부케팔로스다. 말 주인은 그 이름도 유명한 알렉산드로스 대왕. 둘이 처음 만난 건 알렉산드로스가 열두 살 때였다고 한다. 장사꾼이 명마를 가져왔다며 거액을 요구했다. 아버지 필리포스 왕은 아들 손을 잡고 신하들과 함께 말을 시험해 보러 들판에 나갔다. 하지만 낭패였다. 말은 너무 사나웠다. 아예 사람을 태우려 하지 않았다. 필리포스 왕은 쓸모없는 말을 갖고 왔다며 당장 끌고 꺼지라고 호통쳤다. 그때 알렉산드로스가 중얼거렸다. "다룰 줄을 몰라서 명마를 못 알아보는구나."

줄지에 명마 못 알아보는 바보가 된 아버지 필리포스가 되물었다. "넌 이 말을 다룰 수 있느냐?" "할 수 있습니다." "못하면?" "그럼 말 값을 제가 내겠습니다."

아버지와 내기를 하게 된 알렉산드로스는 우선 말에게 다가가 고삐를 잡고 말머리를 해 쪽으로 돌려세웠다. 사납던 말이 얌전해졌다. 말은 자기 그림자를 보고 혼자 겁먹고 날뛴 것이었다. 알렉산드로스는 가볍게 말 등에 올라타고 들판을 한 바퀴 돌아 당당하게 돌아왔다. 아버지는 아들을 자랑스러워하며 말했다. "아들아, 너는 네 왕국을 찾아라. 마케도니아는 네게 너무 좁구나."

부케팔로스는 알렉산드로스 평생의 애마가 돼 동방 원정을 함께 떠난다. 부케팔로스가 죽었을 때 알렉산드로스는 말 이름을 딴 도시를 지어 애도했다. 천리마를 알아봐주는 사람이 없었더라면, 그 사람이 알렉산드로스가 아니었더라면, 부케팔로스 역시 짐수레를 끌면서 일생을 마쳤을지도 모를 일이다.

도공이 자랑한다. "나는 진흙을 잘 다룬다. 둥근 그릇을 만들면 그림쇠에 딱 맞고, 모난 그릇을 만들면 곱자에 딱 맞는다." 목수도 자랑한다. "나는 나무를 잘 다룬다. 굽은 것을 만들면 그림쇠에 꼭 맞고, 곧은 것을 만들면 먹줄에 꼭 맞는다." 그러나 진흙이나 나무의 본바탕이 그림쇠나 곱자, 먹줄에 맞추어지기를 바라겠는가(夫埴木之性 豈欲中規矩鉤繩哉). ◉ 마제

고등학교 2학년 때 담임선생님이 지구과학 담당이셨는데, 그 분은

컴퍼스 없이 칠판에 동그란 원을 정확히 그려내는 것으로 유명했다. 지구과학이라는 과목 특성상 지구든 태양이든 일단 원을 하나 그려 놓고 시작할 때가 많아서 무수한 연습을 한 탓이겠지만, 너무나도 정확한 원을 그려서 수업시간에 박수를 보낸 적도 여러 번 있었다. 장자가 소개한 도공과 목수 역시도 그럴 것이다. 자로 잰 듯한 정확함. 사람이 만들어냈다고 믿어지지 않는 정확함. 그게 자랑이다.

양산 통도사 근처로 한 도예가를 만나러 간 적이 있다. 조선 막사발을 만드는 그 분은 오히려 정확한 원을 거부했다. 물레에 돌리면 자연스럽게 대칭이 만들어지는데, 그걸 일부러 비대칭으로 만들어냈다. "자로 잰 듯이 동그란 그릇은 기계가 더 잘 만들어."

그러고 보면 다듬지 않은, 때로는 구불구불한 그대로 기둥을 세운 오래된 절집들이 마음에 푸근함을 준다. 정교하게 돌을 깎아 만든 불국사 청운교 백운교가 주는 감동과는 또 다른 맛이다. 본성 그대로의 나무가 건물에 녹아들어갔을 때 배어나오는 감동이렷다. 어차피 하늘의 보름달이 컴퍼스로 그려서 동그란 게 아니다.

목수가 호랑이를 나무로 깎았는데, 모두들 귀신의 솜씨라고 감탄했다. 임금이 정색하고 물었다. "자네는 무슨 수로 그런 재주를 부리나?"
"제가 무슨 재주랄 게 있겠습니까. 저는 뭘 만들려고 하면 우선 몸을 깨끗이 하고, 마음을 비웁니다. 그리고 산에 올라가 나무를 살핍니다. 나무의 천성과 바탕과 모양에서 호랑이의 모습이 보이면, 그때 저는 비로소 손을 댑니다. 원래 있는 호랑이의 모습대로 깎기만 하면 됩니다. 호

랑이의 모습이 나무에서 보이지 않으면 깨끗하게 털고 그냥 산을 내려 옵니다." ◦ 달생

돌, 특히 암벽에 불상을 새기는 사람도 마찬가지라고 한다. 장인은 그냥 암벽이 아니라, 그 암벽에서 부처의 모습을 본다고 한다. 자신이 하는 일은 암벽에 숨은 부처의 모습을 드러나게 하는 것뿐이라고 한다. 조각을 한다는 것은, 원래의 모양을 변형시켜 내가 만들고 싶은 모습을 만드는 게 아니라, 본래의 모습을 되찾아주는 것에 불과하다는 설명이다.

말이나 나무나 돌만 그런 게 아니다. 무엇보다 사람이 그렇다. 교육을 한답시고 사람을 개조하는 건, 차라리 인조인간을 만들겠다는 뜻이다. 인조인간은, 만들어봤자 가치 없고, 뜻대로 만들어지지도 않는다.

조금 뜸해지긴 했지만 '멘토'라는 말, '멘토링'이라는 말이 여전히 자주 들린다. 너도나도 멘토를 자처한다. 그런데 막상 멘토라는 성공한 사람들이 하는 일이란, 밥 한 끼 사 주면서 자신의 성공담을 늘어놓는 게 전부인 경우가 많다. 멘토란 그런 사람이 아니다.

멘토라는 말은 오디세우스의 친구이자 그 아들 텔레마코스Telemachos의 스승이던 멘토르Mentor에게서 비롯됐다. 오디세우스는 트로이로 원정을 떠나면서 나랏일과 집안일을 모두 멘토르에게 맡겼다. 문제는 다른 원정대는 모두 돌아오는데 유독 오디세우스의 귀환만 늦어지면서 생겨났다. 오디세우스가 죽었다고 생각하고 불한당

들이 몰려와서 왕비 페넬로페에게 자신과 결혼하자고 졸랐다. 아들 텔레마코스가 이들을 쫓아내려 해보지만 수적으로나 실력으로나 역부족이었다.

텔레마코스는 집을 떠나고 싶었다. 아버지의 소식을 구해오겠다는 게 이유였다. 물론 모험을 통해 그 자신이 성장하고 싶은 욕심도 있었을 것이다. 하지만 불한당들의 틈바구니에 어머니만 남겨두고 가는 건 아무래도 부담이 컸을 것이다. 그때 최초의 멘토, 멘토르는 텔레마코스에게 스스로 진짜 원하는 게 무엇인지 찾으라고 격려한다.

"걱정하지 말아라, 애야. 꼭 해야 할 말의 대부분은 네가 스스로 생각해낼 수 있을 거다. 그리고 나머지는 신들이 도와줄 거다."

이윽고 텔레마코스가 집을 떠나기로 마음을 굳혔을 때에는 용기를 북돋아주며 응원할 뿐이었다. "네 아버지 오디세우스의 피가 흐르는 이상 너는 용기도 지각도 부족하지 않다. 넌 이제 말이나 행동 모두 어른이다. 넌 네가 뜻하는 바를 이룰 수 있다. 불한당 같은 구혼자들에게는 마음 쓰지 마라. 그들은 곧 닥쳐올 죽음을 알지 못하는 미친 놈들일 뿐이다."

멘토르는 해법을 가르쳐주지 않았다. 정답은 어차피 없다. 답은 텔레마코스의 마음속에 있다. 그 답을 스스로 찾도록 한다. 멘토의 역할은 그렇게 찾은 답에 신뢰를 보내는 것이다.

답을 찾지 못해 끙끙거리는 사람 중에는 자기가 진짜 원하는 게 뭔지를 모르는 일이 많다. 더 나아가 자신이 누구인지를 모른다. 자신이 누구인지 알면, 그래서 자신이 진짜 원하는 게 뭔지 알면 답은 의

외로 쉽게 모습을 드러낸다. 주변에서 해줄 수 있는 일이란 여기까지다. 인생 좀 더 살아봤다고 섣불리 정답을 제시하는 건 욕심이자 오만이다. 어디까지나 자기 기준에서 정답일 뿐이다. 다른 사람에게도 정답일 리가 없다.

《그리스인 조르바》를 쓴 작가 니코스 카잔차키스가 하루는 마당에서 허물을 벗고 있는 나비를 보게 됐다. 보고 있자니 안간힘을 쓰는데 도무지 허물이 벗겨지지 않았다. 안쓰럽기도 하고 답답하기도 한 마음에 살짝 손을 갖다 대서 허물을 쏙 벗겨줬다. 물론 허물은 아주 쉽게 벗겨졌다. 그러나 나비는 나오자마자 날아가지 못하고 곧장 죽어 버리고 말았다.

답답해도 나비가 스스로 벗고 나올 때까지 참아야 했다. 안쓰러워도 허물을 벗겨주는 건 나비를 도와주는 게 아니다. 번데기 신세를 면하고 나비로 거듭나려면 자기극복의 시간이 필요하다. 멘토라는 사람이 그 시간을 참지 못하고 도와준답시고 나서면, 그거야말로 제자 인생 버리는 지름길이다.

《맹자》에도 비슷한 이야기가 있다. 한 농부가 모를 심었다. 그리고 모가 자라길 기다리는데 며칠이 지나도 모는 그대로였다. 어느 세월에 벼가 되려나 싶어 농부는 직접 논으로 들어가 모를 조금씩 위로 잡아당겼다. 빨리 자라라는 간절한 염원을 담아서. 다음날 아침, 한결 쑥쑥 자란 모를 기대하고 들판에 나선 농부가 목격한 것은, 모가 전부 뽑혀서 둥둥 떠 있는 논바닥이었다. 여기서 나온 말이 조장助長이다. '자라는 걸 돕는다'는 좋은 뜻을 갖고 있지만 절대 좋은 뜻으로 쓰이는 법이 없는 단어다. 좋은 뜻이 아니기 때문이다.

　사람 숫자만큼의 인생이 있고, 그 숫자만큼의 정답이 있다. 천리마가 따로 있는 게 아니다. 내가 찾은 나의 정답을 따라 사는 인생이 천리마다.

죽음을 직시하면
삶이 보인다

《로마인 이야기》에서 카이사르를 치켜세우느라 카토Cato를 깎아내린 시오노 나나미의 영향인지는 몰라도 적어도 한국에서는, 카토는 고지식하기만 한 바보의 이미지가 꽤나 퍼져 있는 것 같다. 카토가 원로원에서 카이사르를 공격하는 연설을 할 때, 카이사르는 심부름꾼을 시켜 편지를 보내고 받기도 했다. 카토가 '내통의 증거'라며 그 편지를 공개하라고 윽박질렀을 때 카이사르는 "지극히 개인적 편지"라며 거절했다. 내통의 증거가 틀림없다고 확신하게 된 카토는 급기야 편지를 빼앗아서 큰소리로 읽었다. 그 편지는 다름 아닌 카토의 여동생이 유부남 카이사르에게 절절한 사랑의 언어를 적어 보낸 연애편지였다. 망신을 산 건 카토 자신이었다. 그러나 서구에서는 강직함의 대명사가 바로 카토다. 오죽하면 정말 말도 안 되는 허황된 이야기를 들었을 때 이런 말을 한다. "그 말은 카토가 했다 해도 못 믿겠다." '콩으로 메주를 쑨다' 만큼이나 당연한 말이 '카토는 거짓말을 하지 않는다'인 셈이다.

역사의 승자 카이사르를 괴롭히고 역사의 패자 폼페이우스Pompeius의 편에 섰던 카토를 지금까지 기억되도록 하는 건, 소크라테스Socrates가 그랬듯 그 자신의 죽음이었다. 폼페이우스가 졌다는 소식을 듣고 카토는 자살을 결심했다. 대신 카이사르가 받아줄 거라며 함께 있던 원로원 의원들은 로마로 보냈다. 이제 그들이 무사히 떠났다는 소식만 들으면 스스로 목숨을 끊을 참이었다. 그야말로 죽음을 앞둔 긴장된 상황.

카토는 잠을 잤다. 그것도 너무 깊이 잠들어서 코고는 소리가 밖에까지 들렸다. 마침 원로원 의원들이 탄 배는 폭풍 때문에 출항하지 못했다. 심부름꾼은 카토를 흔들어 깨워서야 이 소식을 전할 수 있었다. 카토는 "배가 떠나면 알려다오"라고 얘기하고는 다시 곯아떨어졌다. 죽음에 대한 두려움이라고는 없었다. 배 떠나면 자신이 다음 배 타고 떠날 것처럼, 황천길에 오르기를 여행길에 오르는 것처럼 생각하는 태연함이다.

하긴 요즘처럼 민주주의 시대도 아닌 때에 당대의 권력자를 졸졸 쫓아다니면서 괴롭히려면 죽음을 두려워하지 않아야 했을 법하다. 죽음을 두려워하지 않았기에 삶이 치열했고, 덕분에 영원히 살게 된 것이다. 아우렐리우스가 말했다. "죽음을 멸시하지 말고, 죽음을 기뻐하라. 죽음도 자연이 원하는 것들 가운데 하나이기 때문이다." 장자도 전적으로 동의할 말이다.

장자의 아내가 죽었을 때 혜자가 문상을 갔다. 장자는 장구를 치면서 노래를 부르고 있었다. 혜자가 나무랐다.

"자네는 늙도록 부인과 함께 살면서 자식을 키우지 않았나. 울지 않는 거야 그렇다 치더라도 노래까지 부르는 건 너무하지 않은가?"

"그게 아니지. 나도 처음엔 당연히 슬펐지. 근데 생각해 봐. 원래 아무 것도 없다가 삶이 생겼지. 그리고 그 삶이 변해서 또 죽음이 된 거야. 삶과 죽음이란 봄, 여름, 가을, 겨울이 바뀌면서 되풀이하듯이 너무 당연한 거잖아. 내 아내는 변화의 가운데 편안히 누워 있는 것이네. 내가 그런 사람 붙잡고 운다면 운명을 거스르는 못난이밖에 더 되겠나." ㅇ지락

배우자의 죽음을 맞아 상주가 빈소에서 신났다고 노래 부르고 있으면 당연히 눈살이 찌푸려진다. 삶과 죽음이란 사계절 변화처럼 변화하는 것일 뿐이라고? 그래서 슬퍼할 일이 못된다고? 아무리 장자의 말이라지만 왠지 변명처럼 들린다. 아무래도 야박해 보인다. 그래도 사람 사는 정이라는 게 그게 아니지 싶기도 하다. 이런 마음가짐 가진 사람들이 장자 같은 사람한테 대들었다가 혼난 이야기도 있다.

친구로 지내던 도인 세 사람 가운데 한 명이 죽었다. 공자가 장례를 도와주라며 제자를 보냈다. 제자가 가 봤더니 친구라는 작자들이 거문고를 뜯으며 노래를 부르고 있었다.

"그대는 진실한 세계로 건너갔지만 우리는 아직도 인간의 세상에 머물고 있구나."

기가 찬 공자의 제자가 점잖게 꾸짖었다. "미안하지만 주검 앞에서 노래를 부르는 게 과연 예의에 맞겠습니까?"

노래를 부르던 도인들이 서로 얼굴을 마주 보더니 웃고 말았다. "이 친구가 예의가 먼지나 알고 하는 소리일까?"

무시당한 제자가 돌아와 공자에게 일러바쳤다. "황당한 작자들입니다. 예의는 뒷전이고 주검 앞에서 노래를 부르고 있습니다. 뭐라고 해도 얼굴빛도 안 변합니다. 도대체 뭐하는 작자들입니까?"

공자가 개탄하며 말했다. "그들은 세상 밖에서 노는 사람(方外之者)들이고, 나는 세상 안에서 노는 사람이다. 서로 노는 물이 다른데 공연히 널 보냈으니 내 생각이 짧았다. 그들은 삶을 사마귀나 혹으로 생각하고 죽음은 부스럼이나 종기로 여긴다. 죽음과 삶 중에서 어느 게 먼저고 나중인지는 아랑곳하지 않는다. 복잡하게 예의를 따질 이유가 없는 사람들이지." ◎ **대종사**

어느 집에 사람 죽었다고 하니까 공자는 얼른 장례 도와줄 사람부터 보낸다. 말이 도와주는 거지, 감 놔라 배 놔라, 절은 어떻게 해라, 손님맞이가 예법에 안 맞는다 등등 온갖 잔소리를 늘어놓으려 했을 것이다. 그런데 그런 잔소리도 최소한의 기본적인 장례식 분위기는 갖춰졌어야 가능하다. 가장 친한 친구라는 작자들이 모여 앉아서 노래나 부르고 있으니 기가 찰 노릇이다. 예의 좀 차리라고 넌지시 눈치 주니까 오히려 '네가 예의를 아느냐'고 되받아친다. 상갓집에서 싸울 수도 없고 하니 일단 물러나긴 했는데 생각할수록 분통이 터진다. 그래서 혼 좀 내달라고 스승에게 일러바쳤더니, 스승도 내 편이 아니다. "어차피 노는 물이 다른 애들이다. 건드리지 마라." 그러면서 오히려 자신에게 잔소리를 한다. "그 친구들 눈에는 죽음과 삶이 어차피 순환의 단계일 뿐인데, 죽었다고 해서 달라진 게 뭐라고 호들갑을 떨겠느냐."

여전히 고개가 갸웃하고 '그래도 사람 도리가 그게 아닌데' 싶다면? 당연하다. 수십 년 도 닦아도 쉽게 되지 않는 일이니까. 선종의 6대 조사로 돼 있지만 사실상 선종을 만든 사람 혜능이 어느 날 제자들에게 말했다. "난 올 8월에 죽을 것이다." 모든 제자들이 울었다. 단 한 사람만 빼고. 그랬더니 혜능이 말했다. "몇 년을 산에서 수행하며 도대체 뭘 한 것이냐."

어쩌다 이 세상에 온 것은 때가 되었기 때문이요, 그가 이 세상을 떠난 것은 운명에 따른 까닭이다. 그때를 편안히 여겨 그 운명에 맡기면 슬픔과 즐거움이 마음을 뒤흔들지 못한다(安時而處順哀樂不能入). ○ 양생주

올 때가 돼서 오는 게 삶이고, 갈 때가 돼서 가는 게 죽음이다. 때가 돼서 하는 일에 좋고 싫고가 있을 이유가 없다. 그저 담담하게 받아들이면 되는 일이다. 에픽테토스Epictetos는 "배가 정박 중일 때 잠깐 뭍으로 놀러 나온 게 인생"이라고 했다. 배 떠날 시간 됐으면 얼른 가서 탈 일이다. 미련 떨고 고집 부려 봤자 달라질 것 없다. 아까우면 배 시간 다 되기 전에 신나게 놀든가.

삶이 등이라면 죽음은 엉덩이다. ◉ 대종사

　등과 엉덩이는 붙어 있다. 떼어놓을 수 없다. 삶과 죽음도 이어져 있다. 어차피 누구도 죽음을 피해갈 수 없다. 수많은 사람을 죽인 사람은, 결국 그 자신도 죽는다. "얼마나 많은 영웅들이 무수한 사람들을 죽인 뒤에 자기도 죽었는지 끊임없이 생각하라(아우렐리우스)." 지위고하도 죽음은 상관하지 않는다. "알렉산드로스와 그의 마부는 죽은 뒤에 동일한 상태에 놓였다(아우렐리우스)." "그대가 원하는 몇 세기를 기껏 승리자로 살아보아도 영원한 죽음은 똑같이 기다리고 있다(루크레티우스)."

　삶은 죽음으로 이어진다. 떨어질 수 없다. 죽음은 삶의 일부다. 그래서 나온 말이 "죽음을 기억하라"다. 라틴어 표현이 유명하다. '메멘토 모리 Memento mori'. 원래는 로마 개선장군 행렬에서 노예들이 외치는 말이었다고 한다. '잘나간다고 까불지 마라'는 경계의 뜻이었단다. 말하자면 겸손하게 살라는 뜻이다. 그런데 이 말은 중세에 수도사들 사이에서 인사말로도 쓰였다. 그때는 의미가 달랐다. '죽은 뒤에 영원한 삶을 누리기 위해서 지금은 육체를 학대하는 고행을 이어가자'는 뜻이었다. 에피쿠로스학파도 죽음을 기억하라는 뜻으로 해골을 상징으로 사용했다. 이들에겐 '죽음을 기억하고, 살아 있는 동안 삶을 즐기라'는 뜻이었다. 죽음의 의미를 어떻게 받아들이느냐에 따라 '죽음을 기억하라'는 말의 뜻도 달라진다. 그러나 분명한 사실이 있다. 죽음을 기억한다는 건, 삶의 방식에 영향을 미친다는 사실이다.

죽음을 기억한다는 건, 죽음을 내 일로 받아들이는 것이기도 하다. 어린 시절, 갈 기회도 많지 않았지만 상갓집에 간다는 건 대개 내 할아버지뻘이고 내가 아는 사람의 할아버지가 돌아가셨을 때다. 내가 사회생활을 시작한 이후, 내가 양복차림으로 참석한 장례식은 대개 내 아버지뻘 되는 분들의 죽음에 즈음해서였다. '내 아버지도 돌아가실 수 있다'는 사실을 피부로 느끼기 시작하는 계기다.

좀 더 나이가 들면 친구들의 죽음을 목격하기 시작한다. 일밖에 모르던 사람이 어느 날 암 선고를 받고 갑작스러운 죽음을 맞이했다더라, 건강하던 사람이 멀쩡히 퇴근한 뒤 다시 출근하지 못했다더라는 이야기를 듣는다. 이쯤 되면 죽음은 더 이상 남의 이야기가 아니다. 죽음을 내 문제로 인식할 때 스스로에게 자문한다. '이렇게 살면 뭐 하나.'

'죽을 때 가장 후회하는 다섯 가지'의 목록을 본 적이 있다. 내가 원하는 삶이 아닌 다른 사람이 기대하는 삶을 산 것, 너무 일만 열심히 한 것, 감정을 솔직하게 표현하지 못한 것, 친구들을 잘 챙기지 못한 것, 일상의 틀을 벗어나지 못하고 현실에 만족한 채 살아버린 것이었다.

버킷 리스트라는 걸 만들어 보는 게 유행처럼 번진 적이 있다. 죽기 전에 꼭 하고 싶은, 혹은 죽기 전에 꼭 해야 할 일들의 목록이다. 그 바람에 '죽기 전에 꼭 가봐야 할 여행지', '죽기 전에 꼭 봐야 할 영화' 목록들도 함께 유행했지만.

버킷 리스트에 들어가는 항목은 사람마다 다르다. 누군가에게는 세계여행이 들어갈 수 있고, 또 누군가에게는 비행기에서 뛰어내리는 고공낙하가 포함될 수도 있다. 누군가에게는 마라톤 풀코스 도전이 버킷 리스트 일순위일 수 있고, 또 누군가에게는 헌혈을 50번 채워서 금장을 받는 게 일순위에 들 수도 있다. 모두가 버킷 리스트에 넣거나, 또는 너무 당연해서 리스트에 포함시킬 생각조차 하지 않는 '찐하게 연애하기', '부모님과 함께 낙조를 바라보며 바비큐 구워먹기', '손주 손잡고 낚시하기'도 있다. 죽음을 떠올리면서 만든 버킷 리스트에는 삶의 가치가 들어 있다.

죽음을 좀 더 가까이 받아들이는 방법으로 자신의 묘비명을 미리 쓰는 사람들도 있다. 묘비명에는 그 사람에 대한 가장 짧은 소개말이 압축적으로 담긴다. 그래서 사람들이 흔히 자신을 소개하듯이 직업이나 지위를 적는 경우가 많다. 지위 대신 빛나는 성취를 쓸 때도 있다. 토머스 제퍼슨은 미국 3대 대통령으로 2달러짜리 지폐의 모델이다. 그러나 그 자신이 직접 쓴 묘비명에는 대통령을 지냈다는 말이 없다. "독립선언문을 썼고, 종교자유법을 입안했고, 버지니아대학을 설립한 토머스 제퍼슨, 이곳에 잠들다."

어떤 지위를 가졌느냐가 아니라 무엇을 했느냐에 중요성을 부여하는 것도 의미 있지만, 더 의미 있는 건 무엇을 성취로 볼 것이냐다. 아이스킬로스 Aischylos 는 고대 그리스 비극을 '창조했다'는 평가를 듣는다. 아이스킬로스가 있었기에 소포클레스 Sophokles 와 에우리피데스 Euripides 같은 인간성의 본질을 꿰뚫는 그리스 비극의 명작들이 탄생

할 수 있었다. 그러나 아이스킬로스의 묘비명에는 비극 이야기가 등장하지 않는다. 자신이 작가였다는 언급조차도 없다. "마라톤의 숲과 페르시아인들이 힘과 용맹을 증언하는 아이스킬로스가 겔리 들판에 잠들도다." 아이스킬로스는 그리스가 페르시아의 침략을 물리친 마라톤 전투의 참전용사였다. 장군으로 참전한 것도 아니고 무공훈장을 받은 것도 아니었다. 조국을 지키는 그 자리에 있었을 뿐이다. 그러나 그 사실이 인생의 의미였다. 아이스킬로스의 인생은 비극의 창시자여서 영광된 것이 아니라 조국을 구하는 데 일조했기 때문에 영광된 것이었다.

아이스킬로스의 먼 후배뻘이 되는 그리스 작가 니코스 카잔차키스는 지위, 성취 다 갖다 버리고 자신의 인생관을 묘비명으로 썼다. "나는 아무것도 바라지 않는다. 나는 아무것도 두려워하지 않는다. 나는 자유이므로." 이 남자가 사는 법이 단박에 보인다. 죽음의 표지인 묘비명에는 삶의 방식이, 삶의 자세가 녹아 있다.

죽음을 긍정하면 삶을 긍정한다. 죽음을 보면 삶이 보인다. 죽을 줄 알면 살 줄 안다.

길은 다녀야 만들어진다

"확대경으로 보면 물 속에 벌레가 우글우글하대요. 자, 갈증을 참을 거요, 아니면 확대경 확 부숴 버리고 물을 마시겠소?" 《그리스인 조르바》에서 늘 고민만 많은 주인공에게 조르바가 던지는 말이다.

같은 말을 13세기 프랑스 철학자 부리단은 너무 똑똑한 당나귀의 이야기로 풀었다. 배고픈 당나귀가 있었다. 그때 주인이 정확히 같은 거리에, 정확히 같은 양의 여물을 정반대 방향에 갖다 줬다. 배가 고파 한 발짝이라도 덜 걷고 싶었던 당나귀는 어느 쪽 여물을 먹을지를 고민했다. 하지만 모든 조건이 똑같았기 때문에 어느 쪽으로 방향을 잡을지 도무지 결론을 내릴 수 없었다. 당나귀는 고민만 하다 굶어죽고 말았다.

변방의 제후가 도인에게 물었다.
"내 몸은 전원에 있지만, 내 마음은 궁궐의 정치에 있소. 어쩌면 좋겠소?"
"삶을 소중히 여기시지요. 그럼 잇속은 가벼워질 것입니다."
"나도 그러려고 하지만 잇속에 대한 욕심이 떠나지 않으니 문제구려."
"욕심을 이길 수 없으면 욕심을 따르십시오(不能自勝則從之). 그럼 마음이 꺼릴 게 없습니다. 이기지도 못하면서 억지로 욕심을 참으면 그건 이중으로 자신을 해치는 일(重傷)입니다. 그래서는 오래 살 수 없지요." ◦양왕

한적한 시골에서 전원생활을 하면 세상만사 다 잊고 맘 편히 살 줄 알지만, 그렇지 않다. 오히려 더 도시생활이 궁금하고, 중앙정치가 궁금하고, 잊히기가 두렵고, 영원히 권력에서 밀려날까 두렵다. 가장 좋기는 역시 마음 비우는 법을 배우는 것이겠지만, 말이 쉽지 막상 실천하려면 그만큼 어려운 일이 없다. 결국 현인이 내놓는 대답은 '마음이 시키는 대로 하십시오'다. 도인이 해준 충고인즉슨 이런 것이다. '정치하고 싶으면 해라. 억지로 참으면 그게 더 큰 병이 된다.'

'흡연자는 야만인'이 된 세상에서 담배를 끊겠다는 생각을 해보지 않은 사람이 없다. 집에서는 물론 회사에서, 심지어 길거리에서 낯선 사람에게서까지 타박 받는 처지가 되면 그런 생각이 안 들 수가 없다. 하지만 '나를 절대로 배신하지 않는 좋은 친구'라는 담배의 정의가 있다. 흡연자 입장에서는 담배가 백해무익한 것만은 아니다. 신체적인 중독을 떠나서 담배가 주는 위안, 담배가 주는 편안함이 동시에 존재한다. 끊겠다고 결심했더라도 여전히 담배가 좋은 것이다(그

래서 담배는 끊는 것이 아니라 평생 참는 것이라고 한다).

여전히 좋아하는 대상을 끊어야 한다는 건, 담배가 주는 해악만큼이나 몸에 치명적이다. 담배는 폐암을 유발하지만, 금연 스트레스는 생활 무기력과 의욕 감퇴를 거쳐 또 다른 암 발생으로 이어질 수도 있어 더 큰 부작용을 낳을 수 있다. 그래서 의사 중에서도 가끔 (금연 실패자들에게 큰 핑계거리가 되는) 이런 충고를 해주는 사람들이 있다. "담배 못 끊겠으면 그냥 피워요. 담배 끊겠다고 스트레스 받느니, 그냥 맘 편히 담배 즐기는 게 나아요." 걱정만 한다고 달라지는 건 없다. 조르바의 말처럼 '벌레가 우글거리는' 물을 '확대경 확 부숴 버리고' 벌컥벌컥 마시는 게 인생이다.

선종의 6대 조사인 혜능은 원래 무지렁이 나무꾼이었다고 한다. 그러다가 우연히 누군가가 불경 읽는 것을 듣게 됐는데, 금강경의 단 한 구절에 꽂혀 그 길로 5대 조사인 홍산을 찾아간다. 결과적으로 선종의 탄생에 결정적인 역할을 하게 된 그 한 구절이 "머뭇거리지 말고 그 마음을 내어라(應無所住而生其心)"였다. 마음이 시키는 대로 하는 것, 그게 바로 '사는 것'이다. 삶이란, 그렇게 사는 것이다.

길은 다녀서 만들어진다(道行之而成). ○ 제물론

이 문장, 살짝 중의적이다. 일반적으로 쓰는 말로 풀이하면 '길은 다님으로써 만들어진다'가 된다. 아닌 게 아니라, 길이라는 건 처음 한 명이 지나가고, 그 한 명이 또 다니고, 다른 사람도 그 흔적으로 또 가다 보면 만들어지는 것이다. "눈 내린 들판 걸을 때(踏雪野中去) / 아무렇게나 어지러이 걷지 마라(不須胡亂行). / 오늘 내가 남긴 발자욱이(今日我行跡) / 뒷사람의 길이 되리니(遂作後人程)." 서산대사가 남긴 이 선시를 김구 선생이 애송할 때의 마음이 '길은 다님으로써 만들어진다'가 아니었을까.

《장자》를 도 닦는 책이라고 생각한다면 '도는 행함으로써 완성된다'고 해석할 수도 있다. 도라는 게 어차피 '말로는 못하는 것'이라고 했으니, 하려면 행동으로 하는 수밖에 없다. 어떻게 해석하든 마찬가지다. '다닌다'는 행위, '실천'이라는 행위가 핵심이다. 고민만 해서는, 말만 해서는, 길이든 도든 영영 이룰 수 없다.

약소국 그리스가 강대국 페르시아를 물리친 살라미스 해전의 영웅 테미스토클레스Themistocles는 페르시아 망명객으로 끝난 그 자신의 말로가 말해주듯 반칙의 명수였다. 뇌물이 전공이요 거짓말은 부전공이었다(살라미스에서 해전이 벌어진 자체가 테미스토클레스의 속임수 때문이었다. 아테네를 제외한 연합군은 정면대결을 피해 코린토스 근처까지 철수할 계획이었다). 그리스 연합군의 명목상 사령관이었던 스파르타의 에우리비아데스가 하루는 작심하고 테미스토클레스를 나무랐다. "올림픽 경기에서 출발 신호가 나기 전에 달리기 시작한 사람은 채찍으로 맞게 돼 있습니다." 그러자 반칙의 명수는 천연덕스럽게 대꾸했다. "그러나 어물어물하고 있는 사람은 절대 우승할 수가 없지요."

행동을 주저하는 이유는 여러 가지다. 조르바가 비판하는 것처럼 '생각이 많아서'일 수도 있다. 에우리비아데스는 '나중에 욕먹을까

봐' 아무 일도 못한다. 부리단의 당나귀처럼 '다른 게 더 좋아 보여서' 아무것도 못할 때도 있다. 그럼 일을 하더라도 제대로 못한다. 다른 생각하느라.

선불교의 황금기를 닦았던 대주선사에게 한 제자가 물었다.
"스님도 도를 닦습니까?"
"닦지."
"어떻게요?"
"배고프면 먹고, 피곤하면 잔다."
"그거 남들도 다 하는데요?"
"아니지. 남들은 밥 먹을 때 잡생각하고, 잠잘 때 오만 고민에 빠지지."

밥 먹을 때는 밥 맛있게 먹는 게 잘 사는 거다. 잠잘 때는 잠 잘 자는 게 잘 사는 거다. 일할 때는 일만 열심히 하는 게 잘 사는 거다. 연애할 때는 열심히 사랑하는 게 잘 사는 거다. 하지만 데이트할 때는 일 걱정하고, 일할 때는 애인과 문자메시지 주고받기에 바쁜 게 보통 사람들의 삶 아니던가?

밥 먹을 때 살찔 걱정 미리 할 필요 없다. 확실하지도 않은 내일 일을 걱정하느라 당장의 잠을 못 이룰 필요도 없다. 사람이 살면서 가장 중요한 금은 소금도 아니고, 황금도 아니고, 지금이라고 했던가. 이미 지나간 과거에 얽매일 필요 없다. 어찌될지 알 수 없는 미래를 미리 걱정할 필요도 없다. 현재에 충실하면 그만이다. 법정의 말대로 "삶은 미래가 아니다. 지금 이 순간이다. 매 순간의 쌓임이 세월을 이루고 한 생애를 이룬다."

 명인이 걸작 도자기를 임금에게 진상했다. 임금은 흡족했다. 장인에게 값을 후하게 치러줬다. 장인이 돌아간 뒤 도자기를 살펴보던 임금이 갑자기 불안해졌다. '이렇게 얇게 만들었으니 잘 깨지겠는걸. 하인들이 도자기 닦는다고 수선 떨다가 분명히 깨먹을 거야. 그럼 난 도자기 아깝다면서 하인들에게 화를 내겠지. 어쩌면 때릴지도 몰라. 그럼 명색이 철학을 한다는 내 체면이 말이 아니지.' 고민하던 임금은 갑자기 자기 손으로 도자기를 깨 버렸다. 나중에 하인들이 깼을 때 화내지 않기 위해서 자신이 먼저 깨 버린 것이다. 아마 나중에 화낼 일은 없었을 것 같다. 그런데 도대체 도자기는 왜 샀는데? 샀으면 잘 쓰는 게 좋은 거지, 화 안내는 게 더 중요한 일인가?

 신학에 귀의하기 전에 아우구스티누스Augustinus는 탕자였다고 한다. 탕자 시절 그는 이렇게 기도했다. "신이여, 저를 고결하게 하소서. 그런데 지금은 말구요." 그러니까 탕자인 거다. 미래를 사니까. 담배를 끊겠다는 사람은 '지금 당장' 끊는다. '지금 피우는 거만 다 피우고 나서' '다음주부터' 끊겠다는 사람은 절대 끊지 못한다. 현재를 살 때 비로소 제대로 살 수 있다.

내 왼팔이 새벽을 알리기를

> 망량이 그림자에게 따졌다. "너 아까는 잔뜩 꾸부리고 있었잖아. 지금은 치켜들고 있네? 아까는 머리를 묶고 있더니 지금은 또 풀었네? 아까는 앉았더니 지금은 일어섰고. 도대체 종잡을 수가 없구나. 왜 그러는 거냐?"
> 그림자가 대답했다. "난들 어떻게 알겠어. 어차피 남이 움직이면 나도 따라 움직이는데, 나한테 또 무슨 물을 게 있어(又何以有問乎)?" ◦우언

 망량이 뭔지에 대해선 논란의 여지가 있는 모양인데, 장자 연구의 최고권위자로 꼽히는 곽상이라는 양반이 1,800년 전에 일찌감치 '그림자 주변의 엷은 그림자'라고 못을 박았다. 그림자의 테두리 노릇을 하다 보니, 그림자가 조금 움직이면 더 바삐 움직이는 게 망량의 운명이다. 그러니 정신없이 움직이는 그림자가 원망스러웠나 보다. 그

러나 그림자에게 항변한들 소용이 없다. 그림자 역시 뭔가가 움직이면 따라서 움직이는 존재일 뿐 스스로 움직이지 못한다.

그림자를 움직이게 하는 '뭔가'는 과연 자유로이 움직여 그림자를 마음대로 만들어낼까? 아침이면 어김없이 지하철역으로 향하는 그림자를 만들어내는 건 순전히 내 자유의지인가? 그런 내게 아침보고를 보내는 손 그림자를 만드는 건 100퍼센트 후배의 자유의지인가?

높은 벼슬을 지냈던 사람이 형벌을 받아 발 하나를 잃었다. 친구가 우연히 만나 놀라서 물었다. "아니 이 사람아 어찌된 일인가. 어쩌다 외발이 되었나. 하늘이 이렇게 만들었나, 사람이 이렇게 만들었나?" 발 하나를 잃은 사람이 담담하게 말했다. "하늘이 그랬지 사람이 한 게 아니라네(天也非人也). 사람들은 모두 두 발인데 나만 한 발이니, 하늘이 한 일이지." ○양생주

고대의 형벌이란 상상초월하게 잔인했다. 《사기》를 쓴 사마천은 불알을 잘라내는 궁형을 당했고, 《손자병법》을 쓴 손무의 손자이자 《손빈병법》의 저자인 손빈은 다리를 잃고 앉은뱅이가 됐다. 얼굴에 문신 새기는 정도는 기본이었다. 문제는 이런 처벌이 권력자 마음대로 자행됐다는 점이다. 억울한 처벌이 많았다.

'어쩌다 발 하나를 잘리게 됐나'는 질문을 받으면 대부분 신세 한탄이 절로 나오게 돼 있다. 자신이 잘못해서든, 잘못 없이 단지 권력자에게 밉보여서든. 그러나 이 사람의 대응은 사뭇 인상적이다. "하

늘이 그랬지, 사람이 한 게 아니다." 누구를 원망하는 마음이 없다.

원망하거나 복수한다고 없어진 다리가 다시 생기지 않는다. 탓한 다고 달라질 것도 없다. 그렇다고 모든 걸 '내 탓이오' 하고 자책할 필요도 없다. 그저 사실을 사실로 받아들이면 된다. 주어진 현실을 담담하게 받아들이는 게 그 다음 일의 시작이다. "남 탓 하지 마라. 못 배운 사람들은 무조건 남 탓이다. 배움은 자기 탓으로 시작한다. 그리고 배움은 남 탓도 내 탓도 하지 않는 데에서 완성된다." 이 말을 한 사람은 에픽테토스다.

그리스 말기에 만들어져 로마를 풍미했던 스토아철학을 대표하는 사람이 셋 있다. 악명 높은 네로 황제의 스승이기도 했던 세네카, 로마의 전성기를 이끈 다섯 명의 현명한 황제, 오현제 중의 마지막이었던, 그러나 양자 세습의 전통을 깨고 못난 친자식(그나마 친자식이 아니라 왕비가 검투사와 바람피워 얻은 아들이라는 소문이 파다했던) 코모두스에게 제위를 물려준 아우렐리우스, 그리고 마지막이 에픽테토스다.

황제이거나 황제의 스승이었던 다른 두 사람과 달리 에픽테토스는 노예였다. 물론 당시의 노예란 우리가 그리는 이미지와는 차이가 좀 있어서, 단순 노역에 시달리기도 했지만, 현대의 전문직이나 연예인들이 할 법한 일들에 주로 종사했다. 특히 교수나 가정교사를 직업으로 갖는 경우가 적지 않았다. 주인집 아들이 학교에 갈 때 몸종 자격으로 함께 학교에 다니며 공부도 같이 하다가, 주인집 아들보다도 공부를 더 잘하면 아예 그쪽으로 주특기를 살리곤 했다. 에픽테토스는 네로의 참모이기도 했던 주인이 처음부터 재능을 인정하고 작심하고 공부를 시켰다니까 좀 더 특별한 경우다.

에픽테토스는 주인이 죽으면서 한 유언에 따라 노예 신분은 결국 벗을 수 있었다. 그러나 죽을 때까지 벗지 못한 멍에가 있었으니 절름발이라는 신체적 한계였다. 에픽테토스도 스스로를 '절름발이 노인네'라고 불렀다. (사실이 아닌 것으로 보이긴 하지만) 에픽테토스가 다리를 절게 된 데에는 재미있는, 동시에 의미심장한 이야기가 전해진다.

어떤 이는 레슬링을 했다고 하고, 다른 어떤 이는 벌을 주고 있었다고 한다. 무슨 이유에서인지 주인이 에픽테토스의 다리를 꺾고 있었다. 에픽테토스는 고통스러워하며 말했다. "그만해요. 그러다 다리 부러지겠어요." 엄살이라고 생각했는지 주인은 더욱 세게 꺾었다. 그러다 다리는 정말로 뚝 부러지고 말았다. 그러자 에픽테토스가 했다는 말이 걸작이다. "거봐요. 그러다 부러진다고 했잖아요."

이미 부러진 다리는 부러진 것이다. 울고불고 욕하고 때려봤자 다리가 부러졌다는 사실은 변하지 않는다. 변하지 않는 사실은, 내가 바꿀 수 없는 상황은, 받아들여야 한다. "행복은 우리 뜻대로 해낼 수 있는 것과 그렇지 못한 것을 구분하는 능력에 비례한다." 에픽테토스 자신의 말이다. 어차피 내 마음대로 할 수 없는 일이라면 더 이상 욕심내봤자 내 마음만 상한다.

자여가 아파 친구 자사가 문병을 갔다. 자여는 우물가로 가서 말했다.

"조물주가 나를 곱사등이로 만들려 하나봐. 등은 꼬부라졌고, 등창이 나서 오장이 머리 위에 있고, 턱은 배꼽에 숨었고, 어깨는 정수리보다 높고, 목뼈는 하늘을 가리키고 있네 그려."
"병이 원망스러운가?"
"그럴 리가. 내가 왜 병을 미워하겠어? 병이 더 깊어져 내 왼팔을 닭처럼 만든다면, 나는 내 왼팔이 새벽을 알리기를 바라겠네. 네 엉덩이가 수레바퀴처럼 되면 더 이상 탈 것을 구하지 않을 걸세." ◉ 대종사

팔이 닭 모양으로 꼬일 거면 아예 제대로 닭이 되어 새벽에 시간이라도 알리기를 바란다. 엉덩이가 무너지려면 제대로 무너져 아예 수레바퀴처럼 쓸 수 있기를 바란다. 적극성은 긍정에서 시작한다. '긍정적 마인드'란 다른 게 아니다. 주어진 상황을 있는 그대로 긍정하는 것이다. 명백한 상황을 애써 부인해봤자 누구에게도 도움이 되지 않는다.

다시 에픽테토스다. "상추를 엄청 싸게 팔고 있어? 그럼 사야지. 얼른 사. 바빠서 못 샀다고? 그래서 화난다고? 괜찮아. 상추 안 산 대신에 돈 굳었잖아." 비싼 브랜드의 물건을 싼값에 주워왔다고 자랑하는 아내에게 남편이 면박을 준다. "말은 똑바로 해야지, 주워 온 게 아니라 사온 거잖아." 싸울 것 없다. 좋게 보자면, 싼값에 샀으면 싸게 샀으니 좋은 것이고, 안 샀으면 돈 굳었으니 좋은 것이다. 나쁘게 보자면, 샀으면 돈 썼으니 아깝고 안 샀으면 좋은 기회 놓쳤으니 아쉽다.

컵에 물이 반이 있다. 어떤 사람은 반이나 차 있다고 하고, 어떤 사람은 반밖에 없다고 한다. 아니다. 호들갑 떨 필요도 없고, 지레 겁먹을 필요도 없다. 컵에 물이 반 있을 뿐이다. 그게 시작이다.

물길을 따를 뿐이다

주나라 문왕이 놀러 나갔다가 강가에서 낚시하는 노인을 봤다. 고기가 아니라 세월을 낚는 강태공을 보고 문왕은 재상감으로 점찍었다. 그러나 기존의 대신들이 언짢아할 게 뻔했다. 문왕은 다음날 아침 회의 시간에 말했다.

"어젯밤 꿈에 얼굴이 검고 수염이 길며 한쪽 발만 붉은 얼룩말을 탄 현자가 나타났다. 그 현자가 말하길, 강가에서 세월을 낚는 노인에게 정치를 맡기면 백성들이 편안해진다고 했다."

신하들은 죽은 선왕이 꿈속에 나타났다며 시키는 대로 해야 한다고 뜻을 모았다. 문왕은 노인을 데려와 나라의 정치를 맡겼다.

이 이야기를 듣고 안회가 공자에게 물었다. "주 문왕은 덕이 모자란 것입니까? 무엇 때문에 꿈을 빙자했습니까?"

"잔말 말고 입 다물어라. 문왕은 그저 잠깐 동안 형세를 따랐을 뿐이다

(彼直以循斯須).″ ○ 전자방

　주 문왕은 천하의 인재를 얻으면서 거짓말로 꿈 이야기까지 꾸며 냈어야 하나. 굳이 꿈 이야기까지 안 해도 왕이 하겠다면 할 수는 있었을 것이다. 그러나 신하들과 싸워야 했을 것이고, 그 과정에서 신하들의 마음을 다치게 했을 수도 있다. 잠깐의 거짓말로 문왕은 인재를 얻고, 신하들은 친구를 얻고, 백성들은 편안한 삶을 얻을 수 있다면, 거짓말 못할 것도 없다. 그리고 그 거짓말이란, 기존의 신하들로 이미 내각이 구성돼 있다는 현실을 인정한 결과일 뿐이다.
　제 아무리 왕이라 해도 고집을 피워서 할 수 있는 일이 있고, 쓸데없이 힘만 빼고 할 수 없는 일이 있다. 무능한 지도자는 '원칙'을 말하고, '공동체의 이익'을 말하고, '역사와의 고독한 대화'를 말하며 밀어붙이려 한다. 하지만 그런 수사야말로 자신이 사람들의 마음을 살피지 못하고, 현실의 사정을 충분히 고려하지 않았다는 자백일 뿐이다.
　강력한 카리스마로 똘똘 뭉쳐 있던 정복왕 알렉산드로스조차도 때로는 이런 꼼수가 필요했다. 알렉산드로스가 불과 3만 4천 명을 이끌고 소아시아 땅에 첫발을 내디딘 건 여름이었다. 페르시아군은 불어난 강물을 앞에 두고 진을 치고 있다. 전군에 진격 명령을 내리려던 알렉산드로스는 의외로 강한 저항에 부딪힌다. 병사들이 움직이려 하지 않았다. 마케도니아 군은 7월에는 전쟁을 하지 않는 관례를 갖고 있다는 것이었다. 목숨을 걸고 사는 사람들일수록 징크스가 많다. 남들이 보기엔 의미 없는 미신이지만, 본인들에겐 목숨만큼 소중한 문제일 수도 있었다. 병사들을 무조건 전장으로 몰아낸다고 능사가 아니었다. 알렉산드로스는 진격 명령에 앞서 다른 명령을 내렸다. "오늘부터 7월은 '두 번째 6월'로 부른다." 병사들의 마음을 헤아리지 못하는 장군은 이 정도의 융통성도 발휘하지 못한다.

포정(백정)이 임금을 위해 소를 잡았다. 칼 쓰는 몸놀림은 춤이고, 소리는 음악이었다. 임금이 감탄하며 말했다. "대단하구나. 어떻게 하면 이런 수준까지 올 수 있느냐?"

포정이 칼을 놓고 말했다. "제가 처음 소를 잡을 때에는 온통 소만 눈에 가득했습니다. 그런데 3년이 지나면서부터는 제 눈은 소를 잘 보지 않습니다. 대신 마음으로 봅니다. 칼을 넣는 일은 소가 생긴 그대로를 좇아서 합니다(因其固然). 그래서 뼈와 살이 맺힌 곳에서도 칼이 다치지 않습니다.

보통 백정은 한 달에 한 번 칼을 바꿉니다. 뼈마디에 칼을 부딪히기 때문이지요. 솜씨 있는 백정은 1년에 한 번 칼을 바꿉니다. 칼로 살을 베기 때문이지요. 제 칼은 19년 동안 썼지만 방금 숫돌에 간 것처럼 날카롭습니다. 뼈와 살의 빈틈에 칼을 넣기 때문이지요.

물론 저도 뼈와 힘줄이 엉켜 있으면 조심합니다. 눈을 크게 뜨고, 몸놀림은 느려집니다. 그러나 빈틈을 찾아 칼을 넣으면 뼈와 살이 쩍 하고 갈라지는데, 그때 쾌감이 대단합니다." ◎ 양생주기가 막힌 솜씨를 일러 포정해우庖丁解牛, 즉 포정이 소 잡는 솜씨라고 하는데, 정확히 말하면 소를 해체하는 솜씨가 되겠다. 만화《식객》에서 편수가 하던 바로 그 일이다.

문제는 포정이 어떻게 그토록 대단한 솜씨를 부릴 수 있었느냐다. 스스로 하는 설명은 이렇다. 첫째, 눈으로 소를 보지 않고 마음으로 본다. 둘째, 소가 생긴 그대로를 좇아서 한다. 셋째, 빈틈으로 칼을 찔러 넣는다. 넷째, 엉킨 곳에서는 극도로 조심한다. 한마디로 힘으로 고기를 자르는 게 아니라 결을 따라 손만 댄다는 뜻이다.

힘만 앞세워 뼈까지 억지로 자르면 한 달도 못 가서 칼을 못 쓰게 된다. 솜씨가 좀 늘어서 뼈는 용케 피하더라도 결을 제대로 못 보고 살을 베면, 그 역시 1년도 못 가서 칼을 바꿔야 한다. 정확히 결을 찾아 빈틈으로 칼을 쑥 밀어 넣으면 부위별로 쫙 갈라지니까 칼날이 닳을 이유가 없다. 그러니 19년을 한결같이 쓰고 있는 것이다.

살면서 때로는 무리수가 필요하다. 무리하더라도 꼭 해야 하는 일도 있다. 그러나 그건 예외다. 예외가 일상이 될 수는 없다. 일상은 순리대로, 흐름대로, 결을 따라 꾸리는 게 답이다.

그리스 철학자 중에 유명한 제논Zenon이 두 명 있다. 흔히 키티온의 제논이라고 불리는 좀 더 후대의 인물은 스토아철학의 창시자다. '사람의 귀가 두 개고 입이 하나인 것은 많이 듣고 적게 말하라는 뜻'이라는 유명한 말의 저작권을 갖고 있는 사람이기도 하다.

제논은 원래 철학자가 아니었다. 지중해를 오가며 장사를 했는데, 아테네를 오가는 길에 철학에 입문하게 됐다. 그러다 배가 풍랑을 만나 뒤집혔다. 전 재산이 그 배와 함께 바닷속에 가라앉았다. 알거지가 된 제논이 마치 남 얘기 하듯 말했다. "운명이 나더러 돈에 마음 빼앗기지 말고 철학에 몰두하라고 명령하는구나."

제논은 우리 자신을 마차에 묶인 개에 비유했다. 묶인 줄은 어느 정도의 활동 공간을 주지만, 마차에서 멀리 떨어질 수는 없다. 마차가 움직일 때 같은 방향으로 움직이면 마치 줄이 없는 것처럼 한가하게 길을 걸을 수도 있다. 하지만 마차와 반대방향으로 가려 들면 묶인 줄에 목이 졸릴뿐더러 결국은 강제로 끌려갈 수밖에 없다. 제논이 창안한 스토아철학의 핵심은, 어차피 끌려갈 수밖에 없다면 제 발로 마차를 따라가는 게 현명한 인생이라는 것이다.

반론이 가능하다. 줄을 끊으면 되지 않나. 맞다. 그리고 인류는 그렇게 과감하게 줄을 끊으려는 노력의 결과로 여기까지 왔다. 문제는 과연 그 줄이 개의 노력 여하에 따라 끊을 수 있는 것인지 아닌지의 판단이다. 제논 자신은 인간의 기본적인 덕으로 사려, 용기, 정의, 절제를 꼽았다. 그 첫 번째인 사려란, 주어진 상황을 극복할 수 있는지 없는지를 판단하는 힘이다. 그 두 번째인 용기란, 어차피 극복할 수 없다면 상황을 견뎌내는 힘이다.

소를 뼈째로 억지로 자르면 칼이 상한다. 뼈를 피해서, 심지어 살도 결을 거스르지 않고 잘라야 한다. 그래서 19년째 칼 하나를 쓰고 있다면, 마차를 따라가는 게 아니라 아예 마차에 올라탄 개의 인생이다. 반대방향으로 가느라 목이 졸릴 필요는커녕 종종걸음으로 마차를 쫓아가는 수고조차도 필요 없다.

공자가 경치 좋은 곳으로 소풍을 갔다. 깎아지른 폭포에 급류가 흐르고 있어 물고기도 헤엄치기 어려운 곳인데, 한 사내가 물속으로 뛰어들었다. 스스로 목숨을 끊으려는 줄 알고 급히 제자들을 보내 구하게 했더니, 사내는 제 발로 머리를 털며 물 밖으로 나와선 기분 좋게 노래를 불렀다. 공자가 다가가 물었다. "하도 수영을 잘해서 귀신인줄 알았소이다. 무슨 비결이라도 있소?"

"비결이랄 건 없습니다. 물이 소용돌이쳐서 빨려 들어가면 저도 같이 빨려 들어가고, 수면으로 솟아오르는 곳에서는 저도 같이 솟구쳐 나올 뿐입니다. 물길을 따를 뿐 따로 제가 어떻게 하겠다는 생각은 안 합니다 (從水之道而 不爲私焉)." ㅇ 달생

물이 소용돌이치면 일단 반대쪽으로 피하는 게 본능이다. 그런데 오히려 빨려 들어가면 들어가는 대로 몸을 맡긴다고 한다. 그렇게 몸을 내맡기면 어느 순간 수면 위로 솟구쳐 오르는 곳이 있다. 그때를 기다려 물 밖으로 나온다는 설명이다.

자칭 파도타기(서핑) 광을 만난 적이 있다. 내가 축구를 '사커'라고 표현하자 '풋볼'이라고 하지 않는다고 한참을 혼낸 혈기왕성한 유럽 친구였다. 골프치기를 즐긴다고 했더니 사뭇 한심하다는 듯한 눈길을 보내면서 "남자가 즐길 것은 여자 아니면 서핑, 둘밖에 없다"고 잘라 말한 재미있는 바람둥이이기도 했다. 하지만 그 바람둥이 유럽 친구가 서핑의 장점을 인생에 비유하는데, 웃고 있다 갑자기 정신이 번쩍 들었다. "어이 친구, 파도는 헤치는 게 아니라 타는 거야. 파도

에 내 몸을 맡기는 거야. 솟구치면 솟구치는 대로, 빠지면 빠지는 대로. 서핑은 인생과 같아. 나는 파도를 만들 수 없어. 기다려야 해. 좋은 파도를 기다려야 해. 그러다 좋은 파도를 놓칠 수도 있어. 하나 다행인 건 뭔지 알아? 기다리면 또 좋은 파도가 온다는 거야."

에픽테토스는 인생살이를 우아한 파티 참석에 비유하기도 했다. 누가 먹을 걸 갖다주면 겸손하게 받아먹는다. 하지만 내게는 아무것도 권하지 않고 그냥 지나칠 때도 있다. 그럴 때 일부러 불러 세우는 건 교양머리 없는 짓이다. 내게는 왜 안주냐고 따지고 드는 건 더욱 안 될 말이다. 내게 아직 안 왔으면 기다리면 된다. 어차피 내게도 기회는 오니까.

이상하게 뭘 해도 꼬이기만 할 때가 있다. 아무리 애써도 잘 풀리지 않을 때가 있다. 그럴 때면 뭘 해도 안 된다. 파도가 오지 않은 때다. 기다려야 한다. 긴장은 풀고 마음 편하게, 그러나 새로운 파도에 언제든 올라탈 준비는 마친 채.

흐름을 거스를 수는 없다. 흐름을 따라가야 편하다. 결을 거스르면 피곤하다. 힘 빼고 결을 따르면 된다.

현명한 사람은
뛰어난 배우와 같다

누가 손숙오에게 물었다. "선생님은 세 번이나 영윤이 되어도 영광스럽게 생각하지 않더니, 세 번이나 벼슬에서 쫓겨나도 걱정하는 빛이 없네요. 처음에는 감정을 숨긴다고 생각했는데, 지금 다시 봐도 마음이 편안해 보입니다. 도대체 어떻게 수양은 하신 건가요?"

"무슨 특별한 방법이랄 게 있겠나. 나는 그저 부귀영화가 오면 오는 대로 물리칠 수 없고, 가면 가는 대로 잡을 수가 없다고 여길 뿐이라네. 행복이라는 게 벼슬자리에 있는 것인가 아니면 내게 있는 것인가? 그게 벼슬자리에 있는 것이라면 나하고는 관계없는 것이잖나(其在彼邪 亡乎我). 그게 내게 있는 것이라면 벼슬자리하고는 관계가 없는 것 아니겠나(在我邪 亡乎彼). 나는 설렁설렁 다닐 뿐, 부귀영화에는 관심 없네." ◎ **전자방**

손숙오는 초나라의 영윤, 즉 재상이었는데,《사기》에도 순리循吏, 즉 법을 잘 집행한 관리들의 열전에 등장한다. 손숙오의 주특기는 임금이 뭣 좀 잘해보겠다고, 혹은 한 건 해보겠다고 제도를 바꿔서 혼란을 일으키면 그걸 다시 원래대로 돌려놓는 것이었다. 돈이 너무 무거워서 화폐 유통이 안 되니까 좀 가볍게 만든 게 임금이 한 일이다. 좋은 뜻으로 한 개혁이지만 정작 상인들은 그 돈을 사용하길 꺼렸다. 생소함이 주된 이유겠지만, 어쨌든 상인들이 돈을 안 쓰면 경제가 마비된다. 손숙오가 하는 일은 불편하더라도 예전처럼 무거운 돈 쓰도록 하는 것이었다. 손숙오가 한 말 중에 지금도 유효한 말이 있다. "법령을 자주 바꾸면 백성들은 어느 것을 따라야 할지 헷갈리기 때문에 좋지 않습니다."

하지만 임금이 폼 좀 잡아보겠다고 뭐 좀 해놓으면 매번 "헷갈리게 하지 말고 그냥 계십시오. 가만히 있는 게 도와주는 겁니다." 하니 임금한테서 썩 예쁨 받는 스타일은 아니었을 성싶다. 그래서 세 번이나 재상이 됐지만, 또한 세 번이나 재상 자리에서 쫓겨나기도 했다.《사기》역시도 손숙오는 벼슬에 나간다고 기뻐하지도 않았고, 벼슬자리에서 쫓겨난다고 슬퍼하지도 않았다고 전한다. 다만 그 이유에 대한 설명이 미묘하게 다르다.

《사기》는 손숙오가 재상이 되고도 기뻐하지 않은 것은, 본인의 잘난 능력에 재상이 되는 걸 당연하게 여겼기 때문이고, 재상 자리에서 물러나고도 슬퍼하지 않은 것은, 어차피 본인 잘못으로 쫓겨나는 게 아니라고 여겼기 때문이라고 설명한다. 한마디로 저 잘난 맛에 사는 인간이다. '나처럼 잘난 놈을 재상 안 시키면 네 손해지 뭐, 흥!' 하고는 돌아서는 모습이 눈에 선하다. 그러나 《장자》의 설명과 일치하는 구석이 있다. 좋고 나쁘고는 벼슬이 아니라 자신이 결정한다는 점이다.

아마 손숙오가 조금 더 나이가 들어서 옛날을 회고하게 된다면, 《장자》에 나오는 대화처럼 한결 여유를 갖고 이야기할 수 있게 되지 않을까 싶기도 하다. "벼슬 그거, 하면 하는 거고 말면 마는 거지. 하게 되면 열심히 일하니까 좋은 거고, 안 하면 안 하는 대로 편하니까 좋은 거고. 내가 열심히 일하니까 좋은 거지 높은 벼슬 한다고 좋은 게 아니야. 내가 벼슬해서 좋은 게 아니라 일해서 좋은 거만 알면, 벼슬 같은 거 안 해도 아무 상관없어."

"뜻을 얻었다는 것은 벼슬자리를 갖고 말하는 것이 아니다(得志者 非軒冕之謂). 더 이상 즐거움을 얻을 수 없다는 뜻이다. 벼슬자리는 와서 붙어도 막을 수 없고, 붙었다 떠나도 붙들 수 없다. 영화를 누린다고 교만하지 않고, 가난으로 고생한다고 빌붙지 않으면, 영화로우나 가난하나 아무런 차이가 없다." ◎ 선성

벼슬을 쟁취의 대상으로, 성공의 척도로 삼으면 삶이 불행해진다. 벼슬은 내게 잠시 맡겨진 역할일 뿐이다. 그 역할에 충실했으면 그뿐, 떠난다고 미련 가질 필요 없다. 안 하면 또 어떤가. 벼슬 말고도 내 삶을 풍요롭게 만드는 방법은 충분히 많은데.

같은 이야기를 에픽테토스는 연극배우에 빗대서 말한다. "기억하라. 너는 연극배우다. 네 역할은 작가가 마음대로 결정한다. 짧으면 짧은 대로, 길면 긴 대로. 역할이 주어진다면, 너는 가난한 사람이 될 수도 있고, 절름발이가 될 수도 있고, 통치자가 될 수도 있고, 그냥 보통 사람이 될 수도 있다. 그냥 자연스럽게 연기하면 그만이다. 네게 주어진 역할을 잘 연기하는 것, 그게 네 일이니까. 네가 맡을 역할을 정하는 것, 그건 네 일이 아니다."

인생을 배우에 비유하는 건 에픽테토스의 독창적인 아이디어는 아니다. 스토아학파의 창시자인 제논에게서 직접 배운, 그러니까 에픽테토스에게는 학문적으로 고조할아버지쯤 되는 아리스톤Ariston이 진즉에 이런 말을 했다. "현명한 사람은 뛰어난 배우와 같다. 테르시테스의 역할을 맡으면 테르시테스가, 아가멤논의 역할을 맡으면 아가멤논이 된다." 아가멤논은 아다시피 트로이에 침략한 그리스군의 총사령관이다. 테르시테스는 일반병사다. 아가멤논의 바보 같은 지휘를 받지 않겠다며 말 안 듣고 소요를 일으키다 오디세우스에게 망신당하며 혼나고 나서 눈물이나 찔찔 짜는 역할이다(사실 테르시테스는 틀린 말 한 것도 없다. 아가멤논이 혼자서 전리품 독식하고 괜스레 철수 운운해서 병사들 사기 떨어뜨린 장본인이 맞았고, 테르시테스는 그 점을 지적했을 뿐이다). 개인적으로는 정을 주고 싶은 캐릭터인데, 대개는, 특히 옛사람들의 글에서는 비열한 인물의 대표 격으로 등장한다. 그러니까 아리스톤의 말은, 가장 고귀한 역할이 주어지면 주어지는 대로, 가장 비열한 역할이 주어지면 그 또한 주어지는 대로 충실히 소화하는 게 현명한 사람의 길이라는 뜻이다.

핵심은 역시 배역은 '주어지는' 것이라는 점이다. 배우가 직접 배역을 선택하지 않는다. 감독이 결정한다. 배역이 마음에 들지 않을 수도 있다. 그러나 뛰어난 배우라면 마음에 들지 않는 배역이라도 온몸을 던져 연기한다. 그리고 관객의 공감을 얻어낸다.

인생을 연극배우에 비교할 때 잊어서는 안 될 점이 있다. 연극배우는 무대의상을 벗고 자연인으로 돌아가는 순간 더 이상 무대 위의 역할을 수행하지 않는다. 무대 위에서는 주인공이었지만 생활에서는 집에서 쫓겨난 바람둥이일 수도 있고, 무대에서는 단역이라도 현실에서는 당당한 주인공이 될 수도 있다. 우리는 무대의상과 무대분장을 지운, 알몸에 민낯의 우리 자신을 직시해야 한다.

손숙오에게는 재상 역할이 주어졌다. 아주 잘 수행했지만, 무대에 머무는 시간은 길지 않았다. 하지만 괜찮다. 어차피 평생 무대 위에서만 살 수는 없는 노릇이니까. 어차피 내려갈 거라면 조금 더 일찍 내려가도 괜찮다. 그러다 다시 등장 순서가 되면 또 무대에 오르면 그만이다. 그리고 자신의 순서가 모두 끝나면 조용히 의상을 벗고 분장을 지우고 자연인으로 돌아가면 된다.

사극 촬영장에서는 가끔 재미있는 장면이 벌어진다고 한다. 왕은 쉬는 시간에도 왕 노릇하고, 내시는 쉬는 시간에도 내시 노릇하고, 장군은 쉬는 시간에도 장군 노릇하고, 병졸은 쉬는 시간에도 병졸 노릇한다는 것이다. 극에 몰입하다 보면 그게 무척 자연스럽다고 한다. 쉬는 시간에야 카메라가 돌아가지 않을 뿐 어차피 의상은 그대로 입고 있으니 분위기가 그렇게 갈 수 있을지도 모르겠다.

　하지만 단지 주어진 역할일 뿐인 지위에 흠뻑 빠져서 집에서도 역할놀이를 이어가는 사람들이 있다. 부인이 부하직원인 것처럼 명령을 내리고, 자식들에게도 지시를 내린다. 화장실에 가서 힘주면서도 고관대작 노릇을 하려고 든다. 누군가의 말마따나 간과 창자까지 고관대작이 된 줄 아는 꼴이다. 못 봐줄 노릇이다. 꼴불견이다.

순간의 최선이 운명이다

여희는 이민족 수장의 딸이었다. 처음 진나라에서 그녀를 데려갈 때에는 눈물 콧물로 옷깃을 적셨다. 하지만 진왕의 처소에 들어가 화려한 잠자리를 경험하고, 맛있는 고기를 먹는 궁궐 생활을 경험하고서는 전날 울었던 일을 후회했다. ◦ 제물론

여희는 여걸이다. 여걸들이 대개 그렇듯, 중국 역사에서는 악녀로 기록됐다. 여희는 볼모로 진나라에 끌려왔다가 왕의 마음을 사로잡아 급기야 태자와 다른 왕자들을 몰아낸 진 헌공의 후궁이다. 여희 때문에 쫓겨났다가 20년 만에 돌아와 내정을 바로잡고 춘추시대의 첫 패권을 잡는 왕자의 이름이 중이, 훗날의 진 문공이다. 여희는 자기 아들의 왕위계승 경쟁자들을 제거하는 데에는 성공하지만 정작 헌공이 죽었을 때 제 아들을 왕위에 올리는 데 실패해서 죽임을 당

했다.

 순진한 시골처녀가 궁중 생활에 눈뜨면서 피비린내 나는 권력투쟁의 중심에 서는 모습은 알 수 없는 인생의 한 단면이다. 장자의 말처럼 화려한 궁중생활에 눈뜨면서 소박한 시골생활은 돌이켜볼 생각도 안 했는지는 모르겠다. 어쩌면 궁중에서도 고향에서와 같은 마음 편한 생활을 누리겠다는 자그마한 소망을 성취하려다 보니 권력투쟁의 한가운데에 서게 됐는지도 모른다. 그냥 살기 위해 순간순간 최선을 다하다 보니 어느덧 변해 있는 자신을 발견하게 됐는지도 모른다.

 알 수 없는 인생 이야기 하나 더 있다.

어떤 사람이 관상쟁이에게 아들들을 보였다. "그래 누구의 관상이 가장 좋습니까?"
"막내가 가장 좋네요."
"어떤 상이길래요?"
"임금과 함께 나랏밥 먹을 상이네요."
세월이 흘러 막내는 다른 나라로 장사를 떠났다가 강도를 만났다. 강도는 막내를 노예로 팔았다. 막내는 노예가 되어 임금의 몸종으로서 나랏밥을 먹으며 일생을 마쳤다. ◉ **서무귀**

 "미래를 안다는 것은 아무런 소용이 없다. 소득 없이 자신을 괴롭힐 뿐이다." 키케로의 말이다. 임금과 함께 나랏밥 먹을 운명, 누가 봐도 출세할 운명이다. 하지만 임금과 함께 나랏밥 먹는 사람이 꼭 임금과 함께 나랏일을 의논하는 대신만 있는 건 아니다. 임금의 몸종도 함께 밥을 먹을 수 있다. 이른바 점괘라는 게 이런 식이다. 늘 2퍼센트 모자란다. 그냥 '대신으로 출세한다'는 점괘는 없다. '발 잘리고 몸종 노릇이나 하면서 일생을 마친다'는 점괘도 없다. '임금과 함께 나랏밥 먹을 운명'이라는, 이렇게도 될 수 있고 저렇게도 될 수 있는 가능성을 동시에 담고 있다. 그걸 '출세할 운명'으로 받아들이는 건 우리의 고정관념일 뿐이다.

시리즈를 모조리 챙겨보는 영화들이 가끔 있다. 〈스타워즈〉, 〈반지의 제왕〉, 〈해리포터〉 같은 것들은 흔히들 그런데, 내게는 〈백 투 더 퓨처〉가 그 목록에 들어 있다. 영화의 마지막 장면에서 과거와 미래를 오가던 주인공은 미래에서 가져온 자신의 해고통지서 글자가 지워지는 것을 목격한다. 당황하는 주인공에게 조언자인 박사가 말한다. "당연하지. 미래는 결정되지 않았거든." 맞다. 미래는 결정되어 있지 않다. 미래는 만들어 가는 거다.

그리스 신화는 신들이 하는 일은 물론이거니와 능력조차도 인간과 꼭 닮아 있어 재미있다. 예컨대 그리스 신들은 미래를 알고 있다. 그러나 미래를 만들지는 못한다. 트로이 전쟁이 그리스 연합군의 승리로 끝나리라는 것은 모든 신들이 알고 있다. 몇몇 신들은 일관되게 트로이를 편들지만 그들도 결과를 바꾸지는 못한다. 마치 기상캐스터가 내일 날씨를 알긴 하지만, 내일 날씨를 만들지는 못하는 것과 같다. 내일 비가 온다고 예보할 수는 있지만, 비를 만들 수는 없다.

신들이 알고 있는 결과란, 크로이소스가 페르시아와의 전쟁을 앞두고 받았던 것 같이 모호하기 짝이 없다. "전쟁의 결과 하나의 강대국이 멸망하리라." 그 하나의 강대국은 결과적으로 크로이소스의 리디아가 됐지만, 설령 페르시아가 됐더라도 신탁은 틀린 게 없다. 그 '하나의 강대국'이 페르시아가 아니라 리디아가 되도록 한 건, 신탁만 믿고 섣불리 전쟁을 벌인 크로이소스 자신이다. 미래는 신이 아니라 인간이 만드는 것이다. 인생은 '알 수 없는 것'이 아니라 '내가 만드는 것'이다.

제 그림자를 미워하고 제 발자국을 싫어하는 사람이 있었다. 그림자와 발자국에서 도망치려고 달렸다. 그러나 달아날수록 그림자는 바짝 쫓아왔고 (走愈疾而影不離身) 발자국은 더욱 많아졌다. 더욱 빨리 달렸다. 그래서 그림자와 발자국은 사라지지 않았다. 그늘에서 멈추면 그림자도 사라지고 발자국도 더 이상 나지 않았을 것을. ○ 어부

누구나 한번쯤 생각하곤 한다. 내가 다시 고등학생이 된다면, 내가 다시 스무 살이 된다면, 나는 그때 그런 선택을 하지 않았으리라. 인생을 그렇게 살지 않으리라. 내 인생은 달라졌으리라.

과연 그럴까? 내가 다시 고등학생이 된다면 때 이른 연애질 하지 않고 공부만 열심히 해서 더 좋은 대학에 갔을지도 모른다. 다시 대학생이 된다면 되지도 않을 고시 공부 한다고 폼 잡는 대신 평생 숙제가 될 영어 공부나 좀 더 탄탄하게 해뒀을지도 모른다. 그렇다고

그 이후의 내 인생이 달라졌을까?

단언컨대, 절대 그런 일 없다. '그래 결심했어!'라고 외치며 내리는 단 한 번의 선택으로 말미암아 전혀 다른 인생이 펼쳐지는 건 벌써 수십 년 전에 끝난 코미디 프로그램에서밖에 없다. 지금의 내 인생을 만든 건, 내 선택이 아니라 내 성격이다.

뭐든지 다 해보고 싶어 하는 성격에 연애질을 안 했으면 친구들과 어울려 당시로선 모험으로 여겨지던 다른 일(예컨대 무도회장 출입, 당구장 출입 등)에 빠져들었을 가능성이 크다. 고시 공부를 안 했더라도 그 시간에 영어 공부를 했을 성싶지는 않다. 내가 영어를 못하는 건, 대입 학력고사를 볼 때부터 영어 공부는 늘 맨 나중으로 미뤄뒀기 때문이다. 고시 공부라는 우선순위가 사라지더라도 영어 공부의 순위가 높아지지는 않았을 것이다. 우선순위는 다른 무언가에게 주어졌을 것이다.

이게 내 그림자고 발자국이다. 지워지지 않는다. 도망갈 수 없다. 설사 내가 고등학생이 된다고 해도, 내가 대학생이 된다고 해도 절대 회피할 수 없는, 부정할 수 없는 나 자신의 모습이다. 아무리 발버둥 쳐도 바뀌지 않는다. 아니 발버둥 칠수록 더욱 강하게 새겨진다.

"오는 세상은 기다릴 수 없다. 가는 세상은 따를 수 없다"고 한 접여의 말이 맞다. 미래는 결정되지 않았다. 과거는 바뀌지 않는다. 손 댈 수 있는 건 오로지 현재뿐이다. 바로 지금뿐이다.

공자가 안회에게 말했다. "만물의 변화가 끝이 없지만 어디서 바뀌는지 알지 못한다. 어떻게 그 끝을 알며, 어떻게 그 처음을 알 수 있을 것인가. 다만 바른 자세를 지키며 기다릴 따름이다(正而待之而已耳)." ○ 산목

이 대화의 배경이 이른바 '진채지액陳蔡之厄'이라는 사건이다. 글자 그대로 풀이하면 공자가 '진나라와 채나라 사이에서 당했던 봉변' 정도 되겠다. 공자는 55세부터 10년 동안 각국을 떠돌아다니면서 자신을 등용해 달라고 부탁한다. 성과는 없었다. 가뜩이나 긴 여행에 지쳐 있을 공자 나이 63살 때, 공자가 머물고 있던 진나라가 갑자기 전쟁터가 된다. 오나라가 초나라를 압박하기 위해 진나라를 공격했고, 초나라는 안보동맹에 의거해서 참전했다. 공자는 전쟁도 피할 겸 때마침 있었던 초나라 왕의 초빙에도 응할 겸 진나라를 떠나려 했다. 진나라에서 초나라를 가려면 채나라를 거쳐 가야 하는데, 그 국경에서 진나라와 채나라 군사들에게 포위당했다.《공자세가》에 따르면 공자가 초나라에 가서 국정을 맡게 되는 걸 막기 위해서였다고 하지만, 어차피 두 나라 모두 이미 공자의 이야기를 들어보고 기용하기를 거부했다는 점에서 별로 설득력이 없다. 아마도 전쟁에 휘말려 오도 가도 못하게 된 상황을 공자를 잡기 위해 대단한 음모가 있었던 것처럼 과대포장한 게 아닌가 싶다. 이유가 뭐였든 공자 일행은 갇힌 상태에서 식량마저 떨어져 7일이나 쫄쫄 굶어 몸을 일으키지도 못하는 상황이 됐다.

바로 이런 상황에서 불안에 떠는 제자들과 의연한 공자의 대화가 《논어》에 자주 등장한다. 다혈질 제자 자로는 "군자 역시 궁할 때가

다 있습니까?"라고 투정을 부렸다. 그때 공자가 한 대답이 걸작이다. "군자는 곤궁함을 견디지만(君子固窮) 소인은 곤궁해지면 나쁜 짓을 하지(小人窮斯濫矣)."

같은 장면을 《장자》는 약간 다른 각도에서 전한다. 공자는 7일 동안 굶고도 태평스레 노래를 불렀다. 공자가 가장 아끼는 제자 안회는 아무 대책도 세우지 않고 노래나 부르고 있는 스승이 속으로는 답답하지만 차마 뭐라 말은 못하고 걱정스레 보고만 있었다. 그러자 공자가 먼저 안회를 안심시키려고 말한다. "하늘이 주는 손해를 받지 않기란 오히려 쉽단다(無受天損易). 사람이 주는 이익을 받지 않는 게 어려운 일이지(無受人益難). 세상일이라는 게 시작이 없으니 끝도 없는 법이다(無始而非卒也)." 이 말에 안회가 "시작도 없고 끝도 없다는 게 무슨 말인가요?"라고 되물었더니 공자가 내놓은 대답이 위의 인용구다. "처음도 모르고 끝도 모른다. 분명한 건 그저 지금 이 순간 똑바로 살아야 한다는 점이다."

공자는 흔히 말하는 '성공'이라는 걸 거둬 본 적이 없다. 이력서 내고, 면접 보고, 떨어지고, 다른 회사 가서 이력서 내고, 면접 보고, 떨어지고, 또 다른 회사 가서 똑같은 과정 반복하고……. 공자는 이걸 10년 동안 되풀이했다. 제자들까지 다 거느리고. 좌절감은 둘째 치고 제자들 보기 창피해서라도 못살 법하다. 그러나 공자는 지치지 않는다. 아니, 지칠 수 없다. 1주일 굶었다고 흐트러지면 공자는 그야말로 빈털터리가 된다.

역경에서 더욱 단단한 모습을 보이는 공자의 성인다운 면모는 그렇게 해서 만들어졌다. 공자가 가장 괴로운 순간은, 제자들이 떨어져 나가려는 순간이기도 하다. 거기서 무너지면 한평생 자신을 지켜온 신념, 그 신념을 함께 따라준 제자들이 모두 무너진다. 하지만 거기서 굳건한 모습을 보이면 인간 공자는 성인 공자로 거듭나는 것이다. 한 순간 선택의 문제다.

지치지 않고 재도전을 거듭하는 공자의 모습은 끝없이 바위를 굴려 올리는 시시포스Sisyphos를 떠올리게 한다. 시시포스는, 죄가 너무 많다. 어린 헤르메스의 소도둑질을 고자질했고, 제우스의 오입질을 방해했으며, 자신을 저승으로 데려가려 온 타나토스를 가둬 버렸고, 마음 약한 지하세계의 여왕 페르세포네를 속였다. 한마디로 신들을 마음껏 농락했다. 좀 더 멋있게 표현하면, 유한한 인간으로서 무한 자유를 꿈꾸는 죄를 저질렀다.

시시포스는 뾰족한 꼭대기에 다다르면 굴러떨어지는 무거운 바위를 끝없이 언덕 위로 밀어 올려야 하는 형벌에 처해졌다. 정말 힘들게 힘들게 바위를 굴려 정상에 올려놓지만, 바로 그 정상에 올려놓는 순간은 이미 힘들게 올려놓은 바위가 굴러떨어지기 시작하는 순간이다. 성취가 좌절로 바뀔 수밖에 없는, 한평생 좌절밖에 할 수 없는, 노동의 의미라고는 찾을 수 없는 삶이 처벌의 핵심이다.

하지만 바위를 꼭 정상에 붙들어 매둬야만 성취라고 말할 수 있을까? 어차피 행복은 목적지가 아니라 과정이라고 했다. 보상이 없는 노동이기에 의미가 없다고? 천만에. 노동 자체가 이미 보상이다. 힘들게 바위를 언덕 위로 밀어 올리는 한 걸음 한 걸음마다 이미 성취감을 맛보지 않을까? 막 정상에 올려놓는 순간 반대쪽 비탈로 힘없이 굴러떨어지는 바위를 보며 깊은 한숨을 쉴 것이다. 그러나 다시 바위를 굴려 올리기 위해 터덜터덜 언덕을 내려갈 때 작은 휴식과 함께 새로운 힘을 얻지는 않을까?

알베르 카뮈는 "산꼭대기를 향한 투쟁 그 자체가 인간의 마음을 가득 채운다"고 했다. 니코스 카잔차키스는 "'정복할까, 아니면 정복당할까?' 감히 이런 식으로 묻지 마라. 계속 싸우라"고 했다. 박경철은 "기필코 올려놓겠다는 목적은 환상이라는 걸 알면서도 끝없이 도전하는 행위, 그것만이 진실이며 거기서 역설적인 행복을 느껴야 한다"고 썼다.

장자는 바르게 사는 길로 '얽혀 살기(영녕櫻寧)'를 제시한다.

무릇 삶을 죽이는 이는 죽지 않고(殺生者不死), 삶을 살리는 이는 살지 못한다生生者不生. 성인의 도는 보내지 않는 것도 없고 맞이하지 않는 것도 없고, 헐어버리지 않는 것도 없고, 이룩하지 않는 것도 없다. 이게 바로 영녕櫻寧이다. 영녕이란, 얽혀 살다 보면 이루는 것이다(櫻而後成).   ◎ 대종사

아우렐리우스는 "세상을 살아가는 데에는 (아름다운) 무용가의 기술보다는 (치열한) 검투사의 기술이 필요하다"고 했다. 힘들다고 피하는 건 삶을 사는 자세가 아니다. 보람 없다고 포기하는 것도 삶을 사는 것이 아니다. 보낸다는 의식도 없고 맞이한다는 의식도 없다. 뭔가 만들어낸다는 의지도 없고 뭔가 부순다는 의지도 없다. 그저

세상에 얽혀 사는 것이다. 얽혀 살다 보면 어느새 뭔가가 이뤄져 있는 자신을 만나게 된다. 영녕이란, 세상에 얽혀 살되 세상에 구애되지 않고, 자신을 버리되 자신을 되찾는 길이다. "세상에서 노닐되 치우치지 않고(遊於世而不僻) 남들을 따르되 자신을 잃지 않는(順人而不失己)(외물)" 길이다.

신들은 영원한 노동을 명했다. 하지만 받아들이기에 따라 그것은 처벌이 될 수도 있고, 아닐 수도 있다. 끝없는 좌절에 절망한다면 치명적인 처벌이다. 끝없는 좌절에 굴하지 않고 묵묵히 제 갈 길을 가는 데에서, 끝없이 도전하는 데에서 의미를 찾는다면, 무궁무진한 행복의 기회다. '왜 내 삶은 의미가 없을까?'는 올바른 질문이 아니다. 우리는 이렇게 물어야 한다. '나는 치열하게 이 순간을 살고 있는가?'

아무것도 하지 않지만
하지 않는 일이 없다

　　　　　　　　　　공자 못지않게 좌절에 익숙한 사람이 있다. 잠시나마 네로 황제를 꼭두각시로 만들고 권력을 휘두른 적도 없지 않지만, 결국 그 황제의 명령으로 자살해야 했던 사람, 그 이름은 세네카다.

　스페인의 코르도바에 가면 두루마리를 말아 쥔 세네카의 동상을 만날 수 있다. 세네카가 그곳에서 태어났기 때문이다. 세네카는 그러나 아버지가 원로원 의원이었기 때문에 로마에서 자랐다. 정계에 입문해서는 사람들의 주목을 한 몸에 받았다. 권력자를 조롱하는 특유의 달변이 인기를 끌었다. 하지만 이게 두 가지 문제를 낳았다. 첫째, 예나 지금이나 인기가 좋아서 여기저기 불려나가면 술 마실 일이 많다. 세네카는 젊은 나이에 건강을 해쳤다. 둘째, 인기의 배경이 된 입담 때문에 권력자의 미움을 샀다. 클라우디우스 황제가 즉위한 직후

메살리나 황후는 세네카가 전임 황제 칼리굴라의 여동생과 간통을 저질렀다며 코르시카 섬으로 유배를 보내 버렸다. 무려 8년 동안.

기약 없는 유배 생활은, 그러나 보내기에 따라서는 약이 되기도 한다. 세네카는 두 가지를 얻었다. 첫째, 건강. 술은 없어서도 못 먹고, 먹을 필요가 없어서 안 먹기도 했다. 술 때문에 해친 건강, 술 끊어서 회복할 수 있었다. 게다가 척박한 땅의 거친 음식은 현대에 와서는 일부러 찾아먹는 건강식이다. 세네카 자신의 회고다. "물, 보릿가루, 보릿가루로 만든 딱딱한 빵은 즐거운 식단은 아니다. 그러나 이런 식단에서도 즐거움을 얻을 수 있다는 더 큰 즐거움을 선사한다." 몸에 해로운 술 끊고, 몸에 좋은 음식 먹으니, 세네카는 유배 동안 친구들이 알아보지 못할 정도로 건강해졌다. 둘째, 학문. 할 일이라고는 공부밖에 없었다. 매일 아침 일어나자마자 명상의 시간도 가졌다. 덕분에 재치 있는 달변가 세네카는 로마를 대표하는 철학자 세네카로 거듭나게 된다.

"우리를 풍요롭게 만드는 것은 마음이다. 마음은 나와 함께 유배를 간다. 아무리 험한 곳에 있을지라도 몸은 살기 위해 필요한 것을 어떻게든 다 찾고 마음은 좋은 것을 즐기느라 충만하다(세네카)."

8년을 섬에서 보낸다고 누구나 철학자가 되지는 않는다. 18년 유배 생활을 했다고 누구나 정약용처럼 많은 글을 쓸 수 있는 것도 아니다. 주어진 상황을 받아들이고, 그 안에서 성실하게 삶을 수행한 결과다. 그렇게 사는 게 무위無爲의 삶이다.

한다는 마음 없이 한다(無爲爲之). ●천지

세네카는 언제 풀릴지 알 수 없는 유배생활을 했다. 평생 섬에서 살다 죽을지도 모르는 상황이었다. 세네카가 '8년 동안 유배생활을 할 테니 하루에 두 시간씩 명상을 하고, 1년에 1인치씩 뱃살을 빼면 건강해지겠군'이라고 생각한 게 아니다. '날 엿 먹인 놈들 두고 보자. 훌륭한 철학자가 돼서 돌아가겠어'라고 다짐한 것도 아니다. 언제 끝날지 모르는 유배 생활이었다. 하루하루 그저 열심히 사는 수밖에 없었다. 결과를 의도한 것도, 억지로 한 일도 아니었다.

무위에 대한 가장 큰 오해는, 글자 그대로 '하는 일이 없다' 또는 '아무것도 안 한다'는 뜻으로 받아들여지는 것이다. 천만의 말씀이다. 무위는 '억지로 하지 않는다'는 뜻일 뿐이다. 어차피 "사람으로 하늘을 이길 수 없다(無以人滅天)(추수)." 내 상황을 거부하지 않고, 주변인의 생각을 거슬러 밀어붙이지 않는 게 무다. 상황을 받아들이고, 주변인의 생각을 받아들이는 게 무위다. '있는 그대로 인정하기', 장자가 '인시因是'라고 이름 붙인 개념, 이게 시작이다. 상황을 인정하면, 주변을 인정하면, 그 다음엔 이용할 수가 있다. '채소가 맛은 없어도 몸엔 좋다지. 이럴 때 많이 먹자.' '이 참에 잘 됐다. 바빠서 못했는데 명상의 시간을 가져보자.'

마침내 황후 아그리피나가 젊은 아들의 가정교사이자 정치 참모로 세네카를 선택하는 기회가 찾아왔을 때, 의도한 건 아니지만 세네카는 로마 복귀를 위한 완벽한 준비를 갖추고 있었다. 유배에서 돌아온 지 6년 후 젊은 제자는 황제가 되었다.

골프에서 욕 안 먹는 방해공작 중 하나가 이제 막 티샷을 하려는 사람에게 한 가지 질문을 던지는 것이다. "티샷할 때 숨을 들이쉬세요, 내쉬세요?" 이 말을 듣는 순간 생각을 한다. '내가 티샷할 때 들숨을 쉬었던가 날숨을 쉬었던가.' 그리고 연습스윙을 하면서 숨을 들이마셔 보기도 하고, 내쉬어 보기도 한다. 그러면서 '어느 게 맞지?' 고민한다. 그리고 마침내 들숨인지 날숨인지 결심을 하고 티샷을 날리면, 공은 엉뚱한 곳으로 날아가기 십상이다. 의식하면 안 된다. 자연스럽게 하던 대로 하면 된다. 힘 빼고 치면 멀리 나간다. 힘주면 망한다.

무위는 아무것도 하지 않지만 하지 않는 일이 없다(無爲, 無爲而無不爲).
○ 지북유

사실 이 말은 《노자》에 있는 말을 《장자》에 옮겨놓은 것이다. 다만 노자는 무위 대신 도道라는 개념을 썼다. "도는 아무것도 하지 않지만 하지 않는 일이 없다(道常無爲而無不爲)." 무위의 개념을 적극적으로 쓰는 것으로 말하자면 장자보다는 오히려 노자 쪽이다. "무위의 일에 처하라(處無爲之事)." "하지 않음으로 하고(爲無爲), 일 없음으로 일 삼고(事無事), 맛 없음으로 맛 삼아라(味無味)."

노자와 장자는 '도가' 또는 '노장 사상'이라는 이름으로 함께 불리는 사상이니 비슷한 게 어쩌면 당연하다. 《장자》를 《노자》 해설서쯤으로 깎아내리는 시선도 있고, 실제로 '외편'의 일부는 그런 성격이 다분히 있다. 그러나 장자 본인이 쓴 것으로 널리 인정받는 '내편'이 바라보는 세상은 노자와 사뭇 다른 것 역시 사실이다.

'무위'에 대한 시선도 약간 차이가 있다. 노자는 지배의 도구로서 무위를 말한다. 모택동이 문화대혁명을 일으켜 세상을 무법천지로 만들고선 그 와중에 정적들만 모조리 숙청하는 방식이라고나 할까. 장자가 말하는 무위는 삶의 방식이다. 수동적이지만 강인하다. 장자는 그래서 무위라는 용어보다는 부득이不得已라는 표현을 더 좋아한다. 부득이는 '어쩔 수 없음'이다.

"참으로 어찌하겠는가(奈何奈何)", "무슨 상관이 있겠는가(何關乎)", "한탄한들 무엇하랴(何恨乎)." 세상 포기한 사람이 크게 한숨 쉬면서 쏟아냈을 법한 탄식들이다. 패배주의에 젖은 비관론자가 했을 법한 한탄들이다. 오늘내일 중으로 자살할 사람이 했을 법한 체념의 언어처럼 보인다. 그러나 이 말들은, 실제로는 패배를 모르는 이순신이 《난중일기》에 가장 자주 쓴 말들이다. 온갖 풍파를 겪으면서 한 말이다. 자신도 모르게 마음속에 깊이 새겨놓았을지 모를 헛된 욕망, 세상이 묻히는 때를 버리고 씻으려는 비움의 언어이다. 억울하게 백의종군을 해도, 다시 싸움에 임했을 때 전선이 열두 척밖에 남아 있지 않아도, 주어진 상황을 담담하게 받아들이는 채움의 언어이기도 하다.

어쩔 수 없이 하는 일을 덕이라고 한다(動以不得已之謂德). 하는 일마다 참

된 나 자신이 아닌 게 없는 것을 다스림이라고 한다. 이름은 다르지만 이 둘은 같은 것이다. ○ **경상초**

어쩔 수 없이 한 일은, 억지로 한 일이라도 좋을 수 있다(有爲也欲當 緣於不得己). 어쩔 수 없이 하는 경지야말로 성인의 경지다(不得已之類聖人之道).
○ **경상초**

세상은 어쩔 수 없는 일투성이다. "뜨는 해를 돌려보낼 수 없다(추수)." "모기가 산을 짊어질 수 없다(추수)." "메아리가 소리보다 먼저 나올 수 없다(재유)." "암컷 없이 수컷만으로 새끼를 낳을 수 없다(응제왕)." "쌀알을 하나씩 세어서 밥 지을 수 없다(경상초)."

어쩔 수 없는 상황을 인정하는 게 시작이다. 그런 상황에 몰려서 하는 게 어쩔 수 없이, 부득이하게 하는 일이다. 내가 뭘 어찌해 보겠다는 의도보다는, 그때그때 최선을 다해 살다 보니 결과가 훌륭하게 나타나는 것이다. 유배 갔던 세네카처럼. "우연은 우리 자신보다 더 잘 일을 결정한다(메난데르)."

영악한 통치자들은 무위를 가장한 유위有爲의 재주를 부리기도 한다. 로마의 초대 황제 아우구스투스 Augustus가 그랬다. 아우구스투스의 목표는 공화정 타도였고 제정 수립이었다. 그러나 그가 내전을 끝내고 가장 먼저 한 일은 공화정 복귀 선언이었다. 연이어 한 일은 자신에 부여된 특권 반납이었다. 대신 사소한(언뜻 중요하지 않아 보이는) 권한을 반대급부로 받았다. 차근차근 원로원의 지지를 받으며 공화정 체제하에서 합법적인 조치들을 밟아나간 끝에는 제정 확립이라는 거대한 불법이 기다리고 있었다.

로마 정치의 주인이자 중심이라고 자부했던 원로원 의원들은 자기들 손으로 자신들의 권한을 황제에게 갖다 바친 셈이다. 아우구스투스가 원로원을 로마 정치의 중심으로 인정했기 때문에 가능한 일이었다. 아우구스투스는 상황에 자신을 양보했다. '명실상부한' 제일인자로서 누구도 넘볼 수 없는 위상을 확보했으면서도 '유명무실한' 집정관 자리에 열세 번이나 출마했다. 출마해서는 모든 후보자가 그러듯이 열심히 인사하고 고개 숙이고 선심 공약을 쏟아냈다. 평민의회도 열었다. 누가 봐도 아우구스투스의 목표가 제정 수립에 있는 게 분명해지고, 그 흐름도 돌이킬 수 없게 됐을 때조차도 공화정의 형식에 대한 존중은 계속됐다. 장자가 말하는 인시因是가 그 시작이었다. 장자의 말처럼, "여러 사람을 따르면 스스로 편안해질 수 있다(因衆以寧)(재유)." 그림자가 형체를 따르고, 메아리가 소리를 따르는 것과 마찬가지다. 사실의 인정, 상대에 대한 존중이 상황의 변경, 상대에 대한 지배의 밑거름이었다.

장자가 말하는 무위는 이런 쩨쩨한 통치술 이상이다. 상황을 통제하겠다는 마음마저 버리고, 결과를 예단하는 마음도 버리고, 그냥 상황에 얽힌 사람들을 믿고, 그들이 최선을 다하도록 하는 게 무위다. "이미 그러고도 그렇게 된 것마저 알지 못하는 것이 도(已而不知其然謂之道)(제물론)"라고 했다. 결과는 주어지는 것이지 내가 만드는 것이 아니다. 내가 할 일은 지금 내 자리에서 최선을 다하는 것뿐이다.

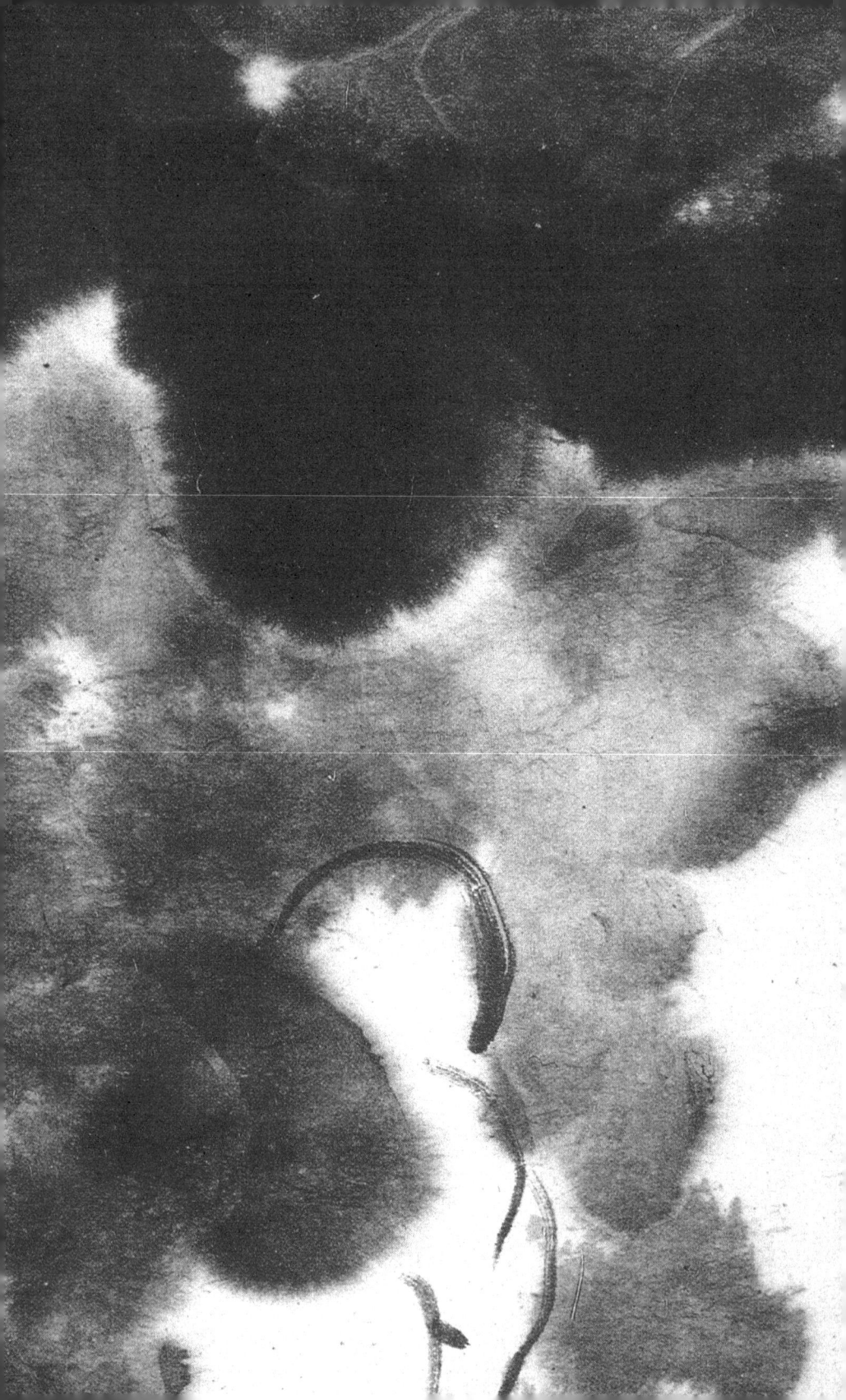

2부

관계의 변화

그대 장자를 만났다

5장
차이 존중하기

틀리지 않고 다를 뿐이다

'우물 안 개구리'라고 하면 흔히 좁은 소견을 가진 모자란 사람을 뜻한다. 하지만 막상 우물 안 개구리라는 말을 낳게 한 《장자》의 원문을 보면 생각이 조금 달라질 수도 있다.

우물 안 개구리가 동해 자라에게 말했다. "나는 행복하단다. 우물 하나 독차지하고 우물에서 참방거리며 장난치는 재미가 끝내준다. 너도 여기 와서 같이 놀자."
동해 자라는 우물 안에 궁금해서 들어가려 했지만, 높은 턱에 걸려 들어가지 못했다. 그리고 밖에서 으스대며 말했다. "십 년 동안 아홉 번의 홍수가 있었지만 동해의 물은 전혀 늘어나지 않았다. 팔 년 동안 일곱 번의 가뭄이 있었지만 동해의 물은 전혀 줄어들지 않았다. 그 광활한 동해

에 사는 즐거움을 너 따위가 알겠느냐?" ●추수

물론 우물 안 개구리 따위가 드넓은 동해를 알 턱이 없다. 하지만 질문을 바꿔보자. 왜 알아야 하는데? 왜 우물에 살면서 동해의 삶을 동경해야 하는데? 그냥 우물에 사는 행복함을 만끽하면 안 되나?

어차피 자라도 우물 속 사정을 모르기는 마찬가지다. 우물 속이 궁금해서 들어가 보려 했지만 짧은 다리 탓에 우물 턱을 넘지 못했다. 그러고는 제 사는 곳 자랑만 늘어놓는다.

개구리는 이제 우물과 바다를 모두 알게 됐다. 바다라는 곳이 멋진 곳이라고 여긴다면, 그래서 우물보다 더 살 만한 곳이라고 여긴다면, 산 넘고 물 건너 직접 가 볼 생각을 할 수도 있다. 여전히 바다밖에 모르는 쪽은 오히려 동해 자라다. 우물 속이 과연 어떤지도 모르면서 그저 제 자랑만 늘어놓는다. 그리고 함부로 단언한다. '이런 쑥맥, 너는 틀렸어!' 틀린 게 아니다. 다만 다를 뿐이다.

동해 자라와 우물 안 개구리처럼 전혀 다른 세상에 사는 사람들도 있다. 만나기만 하면 티격태격했던 디오게네스와 아리스티포스Aristippos도 그랬다.

디오게네스는 거지 철학자로 유명하다. 가진 거라고는 이불 겸 겉옷 한 벌과 식기와 먹을 것 넣어 다니는 자루 하나, 그리고 잠자리로 쓰는 술통 하나가 전부였다. 어린애가 두 손으로 물을 떠 마시는 것을 보고는 "내가 졌다"고 한탄하며 자루 속의 물잔마저 버렸다. 더욱 간소한 삶을 살 수 있다는 게 이유였다. 좋게 말하면 무소유의 삶이지만, 직접 눈으로 본다면 거지 중에서도 상거지였을 게다.

반면 아리스티포스는 권력자에게 빌붙어 호의호식했던 사람이다. 소크라테스의 제자였지만 수업료를 받지 않았던 스승과 달리 비싼 수업료를 받아 챙겨 악명이 높았다. 어떤 사람이 수업료가 너무 비싸다며 "그 돈이면 노예를 한 사람 살 수 있다"고 푸념하자 "그럼 그렇게 하세요. 그럼 당신은 노예 두 명을 가질 수 있을 테니까"라고 응대했다니 임기응변 재주 하나는 좋은 사람이었다. 아들이 노예에 비교되는데, 자존심이 상해서라도 수업료 얼른 내지 않았을까.

자기 합리화에도 능했다. 자기도 철학 좀 아는 척하느라고 철학자들을 초빙하긴 했지만 정작 철학자들이 잘난 척하는 꼴 보기는 싫어했던 시라쿠사의 참주 디오니시오스가 한번은 아리스티포스를 곯리려고 말했다. "철학자들은 부잣집 문을 두드리는데 부자들은 왜 철학자들의 집을 찾아가지 않는 것이오?" 그러자 기다렸다는 듯이 튀어나온 천연덕스러운 대답. "철학자들은 자기에게 필요한 것(돈)을 알지만, 부자들은 자기에게 필요한 것(지혜)이 뭔지 모르거든요."

한번은 디오니시오스에게 어려운 부탁을 할 일이 있어서 발 아래 엎드려 비굴하게 빌었다. 나중에 다른 사람이 비웃으니까 아리스티포스의 항변은 이랬다. "욕먹을 사람은 내가 아니야. 발에 귀를 갖고 있는 사람이지." 또 한번은 디오니시오스가 화가 나서 아리스티포스에게 침을 뱉었지만 찍 소리도 안 하고 가만히 있었다. 누군가 자존심도 없냐며 힐난하니까 이런 말로 되받았다. "어부들은 시덥잖은 물고기 한 마리 잡자고 물보라를 뒤집어쓰는데, 고급 물고기 요리를 먹게 될 내가 물 한 방울 튀는 게 뭐 대수겠어?"

전혀 다른 삶의 방식을 가진 두 사람이 시냇가에서 딱 마주쳤다. 마침 푸성귀를 씻고 있던 디오게네스는 아리스티포스에게 거침없는 독설을 날렸다. "자네가 소박한 식사를 즐길 줄 알았다면 궁정에서 독재자의 눈칫밥을 먹을 일은 없었을 것이네." 동해 자라가 우물 안 개구리에게 할 법한 훈계였지만, 아리스티포스는 착해빠진 우물 안 개구리가 아니었다. 디오게네스에게 똑같은 말로 되받아쳤다. "자네가 사람들과 어울리는 법을 조금만 알았다면 시냇물에서 푸성귀 따위를 씻을 일은 없었을 것이네."

사는 법이 다를 뿐이다. 정답은 없다.

매미와 산까치가 한번 날아오르면 구만리를 나는 붕새 이야기를 듣고 비웃었다. "우리는 훌쩍 솟아 날아 봤자 나무덤불에 부딪히거나 그마저 실패해서 땅바닥에 처박히는데, 무슨 영광 보겠다고 구만리나 날아오르겠다고 하는 거람?" ● 소요유

매미와 산까치는 못났다. 고작 나무에서 나무로 건너뛰는 것조차 힘겨운 나약한 존재여서가 아니다. 개구리가 우물 안에서 행복할 수 있듯, 매미도 풀숲에서 행복할 수 있다. 매미가 못난 것은 자기들의 눈높이에 갇혀서 구만리를 날아오르는 세계를 도무지 인정하지 못하는 옹졸한 태도 때문이다. 제가 아는 세상이 전부인 줄 알고 남이 사는 세상을 향해서는 덮어놓고 비난만 퍼붓는 모습이 못났다. 묻지

도 따지지도 않고 거짓말이라고 악다구니부터 쓰는 모습이 못났다.

매미와 산까치 이야기에 장자가 스스로 덧붙인 설명은 이렇다. "십 리쯤 되는 들판을 질러가는 사람은 세 끼만 먹고 가도 든든하지만, 백 리쯤 여행을 떠나려면 전날 밤부터 도시락을 준비해야 하고, 천 리 길을 떠나려면 석 달 전부터 양식을 준비해야 한다." 그러니 십 리 길 떠나는 사람이 천 리 길 떠나는 사람에게 '무겁게 뭘 그리 많이 싸갖고 가려 하슈?' 하고 시비를 거는 꼴이다.

디오게네스가 호화로운 저택에 초대받았다. 바닥은 대리석으로 반짝반짝하고 천정은 샹들리에로 휘황찬란했고, 가구는 앉기는커녕 손도 대기 미안할 만큼 깔끔하게 정돈돼 있었다. 디오게네스는 갑자기 자신을 초대한 사람의 얼굴에 침을 뱉었다. 놀란 집주인에게 디오게네스가 한 말은 이랬다. "도저히 침을 뱉을 만한 곳을 찾지 못해서 말이오."

비슷한 일이 플라톤의 집에서도 있었다. 디오게네스가 바닥에 깔린 고급 융단을 짓밟고 돌아다니며 말했다. "나는 플라톤의 허식을 짓밟고 있다." 플라톤은 여느 집주인처럼 호락호락하지 않았다. 플라톤이 싸늘하게 던진 한 마디. "자네는 허식이 나쁘다는 걸 보여주느라고 더 큰 허식을 만들어내고 있네 그려."

디오게네스처럼 소박한 삶이 올바른 삶일 수 있다. 바람직한 삶이고 배울 만한 삶일 수 있다. 그러나 남들에게 강요할 문제는 아니다. 더구나 다른 사람을 모욕하는 방식으로 강요할 수는 없다.

이른바 도 닦는 사람들, 종교인, 구도자들도 가끔 이런 짓 잘 한다.

권력자가 이런 짓 하면 욕을 퍼붓는 사람들도, 종교인들의 이런 오만에는 말대꾸도 못한다. 말대꾸 잘못하면 악마 취급 받으니깐. 그래서 내가 악마 안 되려다 더 큰 악마를 만들 때가 간혹 생기곤 한다.

오리 다리가 비록 짧지만 억지로 늘리면 걱정거리가 된다. 학 다리가 비록 길지만 일부러 자르면 슬퍼하기 마련이다. 본래부터 긴 것은 끊을 것이 아니오(性長非所斷), 본래부터 짧은 것은 늘릴 것이 아니다(性短非所續). 생긴 대로 두면 걱정이 없다(無所去憂). ○ 변무

학은 학대로 다리가 긴 이유가 있고, 오리는 오리대로 다리가 짧은 이유가 있다. 이걸 그저 보기 안 좋다고, 또는 어설프게 상대를 위해 준답시고 기어이 자르거나 늘려주겠다고 덤비는 사람들이 있다. 세상 모든 다리가 똑같은 길이가 되어야 할 이유가 뭐가 있나. 학은 학대로 다리가 길어 좋고, 오리는 오리대로 다리가 짧아 좋다.

디오게네스를 유명하게 한 건 알렉산드로스 대왕과의 만남이다. 알렉산드로스가 디오게네스를 찾아가서 말했다. "나는 대왕 알렉산드로스다." 누워서 햇볕을 쬐고 있던 디오게네스는 자세도 안 바꾸고 응수했다. "나는 개 디오게네스다."

"왜 개라고 불리지?"

"내게 뭘 주는 사람에게는 꼬리를 흔들고, 아무것도 안 주는 사람에게는 짖어대고, 나쁜 사람들은 물어뜯거든요."

"그대는 내가 두렵지 않은가?"

"당신은 선한 사람인가요, 악한 사람인가요?"

"물론 나는 선한 사람이지."

"선한 사람을 누가 두려워하겠어요."

"그래, 내가 그대에게 뭘 해주면 좋겠소?"

"햇볕을 가리지 않게 조금만 옆으로 비켜서 줬으면 좋겠네요."

이 답을 듣고 기가 찬 알렉산드로스가 돌아서면서 한 말이 바로 디오게네스를 유명하게 만들었다. "내가 알렉산드로스가 아니었다면 디오게네스가 되었을 것이다." 아마도 무한 권력을 가질 수 없다면 무한 자유를 갖고 싶다는 뜻이 아닌가 싶다.

분명한 건, 알렉산드로스는 디오게네스의 세계를 존중해 줄 수 있는 사람이었다는 사실이다. 세상에는 갑옷을 입고 전쟁에 나갈 군인도 필요하지만, 동시에 술통을 굴리면서 개똥철학을 펴는 사람도 한 명쯤은 필요하다는 것을 아는 사람이다. 정복했지만 지배하지 않았던 그리스와 페르시아의 만남, 헬레니즘 문화는 그렇게 만들어졌다.

유하계가 공자에게 말했다.

"요 며칠 안 보이시더니, 혹시 도척을 만나고 오셨습니까?"

"그렇습니다."

"망신만 당하셨지요?"

"맞습니다. 병도 없는데 뜸뜨려 했던 셈이지요(無病自灸)." ○ **도척**

지금도 도둑, 특히 도적의 대명사로 쓰이는 도척은 공자와 동시대의 실존인물이다. 사람 간을 회로 떠서 먹었다니 잔인무도함은 두말할 나위도 없다. 그런데 9천 명이나 되는 부하를 거느렸고, 주로 제후나 부잣집을 털었다니 수준이 보통 도둑은 넘는다.

이런 도척에게는 형이 있는데, 유하계라는 공자의 친구였다. 유하계는 벼슬을 지냈는데, 하필 도둑 잡는 업무였다. 동생이 유명한 도둑이다 보니 도둑 잡는 관리인 형 체면이 말이 아니었다.

오지랖 넓은 공자가 못 참고 나섰다. "형이면 동생을 잘 인도해야지. 자네가 못하겠다면 내가 하겠네." 동생을 잘 아는 유하계는 말렸다. "나서지 말지. 갔다가 망신만 당할 텐데." 하지만 공자는 고집부리며 도척을 만나러 갔다. 그러곤 사탕발림으로 도척을 꾀어내려 했다. "천하의 장군감이시네요. 제가 잘 말해서 제후자리 알아봐 드리겠습니다. 수백 리 성을 쌓고 편안하게 사시지요."

하지만 도척은 보통 빈집이나 털고 다니는 좀도둑이 아니었다. 공자의 의도를 간파했다. "성이 아무리 커도 천하보다 크지 않다." 오히려 도둑으로서의 자유로운 삶을 가르쳤다. "사람이 많이 살면 백 살 못 살면 예순 살인데, 앓고 근심 걱정하는 날 빼고 나면 유쾌하게 웃는 날은 한 달에 사오일밖에 안 된다. 부질없는 이익과 이름에 얽매여 자기 마음과 목숨을 기를 줄 모르는 사람이 모자란 사람이다." 진정한 도둑은 인의에 빠져 인생을 낭비한 공자라는 힐난이다.

공자가 도망치듯 돌아와서 유하계와 나눈 대화가 인용문이다. "병도 없는데 뜸을 뜨다(無病自灸)." 공연히 쓸데없는 짓으로 정력을 낭비한다는 뜻으로 흔히 쓰이는 말이다. 쓸데없는 짓? 아니, 나쁜 짓이다. 공자는 자신의 생각을 강요하는 폭력을 저질렀다. 상대가 더 큰 폭력을 즐겨 저지르는, 그러면서도 공자의 논리를 반박할 수 있는 능력을 갖춘 도척이었기에 망정이지, 공자는 자신의 뜻을 따르지 않으면 끝까지 괴롭혔을지도 모른다.

요임금이 순임금에게 말했다. "나는 종, 회, 서오 이 세 나라를 공격하고 싶어. 내가 임금의 자리에 있는데, 이들 나라가 내게 와서 인사를 하지 않으니 영 신경이 쓰여서 말이지."
순임금이 답했다. "그 세 나라는 풀밭에 사는 미개국들 아닙니까. 신경 쓸 게 뭐 있습니까? 옛날에는 열 개의 태양이 한꺼번에 떠올라 만물을 모두 비추었다죠(十日竝出). 하물며 그 덕이 태양보다 앞서는 사람에게야 무슨 걱정이 있나요?" ○ 제물론

'임금', '나라' 같은 단어로 적혀 있지만, 요임금 시절엔 사실 '촌장', '마을' 정도에 불과했다. 중국은 전통적으로 주변국이 와서 인사를 하면 복종의 뜻으로 이해한다. 인사를 안 가면 적대국이다. 적대국이니까 공격해서 말 잘 듣도록 만들어놔야 마음 편하겠다는 게 요임금의 주장이다. 대개 권력자들이 하는 생각이 그렇다.

'한꺼번에 떠오른 열 개의 태양'에는 설명이 필요하다. 요임금 때 열 개의 해가 한꺼번에 떠올랐다. 너무 뜨거워서 들판이 바짝 마르고 곡식이 다 타 버려 사람들이 먹을 게 없어졌다. 요임금은 예라는 이름의 명궁을 시켜 해를 쏘게 했다. 아홉 개를 떨어뜨리고 한 개만

남겨 놓으니 질서가 돌아왔다는 이야기다.

언뜻 요임금의 백성 사랑이 느껴지는 재미있는 신화다. 그러나 신화는 겉으로는 '재미'가 있지만 한 꺼풀 속에 '의미'를 담고 있는 법이다. 열 개의 태양이란 열 개의 질서다. 요임금이 다른 질서를 제압하고 자신의 질서 하나로 통일했다는 뜻이다. 좀 더 역사적으로 접근한다면, 주변의 인근 부족을 통합해 자신의 지배질서 속에 편입시켰다는 뜻일 것이다. 종과 회, 서오는 아직도 그 지배질서 밖에 있는 부족들일 것이다. 그리고 요임금은 권력자들이 늘 그렇듯, 이미 가진 열 개에 만족하지 못하고 아직 못 가진 세 개를 마저 탐내고 있는 것이다.

순임금의 대답은 이렇게 풀이할 수 있다. '건넛마을 친구들이요? 걔들 완전 촌놈들이잖아요. 우리하고 싸우겠다고 인사를 안 오는 게 아니라 인사가 뭔지를 몰라서 안 오는 무식한 애들이에요. 뭐 그런 애들을 신경 쓰고 그러세요. 그냥 냅두세요.'

'그런 애들 그냥 내버려둔' 권력자가 로마의 초대 황제 아우구스투스였다. 로마 초기 역사를 연구하는 중요한 저작인, 그래서 마키아벨리가 공자처럼 역사를 근거로 정치사상을 펼칠 때 텍스트로 삼았던 책이 리비우스Livius의 《로마사》다. 아우구스투스가 그 책을 읽고서 "리비우스는 폼페이우스의 동조자로군"이라 말했다고 한다. 리비우스는 말하자면 공화정을 꿈꾸고 믿는, 제정의 설계자이자 창설자의 입장에서 보면 반역자였다. '다른 태양'을 믿는 사람이었다. 하지만 아우구스투스는 《로마사》를 폐기할 생각도, 판금할 생각도 하지 않았다. 다른 태양의 가치를 아는 탓이었다.

아우구스투스 자신이 살생부 목록의 맨 윗자리에 올리는 데 동의했던, 역시 공화정 신봉자였던 키케로도 마찬가지다. 자신이 죽인 것이나 다름없는 키케로의 글을 어린 손자가 보고 있었다. 아우구스투스는 손자의 손에서 책을 받아들고 몇 쪽을 넘겨본 뒤 말했다. "교양 있는 분이었다. 애국자이기도 했지." 키케로의 전집이 간행된 것도 아우구스투스가 집권하고 있을 때였다.

여자한테 휘둘린 못난 황제로 기억되는, 그래서 세네카가 엿이나 먹으라며 신랄하게 조롱하는 글까지 썼던, 클라우디우스는 매력은 없어도 역사의식이 있는 사람이었다. 성실하기도 했다. 직접 원로원에 나가서 연설하는 일도 잦았는데, 그중 그리스 몰락의 이유를 분석하며 로마 '시민'의 대상을 확대해야 한다는 주장은 지금도 귀담아 들을 만하다. "스파르타인도 아테네인도 전쟁터에서는 그토록 강했는데도 단기간의 번영밖에 누리지 못했다. 그 주요 원인은 과거의 적을 자국 시민과 동화시키려 하지 않고, 언제까지나 이방인으로 따돌리는 방식을 계속했기 때문이다. 그들과 달리 로마의 창설자 로물루스는 현명했다. 전쟁에서 승리하면 그날로 정복한 자들을 동료 시민으로 받아들였다."

세상 사람들이 모두 같은 태양을 보고 살아야 한다는 생각도 오만이다. 우주에는 태양보다 더 큰 항성이 수도 없이 많다. 해가 열 개 있어 조바심 나는 건 권력자 한 사람뿐이다. 사람들은 각자의 해를 보고 살면 그만이다. 내가 아는 게 전부고, 내가 아는 세상이 전부라는 생각은, 자칫 남이 아는 것을 부정하고, 남의 세상을 파괴하는 것으로 이어지기 십상이다. 다른 것과 틀린 것을 구별하지 못한 결과다.

가톨릭 신부면서도 서구에 장자를 널리 알리는 데 힘썼던 토머스 머튼은 《장자의 길》에서 이런 시를 썼다. "당신은 정의를 믿지 않습니다. / 권력과 성공만을 믿을 뿐이지요. / 싸우고 또 싸울 겁니다. / 좀 더 완벽한 정의를 실천한다면서."

천리마가
쥐를 잡을 수 없다

새는 날아서 피하고, 생쥐는 구멍 파서 피한다. ○ 응제왕

저마다 사는 법이 있다. 위험에 직면해서 새는 날아서 피한다. 생쥐는 구멍 파고 들어간다. 불행은 생쥐가 날고 싶어 할 때 생긴다. 새가 땅속에 숨고 싶어 할 때 생긴다. 우리는 각자의 재주를 안고 태어났다. 자기 장점을 살려 자기 몫의 인생을 살면 된다. 조르바의 말처럼, 버찌가 열리지 않는다고 무화과나무와 싸울 수는 없는 노릇이다. 야구방망이로 이를 쑤실 수는 없다. 천체망원경으로 곰팡이를 들여다볼 수도 없다.

열자도 말했다. "공자의 힘은 나라의 성문 빗장 기둥을 뽑을 수 있었지만, 힘으로는 유명해지려 들지 않았다. 묵자는 공수반의 공격을 막아 그를 굴복시켰으나, 병법으로 이름을 날리려 들지 않았다." 공자는 키도 크고 힘도 장사였던 것으로 전해진다. 그러나 공자는 자신의 학문이 세상에 쓰이기를 바랐지 자신의 힘이 세상에 쓰이기를 바라지 않았다. 묵자는 전쟁을 반대했지만, 정작 그 자신은 병법의 대가였다. 그래서 전쟁이 나면 약체인 나라에 지원 가서 강대국 군대를 몰아내는 역할을 자임했다. 하지만 어디까지나 전쟁이 일어나지 않도록 하는 방법일 뿐이었다. 스스로 병법가로 자리매김할 생각은 전혀 없었다. "말이 불행할 때는 수탉처럼 울지 못할 때가 아니라 빨리 달릴 수 있는 다리를 잃었을 때다(에픽테토스)."

들보로 성을 뚫을 수는 있지만 구멍을 막을 수는 없다. 그릇이 다른 탓이다. 천리마는 하루에 천 리를 달리지만 쥐를 잡을 수는 없다. 재주가 다른 탓이다. 올빼미는 밤에는 벼룩도 잡을 수 있지만 낮에는 산도 보지 못한다. 성질이 다른 탓이다.
옳으면 틀린 게 없고(是而無非), 틀리면 옳은 게 없다(非而無是)고? 세상 이치와 만물의 사정을 모르는 소리다. 하늘이 있는데 땅 없는 거(天而無地) 봤냐? ㅇ 추수

대들보로 쓰는 나무는 보통 각이 졌다. 천정을 버텨야 하니 딱딱할 수밖에 없다. 뭔가를 부수기엔 좋다. 하지만 구멍을 막자면 빈틈이 많기 마련이다. 천리마는 하루에 천 리를 달린다. 그러나 쥐를 보면 오히려 당황한다. 값비싼 천리마가 이럴 때는 생선가게 고양이만

도 못하다. 야행성인 올빼미는 밤에는 멀리 숨어 있는 벼룩 한 마리도 보고 잽싸게 낚아채지만 낮이 되면 크나큰 산조차 보지 못한다.

만병통치약은 없다. 무조건 좋기만 한 것은 없다. 태양이 있으면 그늘도 지게 돼 있다. 벽 없이 문이 만들어질 수 없다. 뭐든 장점이 있다면 단점도 있기 마련이다. 날렵한 스포츠카는 모두에게 선망의 대상이 되지만, 그걸로 캠핑카를 끌 수는 없다.

훌륭한 사람이 있을 수 있다. 그러나 사람이 모든 일에 빼어날 수는 없다. 일을 끝내주게 하는 사람이면 성격이 괴팍할 수 있고, 인문 지식에 밝은 사람이 컴맹일 수도 있고, 공부 잘하는 사람이 운동은 못할 수도 있고, 남자친구들과 잘 어울리는 사람이 여자 앞에서는 말 한마디 못하는 숙맥이 되기도 한다.

사랑이란 그 사람의 결점까지도 좋아하는 것이라는 말을 어딘가에서 들은 적이 있다. 아마 상대를 있는 그대로 받아들이라는 뜻이 아닐까 싶다. 결점이 없다고 강변하라는 뜻은 아니다. 내가 사랑하는 사람도 잘못을 저지를 수 있다. 내 사랑이 한 일이면 무조건 옳다고 우기는 자세는, 두 사람만 사는 세상이라면 아름다우리라. 그러나 남들이 보기엔 참 가당치도 않은 장면이다.

플라톤. 모두가 알고 있는 훌륭한 사람이다. 우리가 알고 있는 '철학'은 사실상 플라톤이 한 말에 대한 해석에 불과하다고 누군가 말하지 않았나? 하지만 플라톤이야말로 폴리페서, 정치에 기웃거리는 교수의 전형이었다.

어머니 쪽 6대조가 솔론일 정도로 아테네의 명문 집안 출신이던 플라톤은 일찍부터 정치를 꿈꿨다. 그러나 피할 수 없는 주홍글씨를 안고 있었다. 스파르타와의 펠로폰네소스 전쟁 막바지에 아테네는 '30인 정권'이라는 이름으로 불리는 독재정치를 경험하는데, 그 주역 중 한 사람인 크리티아스가 플라톤의 작은 할아버지였다.

플라톤은 시칠리아에 눈을 돌리게 된다. 디오니시오스라는, 독재자이긴 하지만 '철학 좀 압네' 하면서 철학자들 초빙하기를 즐기던 참주가 지배하던 땅이었다. 그러나 마침내 이뤄진 두 사람의 만남은 썩 유쾌하지 못했다. 플라톤은 인간의 미덕을 말하고, 정의를 말하고, 올바름에 대해 말했다. 그리고 마지막으로 덧붙였다. "가장 부족하고 비겁한 사람은 독재자라고 할 수 있죠."

면전에서 욕을 먹은 셈이 된 디오니시오스가 되물었다. "당신 도대체 여기에 왜 온 거요?"

"착한 사람을 찾으러 왔습니다."

"당신 말은, 그러니까 아직 착한 사람을 못 만났다는 뜻이구먼?"

독재자에 나쁜 사람이 된 디오니시오스는 화가 머리끝까지 났다. 그리고 외쳤다. "이런 꼰대 같으니라고. 당장 꺼져 버려라."

플라톤도 성격 못 이기고 되받아쳤다. "오호라, 이제 독재자의 본성이 나오시는군요."

디오니시오스는 플라톤을 노예로 팔아 버렸다. 다행히 플라톤을 알아보는 사람이 있어, 자기 돈으로 플라톤을 사서 아테네에 무사히 돌려보내줬다. 입바른 소리 하다 꿈을 펼쳐볼 엄두도 못내는 걸 보면 플라톤은 본인의 희망과는 달리 정치 체질은 아니었다.

주변인들과의 불화를 보더라도, 플라톤은 역시나 정치 체질은 아니었다. 소크라테스에 대한 기록을 가장 많이 남긴 사람이 플라톤과 크세노폰이다. 그런데 두 사람 모두 소크라테스를 얘기하면서 서로의 이름은 단 한 번도 언급하지 않는다. 아예 없는 사람 취급하기, 증오를 넘어선 무시의 최고봉이다.

제자들이 소크라테스에게 탈옥을 권유하는 장면을 묘사한 대화편의 제목이 '크리톤'인 것처럼, 플라톤은 크리톤이 소크라테스에게 탈옥을 권유한 것으로 전했다. 그러나 실상 탈옥을 권한 건 소크라테스가 "소시지업자의 아들만 나를 소중하게 여긴다"고 말하던 아이스키네스Aeschines였다. 아이스키네스를 싫어했던 플라톤이 크리톤으로 바꿔 적은 것이다.

지나칠 만큼 플라톤 험담을 길게 했다. 그러나 이런 험담이 플라톤이 위대한 철학자라는 사실을 바꾸지는 않는다. 플라톤은 훌륭한 학자다. 다만 정치적인 재능이 없었을 뿐이다. 본인에게 재능이 없다는 걸 알지 못하고 거듭 정치를 하고 싶어 했을 뿐이다. 플라톤을 위대한 인물로 떠받든다고 해서 이런 험담을 막는 것만큼이나, 이런 정치 성향과 성격 결함을 이유로 플라톤을 비난하는 것도 바보짓이다.

〈로보트 태권브이〉 종류의 만화영화에서는 주인공은 무조건 정의의 사도고, 악당은 무조건 악의 화신이다. 그래서 악당이라면 무슨 나쁜 짓을 했는지 보지도 않고 미워한다. 주인공이라면 밑도 끝도 없이 응원해준다. 그러나 세상은 어린이용 만화영화처럼 그리 단순하지 않다. 그래서 어른들이 보는 영화나 드라마에는 '매력적인 악역'이 등장하기 마련이다. 관객이나 시청자의 절절한 공감을 자아내는 악역, 정확히 말하면 더 이상 악역이 아니다. 그저 주인공의 상대역일 뿐이다.

주인공인 천리마가 쥐를 잡지 못한다고 푸념하면 '쥐를 잡지 못할 리 없다'며 흥분하고 덤비는 사람들, 쥐를 잡지 못하는 악역이 사실은 천 리를 달릴 수 있다고 칭찬하면 '나쁜 놈이 천 리를 달릴 리 없다'며 거품 무는 사람들, 수준이 딱 로보트 태권브이에나 어울린다.

신발장이는
신발을 넘지 마라

서구의 관용 표현에 '다모클레스 Damocles의 칼'이라는 말이 있다. 아슬아슬하게 위험한 상황을 일컫는다. 철학 좀 아는 척하느라고 플라톤을 초빙했지만, 싸움만 하고 쫓아내 버린 디오니시오스가 등장하는 일화다. 디오니시오스에게는 다모클레스라는 신하가 있었는데 꽤 총애를 받았던 모양이다. 그래서 이런 말도 편하게 했다. "전하, 전하는 엄청 행복하시죠. 이 궁전에는 온갖 보물이 다 있고, 원하시는 건 다 손에 쥐고 계시지 않습니까?" 속으로 괘씸한 생각이 들었던 디오니시오스는 제안을 하나 내놨다. "너 내 자리가 탐나는 게냐? 그래, 그럼 내가 딱 하루만 네가 내 자리에 앉아서 왕 노릇 할 수 있게 해주마."

그리고 다음날 다모클레스가 궁전에 들어갔더니, 정말로 온갖 시종들이 그에게 왕 대접을 해줬다. 디오니시오스는 심지어 옥좌까지 양보해줬다. 다모클레스가 옥좌에 앉아 궁정의 신하들을 부리며 산해진미를 맛보는 행복을 만끽했다. 그리고 머리를 뒤로 기대고 문득 천정을 본 순간, 칼 한 자루가 말총 한 가닥에 묶여서 거꾸로 매달려서는 다모클레스 자신의 정수리를 겨냥하고 있는 것을 발견했다.

기분 좋게 술 마시다가 화들짝 놀라서 물었다. "전하, 저 칼은 뭡니까?" 신하놀이에 충실하던 디오니시오스는 그때서야 거드름을 피우면서 말했다.

"이놈아, 왕의 자리라는 게 그렇다. 말총 한 가닥에 매달린 칼이 언제든 머리로 떨어질 수 있는 자리, 그게 왕좌라는 자리다."

조리사가 비록 음식을 잘 만들지 못한다고 해도 신주가 술병과 도마를 넘어가서 그 일을 대신하지는 않는 법이다. ○ **소요유**

제사상 차리는 건 번거로운 일이다. 조리법도 산 사람이 먹는 음식과 다르다. 매번 놓으면서도 놓을 때마다 위치도 헷갈린다. 보는 조상님 답답할 거다. 그러나 조상님이 직접 제사상 넘어와서 음식 그릇 위치를 조정하지는 않는다. 하물며 음식을 직접 하지도 않는다. 음식을 해서 모시는 건 산 사람의 몫이요, 그 음식을 받는 건 죽은 자의 몫이다. 아무리 답답해도 그 역할이 바뀔 수는 없다.

페르시아의 다레이오스 3세는 티루스에서 결정적인 패배를 당한 뒤 알렉산드로스에게 화친을 청했다. 거절하기 힘든 화친 조건도 제시했다. 마케도니아에 유프라테스 강 서쪽의 땅 모두와 자신의 딸을 주겠다는 것이었다. 유프라테스 강 서쪽이라면 페르시아 전체 영토의 절반이지만 실상 쓸 만한 땅의 전부였다. 군침 흘릴 만한 제안이었다. 최측근 참모였던 파르메니온은 제안을 받아들이고 군대를 물리자는 의견을 내놨다. "폐하, 제가 폐하라면 이 제안을 받아들이겠습니다." 나쁜 제안이 아님을 알기에 싸움을 끝까지 밀어붙이기 미안했던 것일까? 알렉산드로스는 거절의 뜻을 이렇게 표현했다. "내가 자네라면 나도 이 제안을 받아들이겠네."

카이사르는 "사람은 멀리서 더 크게 보인다"고 했다. 남의 일은 멋져 보인다. 남의 일은 쉬워 보인다. 내 일은 지겹고 초라하고 비루하게 여겨진다. 그러나 막상 그 '남의 일'이 '내 일'이 되는 순간, 똑같은 지겨움과 초라함, 비루함을 경험하게 된다.

최고 권력자의 자리, 물론 멀쩡한 사람의 머리 위에 칼 한 자루 올려놓고 위협할 수 있는 권능이 있다. 좋아 보인다. 탐난다. 그러나 한시도 마음을 놓을 수 없는 불안감에 시달리는 자리다. 그러면서도 정작 제 마음대로 할 수 있는 일, 마음먹은 대로 되는 일은 별로 없는 자리다. 그래서 '못 해먹겠다'는 말을 내뱉게 할 수도 있다.

서양의 또 다른 관용표현으로 '신발장이는 신발을 넘지 마라'는 말이 있다. 알렉산드로스와 프톨레마이오스의 궁정화가로 일했던 아펠레스Apelles는 자신의 그림에 대한 객관적인 평가를 듣고 싶어 했다. 그래서 그림을 거리에 내다놓고 사람들의 쑥덕거림을 숨어서 듣기를 즐겼다. 한번은 신발장이가 지나가다가 "신발 구멍이 이렇게 작다니, 이 그림 엉터리잖아"라고 혼잣말을 했다. 아펠레스는 밤새 그림을 고쳐 그렸다. 다음날 자신의 지적대로 그림이 수정된 걸 보고는 신발장이가 으쓱해졌다. 그러고선 이번엔 발에 대해 이러쿵저러쿵했다. 기고만장한 태도에 숨어 있던 아펠레스가 모습을 드러내서 한마디 했다. "이보게, 신발장이면 신발에 대해서만 이러쿵저러쿵하게나."

남의 일에 훈수 두기는 쉽다. 남의 일을 대신 해주기도 쉽다. 책임지지 않으니까. 말로만 하면 되니까. 정작 제 일 똑바로 하기가 어렵다.

후배의 일처리를 보다 보면 답답할 때가 있다. 기사를 보다 보면 차라리 처음부터 내가 쓰는 게 훨씬 편하겠다 싶을 때도 있다. 유혹이다. 신주가 제사상을 넘어가고 싶은 유혹. 참아야 한다. 귀찮더라도 내 일은 기사를 '고치는' 것이 되어야 하고, 수고를 줄이려면 후배가 기사를 쓰기 전에 친절하고 자세하고 이해하기 쉽도록 방향을 지시해줘야 한다. 신주 노릇 한다는 거, 꽤 인내심이 필요하다.

간혹 신주도 애써 참고 있는데 다른 사람이 내 제사상에 감 놔라 배 놔라 할 때가 있다. 월권도 한참 월권이다. 다른 사람들은 그런 말 못해서 안 하는 게 아니다. 하는 게 아니라서 안 하는 거다. 저만 똑똑해서, 저만 재치가 넘쳐서 똑똑한 척하고 신소리하는 거 아니다. 남들은 안 하는 것일 뿐이다. 각자의 역할을 인정하기 때문에. 상대를 존중하기 때문에.

빈 배 이야기

배 두 척이 물을 건넌다. 한쪽이 빈 배로서 내 배에 와서 부딪힌다면 아무리 성격 더러운 사람이라도 화내지 않을 것이다. 만일 그 배에 사람이 있다면 배를 피하라고 소리칠 것이다. 한번 소리쳐서 듣지 않고, 두 번 불러서 듣지 않으면, 세 번째에는 욕을 퍼부을 것이다. ○산목

좁은 강에 배 두 척이 마주 오고 있다. 이대로 가면 서로 충돌할 것 같다. 뱃사공이 서둘러 소리친다. "어이, 위험해. 한쪽으로 비켜." 그러나 상대방 배는 아무런 반응을 보이지 않는다. 그냥 오던 길 계속 오고 있다. 일부러 부딪히기라도 할 것처럼. 뱃사공은 다시 한 번 다급하게 외친다. "어이, 미쳤어? 여기 배 가는 거 안 보여? 부딪혀서 둘 다 죽고 싶어?" 그래도 상대방 배는 여전히 들은 척도 안 한다. 뱃

사공이 그제야 자세히 보니, 상대방 배는 그냥 빈 배다. 뱃사공이 없다. 저 혼자 물에 떠밀려 내려오는 것이다. 뱃사공은 다른 도리가 없다. 황급히 배를 돌렸다. 그리고 어렵사리 충돌을 피했다.

장자는 이 이야기를 하면서 '그러니 우리도 빈 배가 되자. 아무도 우리에게 화내지 못하도록'이라고 말한다. "빈 배일 때에는 성내지 않으면서 사공이 있을 때에는 성내는 것은 먼저는 비어 있었고 이번에는 차 있었기 때문이다. 사람이 자기를 비워서 세상을 산다면 그 누가 해치겠는가(虛己遊世)." 맞는 말이다. 이런 게 바로 장자가 말하는 무위다. 당하는 줄도 모르게 훅 당하게 만드는 법.

나는 장자가 들려주는 이야기를 들으면서 장자와는 다른 생각을 해봤다. 빈 배라서 피할 수 있는 길이었다면, 상대방 배에 사람이 있더라도 내가 먼저 피해줄 생각은 왜 못하나? 나는 가던 길 똑바로 가고, 상대방이 꼭 피해서 가라는 법은 도대체 누가 만드는 건가? 빈 배가 마침 내 앞길을 막았던 것처럼, 남들도 그 자리에 있을 만하니까 있는 거다. 내가 무슨 권리로 일방적으로 길을 비키라고 요구할 수 있겠는가.

내가 가는 길은 내 기준일 뿐이고, 내 원칙일 뿐이다. 다른 사람에게는 다른 기준이 있고 원칙이 있다. 무슨 권한으로 내 기준과 원칙을 강요할 수 있나. 원칙은 스스로에게 적용해 스스로 지키는 것이다. 내 원칙을 남한테 함부로 적용하는 것은 폭력이다. 합법적이라면, 권한남용이다.

페르시아 제국의 완성자 다레이오스Dareios가 스키타이를 정복할 때의 이야기다. 원정을 막 출발하려는데, 오이오바조스라는 측근 신하가 조용히 부탁을 하나 했다. "제가 이번 전쟁에 아들 셋을 모두 다 내보내게 됐습니다. 제가 다 빼 달라는 말씀은 못 드리고, 한 명만 좀 빼주시면 안되겠습니까?" 혼날까봐 잔뜩 얼어서 부탁을 했는데, 웬걸 다레이오스는 의외로 선선하게 승낙했다. "이 친구야 뭐 그런 걸 부탁이라고 하나. 아들 하나가 뭔가. 셋 모두 다 남겨 주겠네." 오이오바조스는 크게 한숨 돌리고 '이제 살았다' 하고는 집에 왔다. 그리고 조금 있으니까 아들 셋이 모두 집에 돌아왔다. 셋 다 목이 잘려서.

페르시아 제국의 황제이자 영화 〈300〉에서 마치 괴물처럼 묘사된 크세르크세스Xerxes도 비슷한 원칙주의자였다. 크세르크세스가 그리스로 진격하려고 행군하는데, 퓌티오스라는 유명한 부자가 찾아왔다. 그러고는 금을 27.5톤이나 떡 하니 내놓으면서 "이거 대왕님 전쟁 치르시는 데 쓰십시오" 했다. 보통 사람이라면 그럴 때 잔뜩 감동받아서는 '그대야말로 만고의 충신이다' 하면서 오만 청탁 다 들어줬을 텐데, 크세르크세스도 보통은 넘었다. "너 정말 멋진 놈이구나. 내가 금 0.5톤 더 낼게. 28톤 채워서 이 금 네게 상으로 주마." 확실히 크세르크세스는 할리우드 영화에서 그린 것 같은 괴물이 아니다. 오히려 유능한 군주에 가깝다. 문제는 그 다음이다.

퓌티오스는 예쁜 짓 한번 했으니까 그래도 왕이 부탁 하나쯤은 들어주지 않겠냐는 생각을 했던 것 같다. 용기를 내서 말을 꺼냈다. "제 아들 다섯이 전부 다 이번 전쟁에 참전합니다. 딱 한 명, 장남만 좀 빼주시면 안 될까요?" 그때 크세르크세스의 아들, 사위, 친척들도 전부 다 참전하고 있었다. 실제로 영화 〈300〉의 배경이 되는 테르모필라이 전투 사상자 중에 페르시아 왕족이 상당히 많다. 원칙주의자다운 면모다. 크세르크세스는 그 원칙을 남에게도 여지없이 적용했다. 그나마 금을 바친 공로를 인정해서 아버지 다레이오스처럼 아들 모두를 죽이는 대신 장남만 죽였다. 하지만 그냥 죽인 게 아니라, 장남을 반 토막을 내서 길 양쪽에 놔두고서는 그 사이로 군대를 행군하도록 했다.

그나마 다레이오스와 크세르크세스의 원칙은 '국가적 통합'이라는 대의와 '솔선수범'이라는 전제조건이 갖춰진 것이었다. 그러나 이런 원칙조차 위험한 것은, 그 원칙이 절대화되는 순간 전횡의 수단으로 전락할 위험을 안고 있기 때문이다.

카이사르의 장인이기도 한 피소도 이른바 원칙주의자였다. 하루는 부하병사 둘이서 말 먹일 풀을 베러 나갔다가 한 명만 돌아오는 사건이 발생했다. 돌아온 병사는 왜 혼자 왔는지, 낙오된 병사가 어디에 있는지를 설명하지 못했다. 피소는 돌아온 병사가 돌아오지 않은 병사를 죽였다고 판단하고 사형을 명령했다.

막 사형을 집행하려는 순간, 돌아오지 못했던 병사가 뒤늦게 돌아왔다. 혼자서 길을 잃었던 것이다. 군대 전체가 환호성을 외쳤다. 죽을 예정이었던 병사도 뒤늦게 온 동료를 끌어안고 기뻐했다. 사형 집행 책임자도 이로써 모든 게 잘 해결되었다고 생각하고, 사형을 중단하고 두 병사를 데리고 피소에게 갔다.

전군이 기뻐했지만 피소만은 아니었다. 잘 알아보지도 않고 섣불리 사형을 명령한 창피함이 사형 명령이 제대로 집행되지 않았음에 대한 분노로 바뀌었다. 그러고는 홧김에 세 명 모두에게 사형을 명령했다. 혼자 돌아왔던 병사에 대한 사형선고는 유효하고, 낙오된 병사는 먼저 돌아온 병사를 죽게 했으니 사형이고, 사형 집행 책임자는 명령을 이행하지 않았으니 사형이라는 것이다.

무엇을 위한 원칙인가. 원칙대로라면 뭐든지 합당한 것인가. 그 원칙은 누가 만든 것인가. 그 원칙이 혹시 무조건 상대방 배만 비키라는 외침은 아닌가. 미리 외쳤으니 부딪히면 무조건 상대방 배의 잘못이라는 선언은 아닌가. 부서져도 좋으니 내 배는 절대 피하지 않겠다는 막무가내 엄포는 아닌가.

고맙게도 상대방이 내 엄포에 주눅이 들어준다면, 또는 내 막무가내 성격이 이미 악명이 높아서 상대방이 알아서 피해준다면, 상황은 또 한번 위기를 넘길 수 있다. 그러나 상대도 못지않게 막무가내라면, 또는 뜻밖에도 반대쪽 배가 정말 빈 배라면, 남은 건 정면충돌밖에 없다.

자기 인생으로 말하는 사람

　　　　　　　　　말하고 글 쓰는 게 직업이지만, 제대로 말하고 글 쓰기란 역시 어렵다. 게거품은 개거품, 겻불은 곁불(양반은 쬐지 않는 겻불은 옆에서 찌그러져 쬐는 불이 아니라 싸구려 겨를 태운 불이다)로 잘못 쓰기 일쑤다. 제비초리는 뒷머리가 갈라진 모양이고 제비추리는 쇠고기 부위 이름이지만, 구별도 없이 섞어서 쓴다. '용빼는 재주'는 사슴뿔(녹용)을 빼는 재주인 줄도 모르고 잘만 쓴다. 김두한의 맞수는 시라소니가 아니라 스라소니고, 구르는 재주가 있는 건 굼뱅이가 아니라 굼벵이다. 남의 뒤에서 궁시렁거리는 것은 실은 구시렁대는 것이다. 무심한 남편의 말 한마디에 아내는 삐지는 것이 아니라 삐친다. 시험 공부할 때는 밤 새서 될 일이 아니고 밤을 새워야 한다.
　그래도 이런 건 노력으로 극복할 수 있다. 세계 정복을 꿈꿨던 마케도니아에 맞서 아테네, 나아가 그리스의 대동단결을 외치며 전쟁을 일으켰던 사람이 데모스테네스Demosthenes다. 사마귀가 수레를 들어 올리려는 것만큼이나 역부족이었지만, 그리스가 역사의 뒤안길로 사라지기 직전 데모스테네스가 있었기에 마지막 자존심을 지킬 수 있었는지도 모른다. 그 데모스테네스가 가진 힘은 딱 하나, 연설 능력. 말솜씨였다.

그리스의 10대 연설가 중 한 명으로 꼽히는 아이스키네스가 자신의 변론문을 갖고 제자를 가르칠 때였다. 제자가 물었다. "선생님, 이렇게 훌륭한 연설을 하시고도 어떻게 패소하셨나요?" 제자의 칭찬 어린 질문에 대답하는 스승의 목소리에는 힘이 없었을 것 같다. "그래 내 연설문은 나무랄 데가 없지. 하지만 자네가 데모스테네스의 연설을 들었다면, 그런 질문은 하지 않을 거네."

데모스테네스는 사실 연설가가 되기에는 치명적인 약점을 갖고 태어났다. 몸은 약했고, 호흡은 짧았다. 게다가 발음마저 부정확했다. 데모스테네스는 이 모든 약점을 연습으로 이겨냈다. 조약돌을 입에 물고 연설을 연습하는 방법으로 발음을 교정했다. 가파른 언덕을 뛰어오르면서 연설 연습을 하기도 했다. 숨이 턱 끝까지 차올라도 말을 멈추지 않고 계속 이어갔다. 짧은 호흡을 늘리기 위해서였다.

실전 연습을 위해 지하실을 만들었다. 그리고 석 달 동안 밖으로 나오지 않고 웅변 연습만 했다. 지하실에서의 석 달, 곰이 사람이 될 수 있는 시간이다. 호랑이는 참지 못하고 뛰쳐나간 시간이다. 데모스테네스 역시 뛰쳐나가고 싶었을 것이다. 유혹이다. 그러나 이겨냈다.

데모스테네스는 스스로 머리를 빡빡 깎았다. 절반만. 정말 우스꽝스럽기 짝이 없는 모양이었을 것이다. 그런 만큼 밖에 나와 사람들 만나기 창피했을 것이다. 머리가 어지간히 길어지기 전까지는 지하실에서 나오고 싶어도 나올 수 없었다. 데모스테네스는 그렇게 연설 능력을 키웠다. 처절하게.

그러나 말솜씨는 말솜씨일 뿐이다.

잘 짖는다고 좋은 개 아니고, 말 잘한다고 현명한 사람 아니다. ○ 서무귀

조그만 개는 조깅하는 사람이 지나가기만 해도 사납게 짖어댄다. 심지어 물어뜯을 듯이 낯선 사람에게 다가오기까지 한다. 물론 일정 거리 이상은 넘어오는 법이 없다. 사납게 짖는다는 건, 실상 자신이 두려워하고 있다는 반증이다. 큰 개는 조깅하는 사람따위에겐 눈길도 주지 않는다. 온 세상이 다 자기 것인 양, 낯선 사람은 제 땅에 놀러온 손님인 양 천연덕스레 바라보기만 한다. 자신감의 표현이다.

말 잘하는 사람은 똑똑해 보인다. 청산유수로 말을 쏟아내는 사람을 보면 아는 것도 많은 것 같고, 확신에 찬 말을 내뱉는 사람을 보면 그 확신마저 전염되는 효과가 있다. 그러나 빈 수레가 요란한 법이다.

지극한 말은 말을 버린다(至言去言). 성인은 말없는 가르침을 행한다.

○ 지북유

그 사람이 누구인지를 알려주는 건 그 사람의 말이 아니다. 그 사람의 행동이다. 거침없는 비판, 가슴 따뜻한 공감, 고상한 기품, 정의로운 다짐, 다 소용없다. 한 번의 행동, 반복되는 행동, 평소의 행동, 일생의 행동이 그 사람의 말뜻을 결정한다. 한평생 거짓말을 일삼은 사람에게 돌아갈 신뢰는 어차피 없다.

데모스테네스가 꼭 그랬다. 자신의 설득으로 세계 최강 마케도니아와 그리스 연합군의 전쟁이 일어났다. 그러나 막상 전투가 시작됐을 때 데모스테네스가 보여준 모습은 실망 자체였다. 싸우자고 선동했던 사람이 용감하게 싸우기는커녕 무기와 갑옷까지 버리고 도망가기 바빴다.

더욱 치명적인 건 돈 문제였다. 받아서는 안 될 돈을 받았다. 알렉산드로스의 측근이기도 했던 마케도니아의 재무장관이 나랏돈을 횡령했다가 들켜서 아테네로 도망쳐 왔다. 알렉산드로스가 벼르고 있던 사람이다. 숨겨줬다가는 마케도니아에 침략의 빌미를 줄 수도 있다. 아테네의 입장에서는 받아줄 수 없는 망명객이었다. 데모스테네스도 처음에는 "이 사람을 받아들이면 재앙이 온다"며 쫓아내야 한다고 주장했다. 그러나 뇌물을 받아 챙기고선 하룻밤 사이 입장을 확 바꿔 버렸다.

"배신자는 자기 자신부터 배신한다." 다름 아닌 데모스테네스 자신의 말이다. 아테네인들은 그래도 데모스테네스를 자신들의 마지막 자존심을 지켜준 인물로 기억했다. 다만 그의 행동이 그 말에 부응하지 못한 아쉬움은 남았던 모양이다. 데모스테네스의 동상 받침대에 이렇게 써넣었다. "그대의 지혜만큼이나 그대가 용감했더라면……."

아리스토텔레스는 고대의 수사학을 정리하면서 말의 힘은 세 가지에서 나온다고 했다. 논리는 세 번째다. 합리적인 설득이 가장 힘이 약하다. 감성이 두 번째다. 역시 복잡하고 딱딱하게 따지고 들어갈 것 없이 감성에 불을 확 질러 버리는 쪽이 사람을 쉽게 움직인다는 뜻이다. 그러나 말의 힘을 구성하는 첫 번째 요소이자 가장 힘이 센 요소는 역시 품성이다. 말하는 사람이 누구냐다. 말하는 사람이 어떤 인생을 살았느냐다.

아리스토텔레스의 주장이 사실이고 진실이었으면 좋겠다. 그러나 세상을 살면서 자주 목격하는 모습은 사뭇 다를 때가 많다. 논리를 내세우기보다는 감성을 자극하는 선동가들이 득세하는 것까지는 맞다. 하지만 높은 품성을 가진 사람이 한 마디 하면 선동가들이 힘을 잃고 만다는 아리스토텔레스의 주장과 달리, 현실에서는 오히려 높은 품성을 가진 사람들이 선동가들에 밀려 설 자리를 잃기 일쑤다. 장자의 시대에도 상황은 다르지 않았던 모양이다.

자연의 소리는 속인의 귀에 들어가지 않는다. 속된 음악을 들려줘야 좋아서 환호성을 지른다. 고상한 말은 속인의 마음에 들어가지 않는다. 지극한 말이 나오지 않는 것은 속된 말이 이기기 때문이다(至言不出 俗言勝也).

○ 천지

자극적인 댄스 음악에 길들여진 귀에 산사의 풍경 소리, 계곡의 폭포 소리, 이마의 땀을 날려주는 바람 소리가 음악으로 들릴 리 없다. 감성적인 선동에 익숙한 귀에 자신의 인생으로 말하는 사람이 던지는 무언의 말이 들릴 리 없다.

조심해야 한다. 당장 들리지 않는다고 외면하면 영원히 품성의 언어를 들을 수 없게 될지도 모른다. 우리가 품성의 언어를 계속 듣지 못하면, 더 이상 품성의 언어로 말하는 사람도 없어질 것이다. 더 이상 품성의 언어로 말하는 사람이 없어진다면, 우리는 품성의 언어를 듣는 법을 영원히 잊어버리게 될 것이다.

말 안 되는 말

　　　　　　　세상에서 가장 빨리 뛰는 아킬레우스Achilleus와 느려터진 거북이 달리기 경주를 한다. 그런데 거북은 느리니까 조금 일찍 출발한다. 그렇다면 아킬레우스는 절대 거북을 따라잡지 못한다. 아킬레우스가 거북이 있는 곳까지 가는 동안 거북은 조금이나마 앞으로 나아갈 것이고, 아킬레우스가 다시 거북이 있는 곳까지 가는 동안 거북은 아주 조금이나마 앞으로 더 나아가는 식으로 반복될 테니 말이다.

　이른바 '제논의 역설'이다. 그리스에 유명한 제논이 두 명 있다. 한 명은 스토아철학의 창시자로 키프로스 섬 근처의 키티온 출신이다. 또 한 명이 아킬레우스의 역설을 만든 제논으로, 이탈리아 남부의 엘레아 출신이다. '날아가는 화살은 움직이지 않는다', '경기장을 가로 질러가는 건 불가능하다', '절반의 시간은 두 배의 시간과 같을 수 있다' 같은 말 안 되는 말을 말 되게 주장하기도 했다. 물론 제논이라고 해서 이 명제가 참이라고 생각하지는 않았다. 우리의 상식이라는 게 얼마나 우스운지 되짚어보자는 뜻일 뿐이다.

단순한 말장난일 수 있다. 그러나 말의 무서움을 실감시켜주는 말장난이다. 이런 말장난이 장자의 시대에도 있었다.

공손룡이 말했다. "나는 같은 것과 다른 것을 합하고, 촉감과 색깔을 구분했고, 그른 것을 옳다 하여 여러 사람의 변론을 항복받았다. 나는 스스로 지극히 통달했다고 생각했다." ◦ 추수

공손룡은 흔히 궤변의 대가로 꼽힌다. 가장 유명한 게 백마비마白馬非馬론과 견백동이堅白同異론이다. 백마는 말의 일종이니 당연히 말이다. 그러나 공손룡은 백마는 색깔을 나타내는 개념이고 말은 형체를 나타내는 개념이기 때문에 분리해서 사용해야 한다고 주장한다. 희고 단단한 돌을 당시 사람들은 '견백'이라는 하나의 개념으로 사용했던 모양이다. 공손룡은 그 역시 "흰 것은 봐서 알 수 있는 것이고, 단단한 것은 만져서 알 수 있는 것이므로 이를 한꺼번에 말하는 것은 부적절하다"고 주장한다.

이런 얘기를 그냥 말장난으로 하고, 논리학의 실험도구로만 쓰면서 강단에서 토론이나 하고 말았으면 좋은데, 꼭 배운 건 배운 대로 되는지 현실에서 적용해봐야 하는 의욕과잉 학생들 있다. 《한비자》는 아열兒說이라는 사람을 소개한다. 실존인물은 아닌 것 같다. 아는

아이 아兒 자고, 열은 말씀 설說 자를 읽기만 다르게 읽은 것이니, 딱 이름부터가 '논리학을 어설프게 따라 하는 놈'이다.

아열의 말이 마침 백마였다. 그러고는 "백마는 말이 아니다" 그러면서 "말도 통행세 내라" 하니깐 "내 말은 말 아니니까 통행료 안 낸다" 하고는 그냥 지나가려고 했다. 본인은 잘난 척하면서 왜 자기가 통행료를 낼 수 없는지 한바탕 토론을 준비했을지도 모르겠는데, 성문에서 통행료 받던 문지기가 한마디로 깔끔하게 정리했다. "아, 백마는 통행료가 두 배입니다."

장자를 비롯한 대부분의 사람들은 이런 주장을 두고 말장난으로 치부했다. 그러나 말이라는 게 그렇게 생겨 먹었다. 완전하지 않다. 볼 수 없고 만질 수 없는 내 생각을 정확히 표현하기는커녕 볼 수 있고 만질 수 있는 생김새를 정확히 설명한다는 것조차 쉽지 않다.

잘난 척쟁이가 놈팽이를 만나 물었다. "어떻게 하면 도를 얻을 수 있나요?" 세 번이나 물었지만 놈팽이는 대답하지 않았다. 돌아선 잘난 척쟁이가 이번에는 미치광이에게 도를 물었다. "너는 도를 아니?" 미치광이가 대답했다. "응, 알지. 그러니까 말이야." 막 말을 꺼내던 미치광이가 갑자기 할 말을 잊었다. 결국 답을 듣지 못한 잘난 척쟁이가 황제를 만나 또 도를 물었더니 답을 들을 수 있었다. "생각하는 것이 없고 헤아리는 것이 없어야 비로소 도를 알게 된다."
"너는 도를 아는구나. 아까 놈팽이하고 미치광이는 대답도 못하더라."
"놈팽이는 훌륭하고, 미치광이는 거의 비슷했고, 나는 아예 멀었다. 정

말 아는 사람은 말하지 않고, 말하는 사람은 알지 못하는 법이다(知者不言 言者不知)." ○ **지북유**

놈팽이는 무위無爲를 실천하는 사람이다. 억지 부리지 않고 흘러가는 대로 몸을 맡기는 사람이다. 삶이 곧 도지만, 그걸 말로 할 생각도 없고, 할 수도 없다. 미치광이는 무한 자유를 꿈꾸는 사람이다. 뭔가 생각을 정리할 법한데, 그 순간 생각은 새로운 곳으로 이동한다. 몸도 붙잡을 수 없고, 생각도 붙잡을 수 없다.

황제는 도에 대해서 말하긴 했지만, 어떻게 하면 도를 알게 되는지만 말했을 뿐, 도가 뭔지는 말하지 않았다. 말의 형식으로 도를 규정하는 순간 이미 실질과 관계없는 말만 남을 것을 알기 때문이다. 그래서 스스로 "아예 멀었다"고 말한다.

하긴 《노자》의 첫머리가 '말할 수 있는 도는 참된 도가 아니다(道可道 非常道)'였다. 스님들이 선문답을 즐기는 것도 같은 이유다. 정확히 콕 집어서 말하는 순간, 말하는 대상은 이미 저만치 멀리 가 버린다. 에둘러 말하고, 행동으로 보여주고, 이야기를 들려줄 수밖에 없다. 그래서 장자는 "지극한 말은 말을 버린다(至言去言)"고 했다. 불가에서 '덕산방德山棒 임제할臨濟喝'이라고들 한다. 제자들이 도가 뭐냐고 물으면 냅다 한 대 때려주거나棒, 아니면 고함을 빽 질러서喝 정신이 번쩍 들게 하는 것이다. 말로 하는 대신 스스로 깨닫도록 도와주는 행동이다.

원숭이를 기르는 사람이 있었다. 원숭이에게 도토리를 나눠주면서 "아침에 세 개, 저녁에 네 개를 주겠다"고 했다. 원숭이들이 불만을 터뜨렸다. 그래서 "아침에 네 개, 저녁에 세 개를 주겠다"고 말을 바꿨다. 원숭이들이 모두 기뻐했다. 이름과 실상에 다름이 없는데도 기쁨과 성냄은 달랐다. ○ 제물론

모두가 아는 조삼모사朝三暮四 이야기다. 하루에 일곱 개 먹는 건 똑같은데 원숭이들은 아침에 네 개 저녁에 세 개 주면 좋아하고, 아침에 세 개 저녁에 네 개 주면 싫어한다. 미련하다고 비웃는다. 하지만 19만 9천 원이라고 하면 싸다고 좋아하고 21만 1천 원이라고 하면 외면하는 우리 자신의 모습, 원숭이들과 얼마나 다른가? '10만 원대'라는 말에 우리는 얼마나 많이 속고 있나. 속는다는 것조차 깨닫지 못하면서.

말이란 실질을 정확하게 반영하지 않는다. 물론 뭔가 실질이 있고 나서 말이 있었을 것이다. 원숭이가 있고 원숭이라는 말이 있었을 것이고, 도토리가 있고 도토리라는 말이 있었을 것이다. 하지만 원숭이에게 도토리를 줄 때에는 똑같은 실질을 갖고도 다른 말로 현혹시킨다. '태초에 말씀이 있었다'더니, 실질이 먼저 있고 말이 있는 게 아니라, 아예 말이 먼저 있고 실질이 있는 게 아닌가 싶을 때도 있다.

"내가 그의 이름을 불러주기 전에는 / 그는 다만 / 하나의 몸짓에 지나지 않았다. // 내가 그의 이름을 불러주었을 때 / 그는 나에게로 와서 / 꽃이 되었다." 김춘수 시인의 〈꽃〉은 '꽃'이라고 불러줘서 비

로소 의미를 갖게 됐다. 그러나, 꽃이 아니라 예컨대 '달'이라고 부르면 어떤가. 줄기가 있고, 잎이 있고, 그 위에 예쁘게 봉오리 진 그 무엇을 우리가 '달'이라고 부른다면, 그건 달이다. 밤낮 거울만 들여다보고 있지 않아도 미인은 여전히 미인이다. 성인이라고 부르지 않아도 성인은 성인이다. 사랑이라고 부르지 않아도 사랑은 사랑이다.

이름이란, 알고 보면 아무것도 아니다. 하지만 그 이름에 많은 사람들이 목숨 걸고 덤빈다. 이름을 붙이는 순간은 동시에 낙인을 찍는 순간이기도 하기 때문이다. "이름이란 원래 쓸데없는 것인데, 이름에서 시비가 생긴다(之名嬴法 得其兩見)(칙양)." 그래서 《열자》는 "이름을 버린 사람은 근심이 없다(去名者無憂)"라는 육자의 말을 인용했다. 이름에 집착하지 않으면 싸움 날 일이 없다. 싸움이 안 나면 근심할 일도 없다.

어릴 적 별명들을 생각해보면 참 모욕적인 것도 적지 않았다. 하지만 악의 없이 지은 별명은 곧잘 널리 유통되기 마련이다. 본인으로서는 떼어 버리고 싶겠지만, 남들이 보기엔 너무 잘 맞으니까 쉽게 떨어지지 않는다. 발에 꼭 맞는 신발은 쉽게 벗겨지지 않는다. 그런 별명은 학년이 바뀌거나 새로운 학교에 가더라도 꼭 따라간다. 인정하기 싫지만, 그게 정체성인 탓이다.

프톨레마이오스Ptolemaios는 알렉산드로스 덕분에 출세해서 이집트의 왕위에까지 오르지만, 출신이 비천한 사람이었다. 아니, 비천하다고 규정짓는 게 어쩌면 위험할지도 모른다. 본인도 자기 할아버지가 누군지 몰랐으니까. 그 프톨레마이오스가 왕위에 올라 무식한 학자

한 사람을 곯려주려고 질문을 던졌다. "자네 펠레우스의 아버지, 그러니까 아킬레우스의 할아버지가 누군지 아나?" 정답을 몰랐던 무식한 학자는 위기를 모면하려고 해서는 안 될 말을 했다. "전하의 아버지인 라고스의 아버지, 그러니까 전하의 할아버지가 누군지 말씀해주시면 저도 답을 드리겠습니다." 능지처참에 처해 마땅한 불손한 언사였지만, 프톨레마이오스는 웃고 말았다. "왕이 농담을 받아넘기지 못한다면, 애당초 농담을 말았어야지."

무식한 사람이 할 줄 아는 거라곤 고작 인신공격이다. 비열하다. 웃어넘기는 왕이 대단하다. 비열한 인신공격은 고사하고 간단한 성대모사만 하더라도 당사자가 유쾌하게 봐주기는 쉽지 않다. 비슷하면 비슷할수록, 과장되면 과장될수록, 좌중의 폭소가 터져 나오면 나올수록, 당사자는 불쾌감을 느낄 가능성이 크다. 자칫 상처가 되기 쉽다.

진짜 문제는 사람을 겪어보고 낙인을 찍는 게 아니라, 낙인부터 찍고 사람을 볼 때다. 프톨레마이오스의 무식한 학자처럼 공부하기 싫고, 노력하기 싫고, 생각하기 싫은 사람들이 전형적으로 쓰는 수법이다. "우리는 우선 보고 그 다음에 정의하는 것이 아니라, 일단 정의부터 하고 그 다음에 본다(월터 리프먼)."

제논의 제자 중에 고대 그리스에서 가장 유명한 정치가가 나온다. 페리클레스Pericles다. 아테네 민주주의의 전성기를 이끌었던, 그러나 그 자신이 얼마나 민주적인 사람이었는지는 심각하게 의심 가는 인물이었다. 페리클레스를 묘사한 조각상이나 그림은 모두 투구를 쓴 모습이다. 머리가 비정상적으로 긴 말상이었는데, 그 결점을 감추느라고 그렇게 만들었다고 한다. 페리클레스를 묘사한 글을 보면 공통적으로 '혀끝으로 무서운 천둥을 일으킨다'는 식의 표현이 등장한다. 페리클레스의 생각에는 동의하지 않더라도 그 말솜씨에는 동의하지 않을 수 없었던 모양이다.

페리클레스가 여당 지도자라면 야당 지도자쯤 되었던 투키디데스 Thukydides(《펠로폰네소스 전쟁사》를 쓴 투키디데스의 외할아버지)가 스파르타에 갔다가 '두 사람이 씨름을 하면 누가 이기느냐'는 질문을 받았다. 그때 투키디데스가 한 대답을 보면 평소 페리클레스에게 얼마나 농락당했는지 알 만하다. "누가 실제로 이기는지는 중요하지 않아요. 설사 내가 페리클레스를 내던졌더라도, 페리클레스가 자신은 절대로 나동그라지지 않았다고 말하기 시작하면 직접 나동그라진 걸 본 사람조차도 제 승리를 믿지 못하게 되거든요."

하지만 그런 페리클레스조차도 늘 말을 조심했다. 연단에 올라서면 가장 먼저 기도를 했다. 제발 말이 잘못 나오지 않기를. 말은 생각대로 나오지 않는다. 생각처럼 나오지도 않는다.

말로 출세한 키케로도 연단에 서기 전에는 모든 경우의 수를 따져 만반의 준비를 했다. 한번은 정치적으로 해결할 일들이 많아서 미처 충분한 준비를 못한 적이 있다. 초조해하는 키케로에게 노예 신분의 비서가 와서 집회가 하루 연기됐다는 소식을 전해줬다. 뜻밖에 연설 준비 시간을 하루 더 얻게 된 키케로는 너무나 기뻐서 소식을 전한 노예를 해방시켰다. 말 전문가에게도 말은 두려운 대상이다.

《천자문》에는 '언사안정言辭安定'이라는 구절이 있다. 《천자문》에 담긴 말들이 흔히 그렇듯이 다른 책에 있는 말을 줄여서 옮겨 쓴 말이다. 출처의 원문을 봐야지 무슨 뜻인지 알 수 있다. 출처는 《예기》의 '말을 안정되게 해야 백성이 편안하다(安定辭 安民栽)'는 구절이다. 말이 문제다.

말이 사람 잡는다

공자가 주나라 왕실에 자신의 책을 보관시킬 궁리를 했다. 자로가 "노자가 주나라 도서관 사서로 있으니, 한번 만나서 부탁해보라"고 했다. 공자는 노자를 찾아갔다. 노자는 그러나 특별한 대답을 하지 않았다. 공자는 자신이 가져간 십이경을 되풀이해서 설명했다. 듣다 못한 노자가 한마디 했다. "너무 산만하오. 요점을 말하시오." ◦ **천도**

공자는 자신의 사상이 권력자들에게 외면당한 채 영원히 잊히는 게 가장 두려웠을 것이다. 권력의 수명은 한 세대지만, 사상의 수명은 영원하다는 걸 보여주고 싶었을 것이다. 그래서 생각해낸 방법이 왕실 도서관에 자신의 책을 길이길이 보관하는 것이었다. 하지만 그 역시 선발 과정을 거쳐야 한다. 늘 정공법을 택하는 제자 자로가 도서관 사서를 만나서 한번 부탁해 보라고, 사실은 자로답지 않은 아이디어를 내놨다. 공자는 사서로 있는 노자를 만났다. 그러나 하는 말은 딱 공자 스타일 그대로다. 부탁하는 입장이면서도 가르치려고만 든다. 따분한 옛날이야기를 늘어놓으며 자신의 논지를 펼쳐나갔다. 공자의 철학이란 결국 역사 재해석이다. 옛날이야기가 빠지면 논리 전개 자체가 불가능하다. 그런데 노자는 딱 잘라 말한다. "시끄럽고, 그래서 뭐하자는 얘기요? 한 마디로 해보시오."

보통 높은 사람들이 아랫사람들에게, 갑이 을에게 하는 어법이다. 권력을 과시하는 말이다. 상대의 말을 들어주고 싶은 마음이 없을 때 하는 말이다.

짧은 말은 힘이 세다. 많은 생략과 축약, 때로는 여운이 압축된 힘을 만들어낸다. 그 힘이 때로는 권력관계를 뛰어넘는 설득력이 되기도 한다. 이솝이 아테네의 현인 솔론에게 이렇게 충고한 것도 같은 이유다. "왕과 이야기할 때에는 되도록 짧게 말하거나, 아니면 좋아할 말만 골라서 해야 한답니다." 윤리에 얽매이지 않고 세상을 잘 사는 법을 말하는 우화작가에게 어울리는 이야기다. 그러나 솔론은 잘 사는 것뿐 아니라 바르게 사는 것에도 관심을 갖고 있었다. 그래서 내놓은 답은 이렇다. "아닙니다. 짧게 말을 하거나, 아니면 도리에 맞는 말을 해야 하는 것이지요." 어느 게 정답인지는 세상을 보는 관점에 따라 다를 것 같다. 분명한 건, 높은 사람과 얘기할 때에는 짧게 말해야 한다는 점이다.

짧은 말의 힘은 흔히 촌철살인寸鐵殺人으로 표현된다. 단 한 마디로 상대의 입을 다물게 만드는 막강한 힘. 말 잘하는 사람들이 주로 애용하는 방법이다.

리시아스Lysias는 그리스를 통틀어 10대 연설가에 꼽힌다. 재판에 회부된 소크라테스를 위해 변론문을 써주기도 했다. 재판에 이기는 건 관심 밖이고 아테네 대중을 향한 철학 강연을 펼치기로 마음먹은 소크라테스 자신이 거부하는 바람에 사용되지는 않았지만. 법정에서 소크라테스가 철학 강연을 벌였음에도 불구하고 유무죄 표차가 별로 크지 않았다는 점을 감안하면, 직업적인 변론가 리시아스의 원고를 읽었다면 소크라테스는 무죄방면 됐을지도 모를 일이다. 그 바람에 소크라테스의 철학을 완성한 최후의 독배를 드는 순간이 사라지긴 했겠지만.

그 리시아스가 어떤 사람을 위해서 변론문을 써줬다. 의뢰인은 그 자리에서 한번 읽어보고는 흡족해서 돌아갔다. 그리고 다음날 돌아와서 항의했다. "선생, 이 변론문을 처음 읽을 때는 참 좋았는데, 집에 가서 두 번 세 번 다시 읽어보니 허점이 너무 많더군요." 그랬더니 리시아스의 대답. "괜찮아요. 당신은 그 변론문을 법정에서 딱 한 번만 읽을 거잖아요." 과연 변론가다운 변명이다.

파비우스 막시무스Fabius Maximus는 한니발이 로마를 휘젓고 있을 때 온갖 욕을 감수하면서도 정면대결을 피하고 지연전술을 고수해 역전의 발판을 만든 사람이다. 파비우스가 이윽고 반격을 시작해 타렌툼을 되찾았을 때다. 타렌툼 방어 책임자면서 도시를 잃고 성채로 도망갔던 리비우스가 뒤늦게 나타나서 잘난 척을 했다. 자신이 없었다면 타렌툼을 탈환하지 못했을 거라고. 그랬더니 파비우스가 점잖게 한마디 했다. "당연한 말씀이오. 그대가 잃지 않았다면 나는 결코 탈환하지 못했지."

두 세대 후에 알렉산드로스가 세계 제패를 할 수 있도록 미개국 마케도니아를 그리스 세계의 당당한 일원으로 변모시킨 아르켈라오스Archelaus는 말 그대로 피도 눈물도 모르는 권력자였다. 권력을 잡기 위해 삼촌과 사촌은 물론 적자였던 이복형제도 죽인 사람이다. 하루는 머리를 자를 때 이발사가 물었다. "어떻게 잘라 드릴까요?" 아르켈라오스는 짧게 대답했다. "조용히 잘라주게." 가끔씩 내가 미용실에서 하고 싶은 말이기도 하다. 하지만 상대방 무안할까봐 못하는 말이다. 상대를 존중하는 마음이 있다면 함부로 입 밖에 뱉을 수 없는 게 촌철살인의 한 마디다.

통쾌한 촌철살인의 한 마디처럼 속 시원하지는 않지만, 이런 조심스러운 말은 어떨까. "망령되이 말할 테니 망령되이 들어주게(제물론)." "내 그대를 위해 비슷한 것을 말해보리다(전자방)." "말로 하기 어렵지만 대강을 말해주마(지북유)." "시험 삼아 한번 말해보리다."

로마의 재판정에서는 최종 판결을 내릴 때에도 '이런 것 같다'는 어법을 쓰기로 돼 있었다. 진실에 대한 겸손함, 자신이 진실을 독점하고 있지 않다는 조심스러움이 오히려 신뢰감을 준다. 몽테뉴는 배우려는 자세를 앞세우는 화법이야말로 가장 듣고 싶고, 가르치고 싶은 화법이라고 강조한다. "나는 말의 의미를 부드럽게 조절하는 '혹시, 어쩌면, 어떤 사람들 말이, 내 생각에는' 식의 어법을 좋아한다.

그리고 내가 어린이들을 가르치게 된다면 '그게 무슨 말씀이죠?', '나는 잘 모르겠는데', '그럴 수도 있겠죠', '정말입니까?' 식으로 대답하는 버릇을 들이도록 훈련시키겠다. 열 살에 이미 선생 노릇하기보다, 예순이 넘어서도 학생의 태도를 가졌으면 좋겠다."

말은 들어야 완성된다

말은 불완전하다. 내 딴에는 더 이상 잘할 수 없을 만큼 제대로 설명했다고 해도 상대의 머릿속에는 전혀 딴 그림이 그려질 수 있다. 내 말이 훌륭해도 상대가 듣지 않으면 그 역시 하나마나다. 전달되는 건 없다. 말은 절반만 내 것이다. 나머지 절반은 듣는 상대의 것이다. 말은 상대가 들어야 완성된다. "네가 하는 말이 진실이냐 아니냐만 염두에 두지 말고, 그 말을 듣는 상대가 진실을 받아들일 수 있는 사람인지도 함께 생각하라"고 말한 이는 세네카다.

사육사는 호랑이에게 살아 있는 동물을 주지 않는다. 물어 죽이는 버릇이 더 사나워질까봐. 고기를 주더라도 조금씩 잘라서 준다. 잡아 찢는 버릇이 사나워질까봐.

굶주리고 배부름을 잘 살펴서 사나운 마음을 풀어주기만 하면 호랑이라도 사육사에게 꼬리를 친다. 호랑이가 사람을 죽이는 것은 마음을 거슬렀기 때문이다. ◦인간세

　금과옥조 같은 말이라도 듣는 사람이 들을 준비가 안 돼 있으면 말짱 헛일이다. 발 없는 사람에게 선물이랍시고 신발을 건네는 건, 잘 지내보자는 뜻인지 원수지자는 뜻인지 헷갈리게 하는 짓이다. 초등학생을 상대로 박사학위자가 대학 강의를 하는 건 서로에게 피곤한 일이다. 상대가 받아들일 준비가 된 만큼, 그러면서 상대가 필요한 만큼, 상대가 원하는 방식으로 줘야 한다.
　세 치 혀로 아테네를 마케도니아에 맞서게 했던 데모스테네스는 사전에 준비된 원고 없이는 절대 연설에 나서지 않았다. '그렇게 연설문 다 써놓고 하면 누가 못하느냐'는 비아냥거림도 들었다. 그래도 아랑곳하지 않았다. 오히려 이렇게 반박했다. "시민들이 어떻게 받아들일지 생각하지 않고 나오는 대로 말하는 건 독재자라는 걸 자인하는 짓입니다." 말 안 하고 후회하는 게 한 번이라면, 말 하고 후회하는 건 천 번이라고 했던가. 생각 없이 나온 말 주워담지 못해서 쩔쩔 매는 사람들 많다. 생각 없이 말한다는 거, 듣는 사람은 안중에 없다는 뜻이다. 듣는 사람에 대한 배려가 없다는 뜻이다. 그런 말이 마음에 와 닿을 리 없다. 그래서 내용과는 별 상관도 없는 말꼬리나 잡히는 것이다.
　상대가 듣게 하려면 상대가 원하는 것을 알아야 한다. 그러자면,

내가 말하기에 앞서 상대의 말을 먼저 들어야 한다. 적어도 상대의 말을 막지는 말아야 한다.

웅변가 푸피우스 피소Pupius Piso(카이사르의 장인 피소와는 다른 인물)는 노예들이 성가시게 말을 거는 게 귀찮아 "묻는 말에 대답만 하고 아무 말도 하지 말라"는 지시를 내렸다. 피소가 한번은 누군가의 승진 축하연을 준비했다. 거창하게 연회상을 차려놓고 손님들을 맞고 있는데, 시간이 다 되도록 정작 주인공이 나타나지 않았다. 오겠지, 오겠지 하다가 결국 주인공 없이 축하연을 마칠 때쯤 되어서야 심부름 보냈던 노예를 불러다 물었다. "네 이 놈, 초대장을 전달하긴 한 게냐?" "물론입죠." "그런데 왜 참석하지 않은 게냐?" "오지 않겠다고 말씀하신 걸요." "네 이 놈, 그 얘기를 왜 안 했느냐?" "나리께서 안 물어보셨잖아요."

알렉산드로스의 후계자 중 한 사람으로 그리스 본토를 지배했던 안티고노스Antigonos는 귀를 열지는 않더라도 적어도 입을 틀어막지는 않았던 사람이다. 자신의 막사 앞에서 자신을 험담하는 병사들의 목소리를 들었을 때, 안티고노스는 천막 밖으로 고개를 내밀고 말했다. "이보게들, 왕을 욕하려거든 저쪽으로 가서 하게나. 그래야 왕이 못 듣지."

아테네 민주정치의 황금기를 이끌었던 페리클레스는 무늬만 민주정치지 실제로는 귀족정치를 펼쳤다는 평가를 듣는다. 남의 말을 듣는 태도도 그랬다. 말을 가로막지도 않았지만, 그다지 귀담아 듣지도 않았다.

페리클레스가 그날따라 바쁜 하루를 보내고 있을 때 어떤 사람이 졸졸 쫓아다니면서 욕설을 퍼부었다. 페리클레스는 대꾸도 하지 않고 제 할 일을 했다. 저녁이 돼 집으로 돌아가는 길에도 이 사람은 계속 쫓아오며 욕을 했다. 마침내 도착해 집으로 들어가면서 페리클레스가 하인에게 딱 한마디 했다. "밤길이 어두우니 이 사람을 집까지 잘 데려다주게."

남의 말을 듣는 태도는 차라리 전제군주였던 마케도니아의 필리포스Philippos가 더 나았다. 필리포스가 거리에 나섰을 때 어떤 노파가 다가와서 억울한 사정을 하소연하기 시작했다. 최고 권력자가 이런 소소한 민원을 듣기란 따분한 일이었을 것이다. 그리고 대부분의 경우 이런 식으로 털어놓는 억울한 사정이란, 마음만 급하고 정리가 덜 돼 나오는 것이어서 들어도 무슨 말인지 이해가 잘 안 될 때가 많다. 필리포스는 자리를 피하고 싶었다. "부인, 오늘은 제가 좀 바빠서 시간이 없네요……." 그러자 노파가 싸늘하게 한마디 했다. "그래요? 그럼 왕이 될 시간도 없겠군요."

노파의 한 마디가 필리포스의 가슴을 찔렀다. 필리포스는 궁궐로 돌아가 억울한 사정이 있는 사람은 모두 찾아오라고 선언했다. 그리고 며칠 동안 다른 일은 모두 제쳐두고 문제의 노파를 비롯해 사람들의 민원을 직접 들어줬다.

스님이 파리는 손으로 쫓기만 하면서 모기는 꼭 때려잡았다. 모기가 억울해서 항의했다. "왜 파리는 놔두고 나만 못 살게 굴어요?" 그랬더니 스님이 하는 말. "파리는 잘못했다고 싹싹 비는 척이라도 하잖아." 이외수가 들려주는 이 이야기에 등장하는 파리처럼, 듣기가 힘들면 듣는 척이라도 해보면 어떨까. '척'이라고 하면 어감 안 좋다. 그러나 '척'이란, 상대를 전제하는 말이다. 듣는 척도 안 하는 건 상대의 존재 자체를 인정하지 않는 무시무시한 만행이다. 무슨 말 하려는 건지 충분히 눈치 챘어도 중간에 말 끊지 않기, 말 안 되는 이야기하더라도 끝까지 들어주기, 거기다 서비스로 중간중간 감탄사 넣어주며 고개 끄덕여주기, 말 끝나면 "더 하실 말씀 없나요"라고 한 번 말해주기. 그게 그렇게 어려운 일인가?

안회가 위나라에 가서 뜻을 펼쳐보겠노라고 공자에게 하직인사를 했다. 공자는 가지 말라고 말렸다. 가 봤자 욕만 볼 것이라며. "너는 위나라 임금에게 아무 말도 하지 말아라. 왕은 권세로써 네 말을 깔아뭉개려 할 것이다. 네가 눈치를 보고 왕의 뜻에 맞는 말만 한다면 쓸데없는 말이 되고, 왕의 신임도 받지 못하면서 함부로 말해서 튀다간 죽기 십상이다." 하지만 한번 떠나겠다고 마음먹은 안회는 고집을 굽히지 않는다. "저는 겸손하게 굴면서, 말을 하더라도 옛 법도를 인용하려고 합니다."
공자는 혀를 끌끌 찬다. "그건 공부 좋아하는 사람한테나 통하는 화법이지. 그래서야 왕을 감화시킬 수 있겠느냐. 넌 뭘 해보겠다는 마음만 앞서고 있다."
마침내 안회가 항복했다. "그럼 저는 어쩌면 좋겠습니까?"
"재계하라."
"아시다시피 저는 가난합니다. 술은 마실 생각도 못하고, 고기는커녕 푸성귀조차 제대로 못 먹습니다. 이 정도면 재계는 충분히 된 거 아닌가요?"

"네가 말하는 건 제사 지낼 때의 재계지. 마음의 재계(心齋)를 해라. 마음을 비워라. 그리고 귀로써 듣지 말고 마음으로 들어라(聽之以心)."

공자는 '세상을 다스리는 법'을 가르쳤다. 공자 자신은 물론 공자의 제자들도 세상에 나가 자신의 뜻을 펼치는 것을 가장 큰 목표로 삼았다. 공자의 애제자 안회도 예외가 아니었다. 그러나 공자는 애제자를 말린다. '가 봤자 욕만 본다'는 이유에서다. "임금의 생각과 같은 말을 한다면 하나 마나 한 이야기가 될 것이고, 임금의 생각과 다른 말을 한다면 미움을 받아 죽기 십상"이기 때문이다.

안회는 '말하는 방법'을 바꾸면 되지 않겠냐고 반론을 제기한다. "겸손하게 저 자신을 내세우지 않고 옛날이야기에 빗대서 하면 되지 않겠습니까?" 대부분의 사고방식이 이렇다. 사람을 설득할 때면 누구나 '어떻게 말을 할까'를 먼저 생각한다. 그러나 공자는 고개를 가로젓는다. 말하는 방법이 문제의 핵심이 아니다. 말이 통하려면 '들어야' 한다. 어떻게 하면 듣도록 하느냐가 문제다. 그러자면 내가 상대에게 말을 하기보다 먼저 내가 상대의 말을 들어야 한다.

책을 읽을 때 70퍼센트 정도는 이미 알고 있는 내용인 책을 보라고 한다. 모르는 내용이 30퍼센트를 넘으면 어차피 읽어도 이해하기 어렵고, 당연히 저자의 생각을 받아들일 수 없기 때문이다. 우리는 상대가 무슨 말을 하든 내 경험과 내 지식이라는 창을 통해서만 받아들인다. 내가 알지 못하는 건 설령 사실이라 할지라도 '그럴 리가 없다'며 거부하고 싶은 마음이 앞선다. 바로 그 마음을 씻어내야 다른 사람의 말을 들을 수 있다.

사람은 자신이 원하는 바를 정확히 모를 때가 많다. 아니, 정확히 표현하지 못할 때가 많다. '이게 아닌데' 하지만 '그럼 뭐냐'고 물으면 대답이 궁하다. 그럴 때 '날더러 어쩌란 말이냐'고 짜증을 낸다면, 사실은 내가 자주 하는 짓이긴 한데, 그게 바로 '귀로 듣는' 대화법이다. 그건 듣는 자세도 아니고, 나아가 말하는 자세도 아니다. 마음으로 마음을 들어야 한다.

호기심이 어려 있어야 무릇 질문이라고 할 수 있다. 상대를 채근하거나 내가 원하는 답을 유도하는 건 질문이 아니다. 상대를 밀어붙이는 게 아니라 상대의 마음을 끌어내는 게 질문이다. 상대의 입장에서 생각할 수 있어야 '왜 로마가 망했는가'에서 '왜 로마는 천년이나 지속될 수 있었나'로 질문을 바꿀 수 있다. 내게서 상대에게로 관점의 변화가 없다면 진정한 질문이 아니다. 진정한 질문이 있을 때, 비로소 상대는 스스로를 드러낼 수 있다. 그때서야 비로소 상대를 읽을 수 있다. 그때 작은 손동작 하나에서, 눈동자의 흔들림에서, 입술의 떨림에서 엿보이는 마음을 읽어야 한다. 그게 바로 '심재心齋'다.

내 마음을 비우지 못하면 상대의 말을 들을 수 없다. 내 마음이 이미 차 있으니 상대의 말이 들어올 공간이 없다. 내 마음을 비워야 비로소 상대의 마음을 읽을 수 있다. 상대의 마음을 읽어야 비로소 내 말을 전할 수 있다. 대화의 시작은 재주가 아니다. 마음가짐의 문제다.

책은 성인의 껍데기

　옛 사람들의 글을 보다 보면, 사람 사는 세상에서 하는 생각이란 동서양을 막론하고 크게 다르지 않다는 생각을 하게 한다. 마치 약속이나 한 듯이, 마치 서로를 베낀 듯이 닮은꼴의 주장을 볼 때면 놀랍기까지 하다.

　'이교도의 세계는 두 성인에 의해 만들어졌다'는 말이 있다. 기독교식의 '바르게 살기'에 대한 고민을 치열하게 했다는 뜻인데, 첫 번째 '성인'이 소크라테스, 두 번째 성인이 로마의 황제이기도 했던 마르쿠스 아우렐리우스다. 아우렐리우스의 《명상록》에 이런 말이 있다. "너는 배를 타고 바다를 건너 뭍에 닿았다. 배를 버려라."

　똑같은 말이 《금강경》에도 등장한다. 석가모니가 제자들에게 말한다. "어떤 미련한 나그네가 말한다. '이 뗏목이 아니었더라면 나는 바다를 건너올 수 없었을 것이다. 이 뗏목은 내게 큰 은혜가 있으니 메고 가야겠다.' 너희는 이 나그네가 고마운 뗏목에 할 일을 다했다고 여기느냐? '나는 이 뗏목 덕분에 무사히 바다를 건너왔다. 이제 다른 사람이 타도록 뗏목을 띄워놓고 나는 내 갈 길을 가자.' 이게 나그네가 할 일이 아니겠는가. 너희는 내 말을 이 뗏목처럼 여겨 버리지 않으면 안 된다."

《장자》에도 비슷한 이야기가 있다.

제 환공이 책을 읽을 때 일꾼이 수레를 고치고 있다가 물었다. "황송합니다만 지금 보는 책은 어떤 책이온지요?"
"성인의 말씀이다."
"성인은 살아 계신가요?"
"이미 돌아가셨지."
"그럼 지금 읽으시는 건 성인의 껍데기입니다(君之所讀者古人之糟魄)."
"네 이놈 지금 뭐라고 지껄이는 게냐. 똑바로 말 못하면 죽을 줄 알아라."
"제가 수레바퀴를 깎을 때 너무 헐거우면 쉽게 빠지고, 너무 조이면 넣을 수가 없습니다. 그 적당함을 제 손과 제 마음은 알지만 입으로는 말할 수 없습니다. 그걸 자식한테도 가르쳐주질 못해서 나이 칠십이 되어서도 제가 직접 수레바퀴를 깎는 것입니다. 옛날의 성인도 깨달음은 끝내 전하지 못하고 죽었을 것입니다. 그러니 책은 성인이 남긴 껍데기 아니겠습니까?" ◦ 천도

제 환공은 어지러운 춘추전국시대의 첫 패권자다. 패권자가 되기

위해 왕위 경쟁자 시절 자신에게 활을 쐈던 관중을 재상으로 기용해 중부仲父, 작은 아버지라고 불렀던 군주다. 좀 더 나은 사람이 되기 위해 부단히 노력했던 사람이다.

수레바퀴를 너무 조이면 넣을 수가 없고, 너무 헐거우면 쉽게 빠진다. 나노 단위로 작업할 수 있는 요즘에는 정교한 규격을 만들 수 있겠지만, 3천 년 전에야 '좀 더 조여, 약간 풀어'라고 말할 밖에 다른 도리가 없었을 것이다. 말대답하기 좋아하는 제자는 '도대체 얼마나 조이라는 거냐'고 항변했을 것이고, 성질 급한 장인은 그냥 자기 손으로 하고 말지 그 미묘함을 애써 가르치려 들지 않았을 수도 있다.

혹시 정교한 규격을 만들었더라도 수레바퀴의 크기에 따라서 그 규격도 달라졌을 것이다. 바퀴가 크다면 좀 더 헐거웠을 것이고, 바퀴가 작다면 좀 더 조였을 것이다. 바퀴 크기에 대한 고려 없이 어느 귀신같은 수레 장인이 '바퀴 축과 바퀴 사이에는 5밀리미터의 간격을 둔다'고 규정한다면, 작은 바퀴에는 빡빡하고 큰 바퀴에는 헐거워 차라리 없느니만 못한 규격이 될 수도 있다.

헤라클레이토스Herakleitos는 "만물은 유전한다"는 유명한 말을 남겼다. 좀 더 와 닿게 "같은 강에 두 번 발 담글 수 없다"고 말하기도 했다. 지속되는 것은 아무것도 없고 모든 것은 변한다. 모든 것은 순간 순간 새로운 다른 것이 된다. 세상은 하나의 과정이다. "장작이 재로 변하지 않으면 물을 데울 수 없다. 음식이 똥이 되지 않으면 자양분이 될 수 없다. 세상에서의 삶 자체가 바로 변화다(아우렐리우스)."

세상일은 고정된 게 없다. 그러나 뱉은 말은 고정된다. 그래서 아는 사람은 말하지 않는다. 말하는 순간, 실체와 멀어지기 때문이다. 말이란, 특히나 책이란, 죽은 지식이 되기 십상이다. 진리는 "(마음으로) 전할 수 있으나 (손으로) 받을 수 없고(可傳而不可受) (마음으로) 얻을 수 있으나 (눈으로) 볼 수 없다(可得而不可見)(대종사)."

동쪽으로 온 달마에게 혜가가 찾아와 제자로 삼아달라고 청했다. 눈 내리는 날 며칠째 마당에 앉아 있는 모습이 안쓰러워 달마는 "하얀 눈을 붉게 만들면 제자로 삼겠다"며 내치려 했다. 혜가는 자신의 팔 하나를 잘라 뚝뚝 떨어지는 피로 눈을 붉게 물들였다. 달마도 제자로 받아들이지 않을 수 없었다.

제자가 된 혜가가 스승에게 물었다. "제 마음이 평안을 찾지 못하고 있습니다. 제 마음을 편안하게 해주십시오."

달마가 답했다. "네 마음을 내놓아 봐라. 내가 그 마음을 편안히 해주겠다(將心來 與汝安)."

제 아무리 득도한 사람이라도 마음을 꺼내 보일 수는 없는 노릇이다. 혜가는 마음을 찾을 수 없다고 했다. 달마가 말했다. "내가 이미 네 마음을 편하게 해주었다."

세월이 흘러 달마는 자신의 죽음이 다가왔음을 느끼고 제자들을 불렀다. 그리고 자신에게 배운 바를 말해보라고 했다. 첫 번째 제자가 나섰다. "문자에 집착하지도 말고, 그렇다고 문자를 버려서도 안 됩니다. 문자는 그저 도를 얻는 수단입니다."

"너는 내 거죽을 얻었구나."

두 번째, 세 번째 제자가 나서서 말했지만, 각각 살과 뼈를 얻었다는 대답을 듣는 데 그쳤다. 마침내 혜가의 차례가 되었다. 혜가는 아무 말도 하지 않고 조용히 일어나서 스승에게 공손하게 허리를 숙이고는 제자리에 섰다. "너야말로 나의 골수를 얻었도다." 달마의 대답이었다. 불립문자不立文字라는 불가의 전통은 이렇게 만들어졌다.

달마의 먼 제자뻘이 되는 혜능은 이렇게 말했다. "진리는 우리를 자유롭게 하지만, 말과 문자에만 집착하는 마음은 세상 만 가지 일을 순식간에 수갑과 밧줄로 둔갑시킨다." 혜능의 먼 제자뻘이 되는 조주는 "평상심에 어떻게 도달할 수 있느냐"는 남전의 질문에 이렇게 답했다. "도달하겠다고 생각하는 순간 이미 빗나간 것이다."

다시 아우렐리우스와 불가가 만난다. 아우렐리우스는 말했다. "책을 멀리하라. 책에 끌려 옆길로 들어서지 마라." 거지 철학자 디오게네스도 비슷하다. "그림 속 무화과가 아니라 먹을 수 있는 진짜 무화과를 가지려 하면서, 왜 공부는 글로 적은 것으로 하는 거지?"

세상 이치를 알기 쉽게 전하자면 말과 글은 단순해야 한다. 명쾌한 말과 글은 사람을 매혹시킨다. 마음을 움직이고 행동을 이끌어낸다. 정작 그 말을 한 사람, 정작 그 글을 쓴 사람은 복잡한 세상을 단순화시켰기에 말하지 않은 많은 부분이 있음을 안다. 하지만 듣는 사람, 읽는 사람에겐 말과 글이 전부다. 말과 글을 근거로 생각의 주인공을 압박한다. 실천이 철저하지 못하다고. 그래서 추종자는 더 과격해지기 쉽다.

공자가 후대의 꽉 막힌 유학을 봤다면 뭐라고 했을까. 예수가 신의 이름으로 저질러진 그 수많은 만행을 봤다면 뭐라고 했을까. 그러나 추종자들은 말끝마다 《논어》에서 건진 공자의 말을 근거로 대고 《성경》 구절을 근거로 댄다. "진리는 종종 반대자의 공격보다 옹호자의 열광 때문에 더 괴로워한다(토머스 페인)." 귀만 자르면 자기도 고흐가 된다고 생각하는 자들, 순진한 건지 무지한 건지, 하여튼 피곤하다.

어떤 학자(쿠르트 투홀스키)가 이런 말을 한 적이 있다. "내게 니체의 인용문을 달라. 그러면 그와 반대되는 그의 또 다른 인용문을 찾아주겠다." 워낙 모순된 글을 많이 쓴, 그래서 해석이 어려운 니체의 특성을 강조한 말이다. 그러나, 꼭 니체만 그런 게 아니다. 말이란, 글이란, 듣는 사람, 읽는 사람을 고려해서 하고 쓰는 법이다. 듣는 사람이 다르고, 읽는 사람이 다르면 화법뿐 아니라 주제와 내용도 달라지기 마련이다.

공자만 해도 인仁에 대해서 수없이 많은 정의를 내리고 있다. 사랑하는 제자 안회가 물었을 때에는 극기복례克己復禮, 즉 나를 버리고 예로 돌아가는 것이라고 명쾌한 답을 준다. 이해력이 좀 떨어지는 제자로 알려진 번지에게는 사람을 사랑하는 것(愛人)이라고 훨씬 쉽게 설명해준다. 그러나 약삭빠르고 말만 앞서는 자장이 물었을 때에는 구체적인 행동 강령을 가르쳐준다. 공관신민혜恭寬信敏惠, 곧 공손하고, 너그럽고, 믿음직하고, 재빠르고, 은혜를 베풀면서 사는 것이라고. 곧이곧대로 우직하기만 한 과격파 자로에게는 육언육폐六言六蔽를 되새기라고 한다. 인仁을 좋아하면서 배우지 않으면 바보가 되고, 지식知을 좋아하면서 배우지 않으면 제멋대로가 되고, 믿음信을 좋아하면서 배우지 않으면 깡패가 되고, 곧음直을 좋아하면서 배우지 않으면 융통성이 없어지고, 용기勇를 좋아하면서 배우지 않으면 난폭해지고, 굳셈剛을 좋아하면서 배우지 않으면 경솔해진다는 것이다. 너무 원칙만 따지지 말고 배움을 통해 한 걸음 물러서는 법을 배우라는 뜻이다.

이 중에서 어느 한 대목만 들고 나와서 '공자는 이렇게 말했으니 이게 공자의 뜻'이라고 우기면 난감해진다. 그게 공자의 뜻인 건 맞으니까. 다만, 공자의 뜻이 그게 전부는 아니라는 게 중요하다. 전체 맥락이나 전체 인생에 관계없이 자구 하나에 매달리면 뜻을 잘못 알기 십상이다. 달마의 표현을 쓰자면 '거죽만 얻은' 자들이 꼭 사고를 친다.

말에 갇히면 극단으로 치닫기 쉽다. 최초의 문제의식은 간 곳 없이 허울 좋은 논리만 남아 자기 확장을 거듭하기 때문이다. 현실은 변신을 거듭하지만, 갇힌 말은 점점 더 두꺼운 벽에 갇히기 때문이다.

다시 《장자》다.

고기를 잡으면 통발을 잊어라(得魚而忘筌). 토끼를 잡으면 덫을 잊어라(得兎而忘蹄). 뜻을 알았으면 말을 잊어라(得意而忘言). ◦ 외물

통발을 갖는 게 목적이 아니다. 고기를 잡는 게 목적이다. 뜻을 전하는 게 목적이다. 뜻을 이해하는 게 목적이다. 말은 수단일 뿐이다. 말에 갇히면 명분에 갇히고, 구호에 갇히고, 생각에 갇힌다. 제 생각에 스스로 갇혀 옴짝달싹도 못한다.

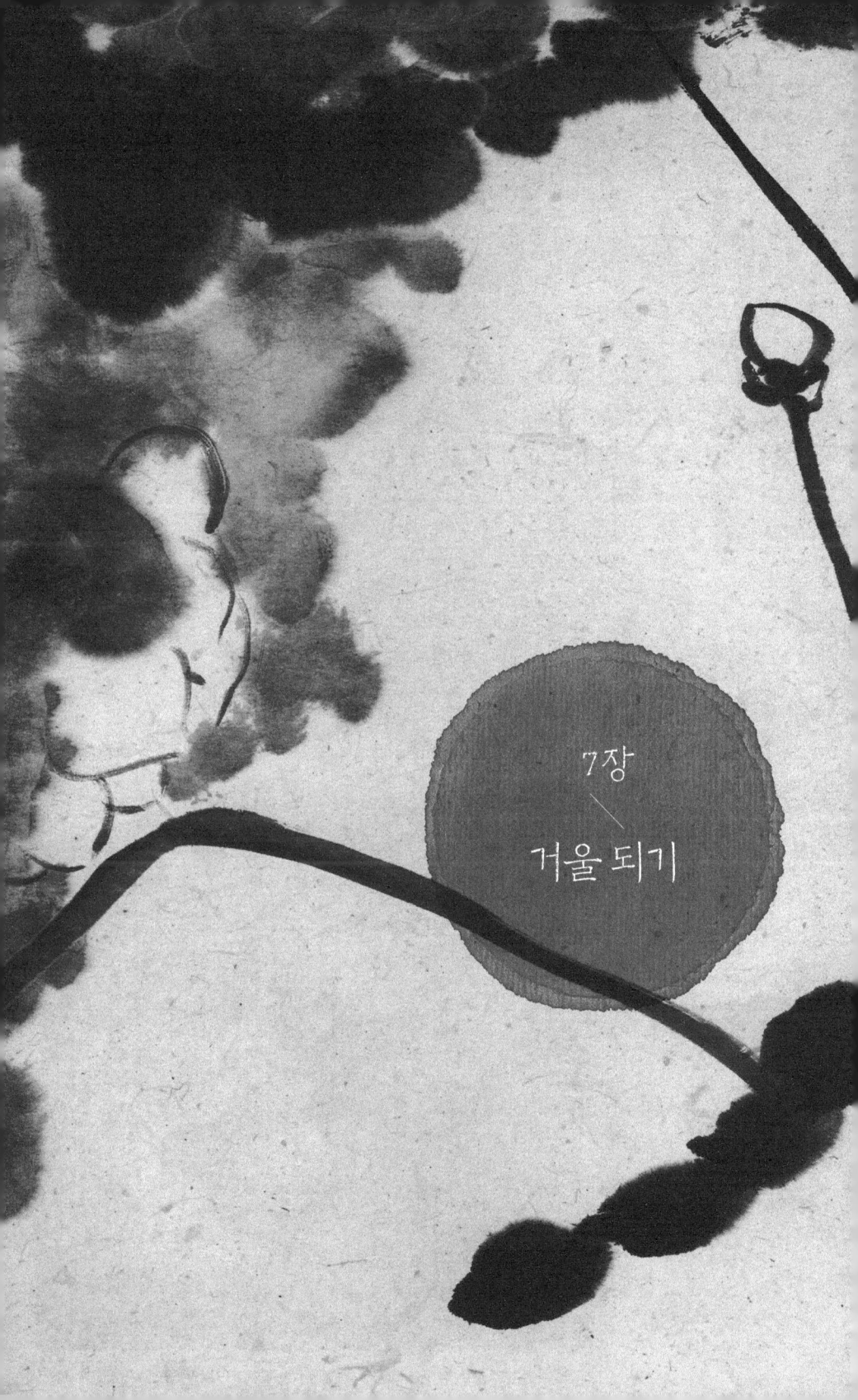

고장난 시계들

계함이라는 신통한 무당이 있었다. 사람을 척 보면 생사, 길흉을 단박에 알아맞혔다. 열자가 스승에게 전했더니 데려와 보라고 했다. 다음날 스승을 만난 계함이 말했다. "어허, 당신 선생은 곧 죽을 것 같아. 아마 열흘을 넘기지 못할 게야." 열자가 이 사실을 스승에게 전했더니 껄껄 웃었다. "내가 곧 죽을상을 보여줬지. 내일 다시 데려와라."

다음날 무당을 데려갔다. "자네 선생은 내 덕에 살았네. 막힌 게 트였으니 다 나았어." 열자가 이 얘길 했더니 또 웃으며 말했다. "이번엔 내가 살 상을 보여줬거든. 내일 또 오라고 해라."

다음날 다시 계함이 스승을 만나더니 고개를 흔들었다. "자네 선생은 상이 한결같지가 않아 보기 어렵네. 좀 안정되면 보도록 하세."

그 말을 전했더니 스승은 그것 보라는 듯 말했다. "삶과 죽음이 조화된 모습을 보여줬더니 헷갈리는 게다. 내일 한번만 더 와보라고 해라."
다음날 무당이 다시 왔는데, 자리에 앉기도 전에 스승의 얼굴을 보고는 도망가 버리고 말았다. 스승이 잡으라고 했지만 쫓아갈 수 없었다. 열자가 스승에게 들어가 무슨 일이냐고 물었다. "내가 절대 공허의 상태를 보여줬거든. 도무지 알 수 없으니 도망간 것이다." ◦ 응제왕

 관상을 기가 막히게 잘 보는 무당의 이야기는 셜록 홈즈를 떠올리게 한다. 셜록 홈즈야말로 범행 현장을 한번 휙 둘러보고는 '범인은 키가 얼마고, 왼손잡이고, 성격은 어떻고, 취향은 어떻다'고 콕콕 집어낸다. 열자가 그랬듯, 왓슨은 감탄하기 바쁘다. 한번은 왓슨도 관찰과 추리의 희생양이 됐다. "자네 최근에 흠뻑 젖은 적이 있군. 하녀가 서툴러서 속 썩고 있고. 그건 그렇고 벌써 일을 다시 시작했군." 왓슨이 놀라서 묻는다. "맞네. 지난주에 산책 나갔다가 진창에 빠져서 엉망이 됐지. 하지만 옷 갈아입었는데……. 그리고 아내가 늘 잔소리를 하지만 하녀는 영 발전이 없는 것도 사실이라네. 그걸 어떻게 알았나?" "간단하지. 자네 구두에 흠집이 나 있잖아. 누군가 진흙을 서툴게 닦아낸 자국이지. 하녀 일솜씨가 영 서툴다는 뜻이지. 진흙이 왜 묻었을까를 생각하면 자네가 젖었을 거라는 건 추론할 수 있고. 게다가 자네처럼 요오드 냄새 팍 풍기면서, 게다가 손에는 약품 자국 있고, 모자는 청진기 숨겨두느라 불룩해져 있는데, 자네가 의사일 다시 시작한 걸 모르면, 그게 오히려 바보지."
 이쯤에서 독자도 감탄하면서 홈즈의 추리에 박수를 보내는 게 작

가의 의도겠고, 나 역시 그랬지만, 다시 한번 생각해보자. 요오드 냄새 나는 사람이 꼭 의사라는 보장은 어디에 있으며, 구두의 긁힌 자국은 예컨대 발을 잘못 디뎌 아스팔트에 긁히지 않았으리라는 법은 어디 있나. 진흙을 닦아내느라 생긴 자국이 아니라면 젖었었다는 건 더더욱 말이 안 되는 추론이고.

척 보면 아는 홈즈의 추리는 이런 식이다. 피해자의 상처가 왼쪽 목 윗부분에 나 있으면 키 큰 왼손잡이가 뒤에서 공격한 결과다. 하지만 피해자가 앉아 있을 때 공격한 것이라면 키 큰 사람이라는 추리는 무너진다. 그리고 피해자가 앉아 있고 가해자가 서 있다면, 오른손으로 왼쪽 목을 공격하지 말았으리라는 법도 없다. 홈즈는 작은 단편으로 큰 사실을 쉽게 규정한다. 무당 계함처럼.

가을에 한국에 왔던 사람은 맑고 푸른 하늘을 기억할 것이다. 그러나 겨울에 온 사람은 매서운 바람이 살을 에는 추위로 기억할 수 있다. 똑같이 겨울에 왔더라도 유독 따뜻한 날에 와서 하루 이틀 머물고 갔다면, 한국은 겨울에도 날씨가 온화하다고 알고 돌아갈 수도 있다. 모두 사실이다. 단, 사실의 일부일 뿐이다. 그래서 진실이 아니다.

죽을상을 보여줬다가 살 상을 보여주는 스승의 재주가 아니더라도, 세상의 모습은 척 보고 알 수 있을 만큼 단순하게 고정돼 있지 않다. 많은 변화가 숨어 있고, 많은 가능성을 안고 있다. 우리가 아는 것은 이미 지나간 모습일 뿐이고, 찰나의 모습일 뿐이며, 하나의 조짐일 뿐이다. 무당 스스로 고백했다. 하도 바뀌어서 관상을 볼 수 없다고. 안정되어야, 즉 고정되어야 볼 수 있다고. 하지만 원래 고정된 것이란 없다. 원래 세상 만물, 세상만사, 세상 모두가 바뀌기 마련이다. 그걸 콕 집어 규정하는 것이야말로 오만이다.

북한에 대해 강경한 태도를 보이면 '너는 보수'라고 단호하게 규정짓는다. 그러다가 부도덕한 정부 인사를 비판하면 '보수가 그럴 수 있냐'고 욕한다. 특정 사안에서 진보적인 입장을 밝히기라도 할라치면 '너 사실은 빨갱이였구나'로 말이 바뀐다. 그러다 북한의 핵놀음을 강도 높게 비판하면 '헷갈린다. 네 정체를 밝혀라'고 요구한다. 정체를 밝히지 않아 헷갈리는 게 아니라, 제 멋대로 다른 사람을 규정한 게 잘못이기 때문에 헷갈리는 것이다. 애당초 맞지 않는 옷을 입혀 놓고선 왜 옷에 몸이 맞지 않느냐고 타박하는 꼴이다.

고장 난 시계도 하루에 두 번은 맞는다. '척 보면 안다'고 말하는 사람들은 고장 난 시계들이다. 단 두 번 맞은 시간을 기준으로 멀쩡히 잘 가는 시계들까지도 자기 시간에 맞추라고 요구하는 고장 난 시계들이다.

내가 모른다는 것을
아는 것

구름이 정신없이 놀고 있는 하늘을 만났다. "뭘 하고 계십니까?" "나? 놀고 있지."
조심스레 구름이 "뭣 하나 여쭤봐도 되나요" 하자 하늘은 벌써 "에효" 하며 한숨부터 쉬었다. 그래도 굴하지 않고 질문을 던졌다. "저는 세상의 기운과 정을 모아 모든 생명을 기르고 싶은데 어떻게 하면 되겠습니까?"
하늘은 계속 놀면서 머리를 흔들었다. "난 몰라, 난 몰라."
삼 년 후에 구름이 다시 하늘을 만났다. 반가워서 달려갔다. "저 기억 안 나십니까? 제가 삼 년 전에 여쭤본 거 대답해 주셔야지요."
하늘은 한숨을 쉬며 말했다. "나는 자유로이 노느라 뭘 찾는지도 몰라(浮游 不知所求). 얽매이지 않아 갈 곳도 몰라(猖狂 不知所往). 그런 내가 뭘 알겠어?"

구름은 끈질기게 따라붙었다. "절 따르는 사람이 많습니다. 그들을 봐서라도 한 마디만 해주십시오."

하늘은 어쩔 수 없이 답을 해줬다. "마음을 길러. 그거밖에 없어. 사람들이 따른다고 다스릴 생각하지 마. 네가 아무 짓도 안 하면 다들 알아서 잘 살아."

마침내 답을 들은 구름은 감사인사를 전했다. "친절로 진리를 베풀어주시고, 침묵으로 진리를 보여주시는군요." ○ 재유

침묵 속에 진리가 숨어 있다. '모른다'는 말은 겸손이 아니다. 제 아무리 도통한 사람이라도 실제로 모른다. 무한한 세상을 유한한 말로 묶으려니 무리가 생길 수밖에 없다. 변화무쌍한 세상을 고정된 말로 묶어둔다는 건 불가능하다. 그러니 말을 할 수가 없다. 시험문제에 답을 낼 수 없다면, 제 아무리 박사학위 소지자라도 오답이다. 모르는 것이다. 중요한 건 자신이 모른다는 바로 그 사실을 아는 것이다.

소크라테스는 '너 자신을 알라'고 하는 명언으로 기억된다. 이 말은 그러나 실제로는 소크라테스의 말이 아니라 델포이에 있는 아폴론 신전에 새겨져 있는 말이었다. 소크라테스의 친구이자 제자였던 카에레폰Chaerephon이 델포이 신전에 가서 물었다. 가장 현명한 사람이 누구냐고. 신탁의 대답은 이랬다. "소포클레스는 지혜롭고, 에우리피데스는 더 지혜롭다. 그러나 가장 지혜로운 사람은 소크라테스다(소포클레스와 에우리피데스는 아이스킬로스와 함께 그리스 3대 비극 시

인이다)." 소크라테스는 이 말을 전해 듣고 도저히 믿을 수 없었다. 자신이 나중에 법정에서 했던 말이다. "저는 크든 작든 지혜를 갖고 있지 않다는 것을 알고 있었거든요." 신탁의 뜻을 고민하던 소크라테스는 자신보다 더 지혜로운 사람을 직접 찾아보기로 한다. 그리고 지혜롭다고 알려진 사람을 직접 만나 이야기를 시도한다. 그 결과 깨닫게 된다. 자신이, 사람들이 지혜롭다고 여기는 사람들이 실제로는 아무것도 알지 못한다는 사실을. 그리고 아무것도 모른다는 사실을 안다는 점에서 자신이 그들보다 더 지혜롭다는 사실을. 그래서 '너 자신을 알라'가 소크라테스의 입을 통해서 나올 때에는 '너 자신이 무지함을 알라'는 뜻이 된다.

소크라테스가 만난 '지혜로운 사람' 중에는 당대의 존경받는 장군 라케스Laches와 니키아스Nikias도 포함돼 있다. 이들에게 소크라테스는 용기가 뭔지 말해달라고 한다. 라케스는 지극히 상식적인, 우리도 쉽게 할 법한 대답을 들려준다. "용기란, 적과 마주섰을 때 도망가지 않고 자리를 지키며 싸우는 것이오." 소크라테스는 천진난만한 표정으로 되묻는다. "그런데 스키타이인들은 물러났다가 다시 싸우기도 하던데요?" 전투의 전문가인 라케스는 소크라테스를 계속 가르치려고 든다. "이봐요, 그건 전차 싸움 얘기죠. 우리 중무장보병이 주력인 우리는 그런 거 없어요. 무조건 버티는 겁니다." 소크라테스는 계속 질문을 던진다. "똑같이 중무장보병을 쓰는 스파르타도 페르시아군과의 플라타이아 전투에서 물러났다가 싸우는 전법으로 이기지 않았소?" 여기서 라케스의 말문이 막혀 버렸다. "그건 맞아요." 그러고는 '맞아', '그래요', '그렇군요'를 반복하다가는 스스로 용기에 대한 정의를 수정하고 만다. 용기란 애초에 생각했듯 그리 간단한 게 아니라는 사실을 깨닫게 되는 것이다.

소크라테스는 다른 사람과 대화할 때 무언가를 가르쳐주지 않는다. 그저 그 사람의 무지를 일깨워줄 뿐이다. 진리는 스스로 찾아야 하는 것이다. 그리고 그 시작은 자신의 무지를 깨닫는 것이다. 마치 아이는 산모가 낳고 산파는 그저 도와주기만 하는 것처럼. 그래서 소크라테스의 대화법은 산파술이라고 불린다. 마침 소크라테스의 어머니 파에나레테가 산파이기도 했다.

종교개혁 시대를 관통해 살며 신념을 내세운 인간의 잔인성에 실망했던 몽테뉴는 이렇게 말했다. "무엇이 확실하고 확정적이라고 보는 자는 미친 자들뿐이다." 진정 배울 준비가 됐다는 점에서 모른다는 걸 인정한다는 건, 자신의 선입견을 버린다는 뜻이다. 선입견은 멋있게 말하면 세계관이다. 나쁘게 말하면 색안경이다.

설결이 왕예에게 네 번이나 도를 물었지만 네 번 모두 모른다고 했다. 설결은 기뻐하며 이 사실을 포의자에게 알렸다. 포의자는 대견해 하며 말했다. "이제 알았구나. 순임금만 해도 복희씨에게 미치지 못했다. 순임금은 어짊을 앞세워 사람을 따르게 하고 사람을 얻었지만, 사람을 두고 옳다 그르다 하는 수준을 벗어나지 못했다. 복희씨는 누우나 깨나 조용한 것이, 사람들이 자기더러 말이라고 하면 말이려니 하고 소라고 하면 소려니 했다. 옳다 그르다는 따지는 수준을 벗어난 것이다. ○ **응제왕**

쏟아져 나온 고유명사부터 잠깐 정리하고 가는 게 좋을 것 같다. 요임금에게는 허유라는 스승이 있었다. 허유의 스승이 여기 나오는 설결, 설결의 스승이 왕예, 왕예의 스승이 포의자다. 제자가 사부師父의 성취를 사조師祖에게 알리는 장면이다(어차피 전설이니 나이 따지는 건 무의미하지만, 예전의 사제 관계라는 게 지금과는 많이 다르다. 《논어》에 가장 자주 등장하는 자로는 공자보다 불과 9살 어렸다. 제자라기보다는 거의 친구다).

"사조님, 네 번 물어봐도 네 번 다 모른다고 대답하시는 걸 보니, 사부께서 드디어 모르는 것이 진짜 아는 것이라는 진리를 깨달으셨나 봐요." 손자뻘 제자가 이렇게 자랑하니까 할아버지뻘 되는 스승이 대견해 하면서도 한 수 더 얹어준다. "순임금도 훌륭하지만 그 옛날 복희씨는 더 훌륭했다. 순임금은 벌써 사람에게 어짊이라는 잣대를 들이대고 옳으니 그르니 했다. 하지만 복희씨에게는 그런 기준이 없었다. 사람이 옳고 그른 게 어디 있니. 각각 저마다 가치가 있는 게지."

순임금은 역사 시대 시작 직전의 인물이다. 삼황오제라고 할 때의 오제(황제-전욱-제곡-요-순)의 마지막이다. 반면 복희씨는 삼황(복희-신농-여와)의 맨 앞자리다. 그만큼 시간의 간격이 있다. 자연과 사람의 거리만큼.

복희씨는 말이 되기도 하고 소가 되기도 한다. 스스로 원해서 변신하는 게 아니라, 남들이 부르는 대로 따라가는 것이다. '나는 팔괘를 만들었다', '나는 물고기 잡는 법을 가르쳤다'는 자부심은커녕 '나는 뱀 형상을 했다'는 자의식조차 없다. '나'를 내세우지 않는다. '내 관점'을 강요하지 않는다. 그래서 남들이 보면 멍 때리고 있는 것으로 보인다. 하지만 그래서 자유롭다. 뭐든 배울 수 있다. 아무런 편견 없이.

여행을 통해 아무것도 얻지 못했단 사람이 있다는 말을 듣고 소크라테스가 했다는 말이 있다. "그 사람은 아마도 자기 자신을 짊어지고 갔다 온 모양일세." 여행은 낯선 것과의 만남이다. 여행지에서 '익숙한 나 자신'만 짊어지고 다니면 아무것도 볼 수 없고, 느낄 수 없고, 얻을 수 없다. 내 입맛만 고집해서 끼니마다 햇반에 고추장만 비벼먹고 다니면 짐만 늘어날 뿐이다.

물에서는 배를 타야 하고, 뭍에서는 수레를 타야 한다. 길에서 수레 잘 끌고 왔으니 물에서도 수레로 가겠다고 고집부리는 건 멍청한 짓이다. 배 타고 물 건너왔으니 뭍에서도 배 끌고 가겠다는 것도 미련한 짓이다.

멀쩡히 잘 가는 시계라도 다른 나라에 가면 시간을 새로 맞춰야 한다. 내 시계가 아침 9시라고 해서 남들한테도 아침 9시를 살라고 강요할 수는 없다. 내 시계를 밤 9시로 맞춰야 한다. 요사이 스마트폰은 다른 나라에 가면 저절로 시간을 현지 시간으로 바꿔서 표시한다. 스마트하다는 건, 그런 것이다. 내 시간을 고집하지 않는 것, 남의 시간에 나 자신을 맞출 줄 아는 것.

고요한 물이 거울이 된다

노나라에 왕태라는 사람이 있었다. 형벌을 받아 발뒤꿈치가 잘린 불구자였다. 그러나 제자의 수는 공자와 맞먹었다. 상계가 공자에게 물었다.

"불구자에게 뭐 배울 게 있다고 사람들이 몰릴까요? 수업도 안 하고 토론도 없다는데, 사람들은 비어서 갔다가 채워서 돌아온다네요. 눈에 보이지 않지만 마음에 느껴지는 가르침이 있나요? 왕태는 어떤 사람인가요?"

"그분은 성인이다. 나도 진작 가보려 했으나 꾸물거리다 못 갔다. 발을 잃고도 마치 신발에서 흙 떨어진 것처럼 여기는 사람이다."

공자가 '성인'이라고까지 치켜세우니 상계는 더 이상 불구자 운운하지 못하고 되물었다.

"불구를 불구로 여기지 않는 상심常心을 얻은 마음 수련은 인정하겠습니다. 그런데 다른 사람들이 그에게 모여드는 이유는 여전히 모르겠습니다."

"사람들이 흐르는 물에 자기 얼굴을 비춰보느냐? 잔잔한 물에 비춰본다(鑑於止水). 오직 고요한 물만이 제 모습을 비춰보려는 사람들을 멈추게 할 수 있다(唯止能止衆止)." ◦ 덕충부

상계가 누구인지는 확실하지 않다. 노나라의 현인이라고도 하고, 공자의 제자라고도 한다. 분명한 건, 왕태를 깔보는 사람이다. 그것도 발을 잘린 형벌을 받은 사람이라는 이유로. 그런 몸으로 공자와 어깨를 나란히 하는 게 참 눈꼴시다. 어쩌면 공자는 핑계일 뿐 자신보다 더 인정받고 대우받는 게 싫은지도 모르겠다. 그래서 공자에게 "꼴같잖은 인간이 요새 잘나가는 모양인데 어떻게 생각하십니까?" 하며 동의를 구한다.

하지만 공자는 기대에 부응해주지 않고 "그 분은 네가 그런 식으로 함부로 입에 올릴 사람이 아니다"고 따끔하게 훈계한다. 마치 신발의 흙 터는 것처럼 발을 잃은 것쯤은 아무렇지도 않게 생각하는 사람이다. 주어진 현실은 있는 그대로 받아들이고, 자신의 모습을 있는 그대로 수용하기 때문이다. 그래도 상계는 여전히 불만이다. "백번 양보해서 제 마음 잘 다스리는 건 인정하겠지만, 그렇다고 그 사람이 세상에 좋은 일 한 건 없잖습니까?" 제자들은 있지만 수업도 안 하고 토론도 없다고 하니, 선생으로서는 하는 일이 없는 것도 같다.

공자는 바로 그 점이 왕태가 성인인 이유라고 설명한다. 그러면서

'잔잔한 물'의 위대함을 말한다. 늘 한결같고, 언제나 찾아가면 제 자리에서 기다리고 있고, 내가 떠나도 잡지 않고, 무엇보다 '나'를 있는 그대로 봐 준다. 아니, 비춰 준다. 바로 거울이다. 자신을 비추는 거울. 잘나면 잘난 대로, 못나면 못난 대로, 당당하면 당당한 대로, 비겁하면 비겁한 대로, 누구도 이해할 수 없는 나만의 이유는 그 이유대로, 그저 있는 그대로 비춰 준다. 다른 사람의 기준이 아닌, 세상에 단 하나뿐인 나의 기준으로 나 자신을 볼 수 있는 거울을 찾아 사람들이 몰려드는 것이다.

흐르는 물은 상을 이지러뜨린다. 흐르는 물에는 얼굴을 비춰보기도 힘들거니와 보더라도 흔들리는 내 모습일 뿐이다. 사뭇 귀신같은. 흐르는 물은, 가만히 있지 않는 물은 있는 그대로의 모습이 아니라 자신이 보여주고 싶은 모습을 만든다. 실상과는 물론 거리가 멀다.

잔잔하기에, 멈춰 있기에, 어쩔 수 없는 것은 기정사실로 받아들일 줄 알기에, 현실을 보고 싶은 대로 보는 대신 있는 그대로 볼 줄 알기에, 왕태는 발 잃은 것도 신발의 흙 털 듯 여길 수 있었다. 불구를 불구로 여기지 않는 마음, 시련을 시련으로 받아들이지 않는 마음, 기뻐도 기쁨에 휘둘리지 않는 마음, 그게 바로 상심常心, 늘 똑같은 마음이다.

발뒤꿈치가 잘린 왕태와 마찬가지로 절름발이였던 노예 출신 스토아철학자 에픽테토스는 목욕탕의 예를 든다. "만약 목욕탕에 갔다 치자. 그럼 누군가가 물을 튈 것이다. 경우에 따라서는 밀칠 수도 있고, 욕하는 사람도 있고, 심지어 도둑놈도 있을 수 있다. 기분이 나쁜가? 스스로에게 이렇게 말해보면 마음이 평안해질 것이다. '나는 목욕을 왔다. 또 내 마음을 본성 그대로의 편안한 상태로 유지할 것이다. 내가 원하는 건 단지 목욕뿐만이 아니라 마음을 다스리는 것이기도 하기 때문에 그 무엇으로부터도 방해받지 않으리라'."

목욕탕은 물 쓰는 곳이다. 물 튀는 게 당연하다. 장난 심한 이들이 찬물 튀기면 좀 차갑긴 하지만, 그렇다고 버럭 성낼 것까지는 없다. 어차피 나가면서 닦을 것, 옷을 버린 것도 아니고 몸이 더러워지는 것도 아니다. 목욕탕은 동시에 사람이 많은 곳이기도 하다. 얘기하다 보면 목소리 커져서 시끄럽게 떠드는 사람도 있을 수 있다. 온갖 사람 다 오다 보면 도둑놈도 섞여 있을 수 있다. 목욕탕이 원래, 어차피 그런 곳이려니 생각하면 화내거나 흥분할 이유가 하나도 없다.

어릴 적 길 걷다 물벼락 맞는 예가 적지 않았다. 특히 여름이면 땅을 식히기 위해 뿌리는 물에 곧잘 맞곤 했다. 화내는 사람도 있지만, 워낙 흔한 일이어서 그런지 다들 그러려니 하고 지나갔다. 왕태는 거기서 한발 더 나아간 사람이다. 세상 살다 보면 억울하게 발뒤꿈치 잘리는 일도 있기 마련이라고 생각하는 것이다.

여기서 한발 더 나아가면, 발을 잘린 것도 그 자체로 불행이 아니라 불행으로 여기기 때문에 불행이라고 여기는 수준에 이른다. 불행도 마음속에 있고, 행복도 마음속에 있다는 것이다. "네가 허락하지 않는다면 누구에게도 상처받지 않을 수 있다. 네가 상처받았다고 생각할 때 너는 상처받는다." 에픽테토스의 이 말을 신분은 황제지만 학문적으로는 에픽테토스의 후배가 되는 아우렐리우스는 이렇게 바줬다. "네 의견을 버려라. 그러면 '내가 피해를 입었다'는 느낌이 사라질 것이다. '내가 피해를 입었다'는 느낌이 사라지면 피해도 사라질 것이다."

스토아철학에서는 부동심(아파테이아) 또는 평정심이라고 부르는 이 경지는 장자가 말하는 한결같은 마음(常心)이나 잔잔한 물(止水)과 비슷하다. 하지만 그 경지에 이르는 방법이 다르다. 스토아철학은 인내를 요구한다. 참고 견디는 것으로 스스로를 단련한다. "파도가 끊임없이 부서지는 갑(岬)처럼 되라. 갑은 꿋꿋이 버티고 서서 주위에서 끓어오르는 바닷물을 잠재운다(아우렐리우스)." 심지어 감정의 예방주사도 맞는다. "네 아이를 보며 도자기를 늘 상기해라. 언제나 깨질 수 있는 도자기라고. 정말 깨져도 마음 상하지 않도록." 쉽게 말해, 너무나 사랑스러운 아이를 보며 '내일이라도 당장 이 아이가 죽을 수도 있다'는 사실을 끊임없이 스스로 상기하라는 뜻이다. 그럼 당장 이 순간 그 아이에게 후회 없는 사랑을 퍼부어줄 수도 있지만, 실제로 그 아이에게 불행이 닥쳤을 때 슬픔을 이겨낼 수 있다는 것이다.

생활에 큰 도움을 주는 말이다. 실체가 불분명한 '행복'에 바짝 다가서게 해주는 말이다. 마음의 행복뿐 아니라 세속적 행복(부)을 누리는 데에도 큰 도움이 된다(스토아철학자들은 고상한 주장에 어울리지 않게 놀랄 정도로 부자들이 많았다. 심지어 노예 출신 에픽테토스도 부자였다). 그러나 한 가지 빠진 게 있다. '상대'가 없다. '나'만 있고 '너'는 없다. '너'가 누군지는 애당초 관심사가 아니다. 그저 '나'의 심사만 고쳐서 '나'만 맘 편히 잘 먹고 잘 살겠다는 게 스토아철학이다.

장자는 '잔잔한 물'을 말하면서 '사람들이 비춰본다'는 점을 부각했다. 처음부터 '남'을 고려한다. 스토아철학이 외부의 그 어떤 충격에도 상관없이 똑같은 수면을 유지하는 얼음을 꿈꾼다면, 장자는 잔잔한 물을 통해 외부를 있는 그대로 비추기를 꿈꾼다. 목적이 다르다. 얼음은 사물을 비추는 거울의 역할을 할 수 없다.

큰물이 나서 하늘에 닿아도 그는 빠지지 않을 것이요, 큰 가뭄에 쇠와 돌이 녹고 흙이나 산이 타더라도 그는 뜨거워하지 않을 것이다. ◦ 소요유

지인은 신이다. 큰 늪이 불에 타도 그를 뜨겁게 할 수 없고, 황하와 한수의 물이 얼어붙어도 그를 춥게 할 수 없고, 벼락이 산을 깨뜨리고 바람이 바다를 뒤엎어도 그를 놀라게 할 수 없다. ◦ 제물론

지극한 도를 얻은 사람은 불도 그를 뜨겁게 하지 못하고, 물도 그를 빠지게 하지 못하고, 추위도 더위도 그를 해치지 못하고, 짐승도 그를 해치지 못한다. ◦ 추수

《장자》를 '신선되는 법' 적어놓은 책쯤으로 인식시키는 데 큰 역할을 하는 문장들이다. 아닌 게 아니라 나도 처음 볼 땐 무척 당혹스러웠다. 그러다 '남들이 스스로를 비춰보는 잔잔한 물'이라는 대목에서 의문이 풀렸다. 지인의 모습이란, 거울이었다.

거울은 뜨거운 불을 불 그대로 비추기만 할 뿐이다. 거울 속 불이 타오를 리가 없다. 얼어붙은 강물 역시 거울에 비친 얼음일 뿐이다. 보는 건 서늘하지만, 그 때문에 얼어 죽을 일이 없다. 벼락이 쳐도, 바다가 뒤집어져도, 거울은 그저 벌어지는 광경을 담담히 담아낸다.

초절정 미녀 서시는 더 예쁘게 소위 뽀샵질해서 비춰 줄게? 거울은 그런 거 없다. 저 나무는 쓸모없으니 비추지 않겠다? 거울은 그런 거 없다. 너는 앉은뱅이니까 거울 앞에 서나마 우뚝 선 모습으로 비춰 줄게? 거울은 그런 거 없다. 오는 사람 막지 않고 가는 사람 말리지 않는다. 예쁘고 못생기고 차별하지 않는다. 잘나고 못난 거 따지지 않는다. 옳고 그른 거, 애당초 관심이 없다. 그저 있는 그대로 보여줄 뿐이다.

지인의 마음은 마치 거울과 같다. 비쳐 오는 것이 밉다고 해서 배척하지도 않고, 곱다고 해서 환영하지도 않으며, 비쳐진 것이 떠나가도 굳이 그 자취를 남기려고 하지 않는다. 그래서 거울은 모든 사물을 비추며 조금도 몸을 상하지 않는다. ◎ 응제왕

다른 사람을 있는 그대로의 모습으로 인정할 줄 아는 '잔잔한 물'이 처음부터 잔잔했던 건 아니다. 깊은 산속의 옹달샘에서 두 손에 떠 담기도 미안할 만큼 물이 모였을 것이다. 그리고 시냇물이 되어 흐르다, 어느 순간 급류가 되어 집채만한 바위를 굴리기도 했을지 모른다. 폭포가 되어 낭떠러지를 수직낙하했을지도 모른다. 그리

고 마침내 널따란 호수를 만나, 건너편이 보이지 않는 널찍한 강이 되어 평화로운 잔잔한 물이 된다. "물은 잡것이 섞이지 않으면 맑고, 움직이지 않으면 평평하지만, 막혀 흐르지 않으면 또한 맑을 수 없다(각의)."

거울 같은 마음은 내 마음 다칠까봐 기뻐도 기뻐하지 않고 슬퍼도 슬퍼하지 않는 감정 단련의 결과가 아니다. 기쁠 때는 함께 환호하고, 슬플 때는 함께 통곡한 결과다. 내가 슬퍼보지 않고 남의 슬픔을 이해할 수 없다. 내가 기뻐보지 않고 남의 기쁨을 함께 기뻐할 수 없다.

내 심사 복잡하다고 세상을 등지는 건 장자식 해법이 아니다. 복잡할수록 세상 속으로 파고들어 그 안에서 답을 찾아야 한다. 어울려 살다 보면 나를 슬프게 하고 화나게 하는 일들투성이다. 그러나 동시에 나를 즐겁게 하고 기쁘게 하는 일들이 적지 않다. 그 모든 게 세상이다. 슬프다고 등질 일이 아니라 슬픔에까지 충실한 게 세상을 사는 법이다. 덜 슬프려 애쓸 필요도 없다. 슬프면 눈물 보이면 그만이다. 그게 세상사는 거니까.

도산서원에 가면 퇴계 이황이 동네꼬마들 모아놓고 학문을 가르치는 서당으로 쓰던 정우당이라는 건물이 있다. 그 앞에 자그마한 연못이 있는데, '애련설愛蓮說'이라는 시가 적힌 팻말이 있다. "진흙탕에서 나왔지만 더럽지 않고(出於泥而不染) 속은 비었지만 줄기는 곧다(中通外直). 향기는 멀수록 깊고(香遠益淸) 의지하는 것도 없이 서 있으니(亭亭淨植) 멀리서 바라볼 수는 있지만 가지고 놀 수는 없다(可遠觀而不可褻翫)."

연꽃이 되고 싶었던 퇴계의 바람이 느껴진다. 세상 속에서 살지만 풍파에 휩쓸리지 않고 자기중심 지키면서, 남들한테 해코지하는 대신 은은하게 좋은 향기, 좋은 영향을 널리 퍼지게 하는, 그러면서도 만만하게 보여서 괴롭힘 당하지 않는 사람. 진흙탕이 싫다고 버둥거릴 필요 없다. 그냥 그 속에서 뒹굴면 된다. 그저 스스로 당당하게, 알몸으로 세상을 마주하면 그뿐이다.

보물을 버리고
아기를 업고 뛴다

카론다스는 아주 엄격한 법체계를 만든 이로 악명이 높다. 법 개정을 제안하려면 목에 밧줄을 매고 찬반 투표가 끝날 때까지 기다려야 했다. 부결되면 즉각 사형이 집행된다. 개정은 꿈도 꾸지 말라는 뜻이다. 법이 사람 위에 존재한다는 뜻이다. 법 내용 중에는 공공장소에 칼을 갖고 가지 못한다는 조항도 있었다. 하루는 입법자인 카론다스 자신이 여행에서 돌아오는 길로 곧장 민회에 참석했는데, 깜빡 잊고 칼을 찬 채로 입장했다. "너 자신이 법을 어겼다"는 비난이 쏟아져 나왔다. 너무 엄격한 법에 허덕이던 사람들로서는 그 참에 법을 무력화하고 싶었는지도 모른다. 카론다스는 당황을 가라앉히고 냉정하게 말했다. "나는 내 법을 지키겠소." 그리고 갖고 있던 칼을 뽑아 스스로 목숨을 끊었다. 카론다스의 머릿속은 여전히 사람이 아니라 법이 우선이었다. 그 사람이

자기 자신이라 해도 예외가 될 수 없었다.

단순명쾌한(사실은 단순무식한) 조직의 논리가 개인의 판단을 압도할 때, 개인은 설 자리가 없다. 조직에 묻어가기만 하면 된다. 개인에게는 행동의 여지도 없고, 따라서 고민의 여지도 없다. 그저 눈치만 보는 게 최선이다. 그래서 나오는 말이 복지부동, 바닥에 납작 엎드려서 아무것도 하지 않는 것이다. 기껏 움직여 봤자 눈치 보느라 굴리는 눈동자뿐이다. 그래서 나온 말이 복지안동, 바닥에 납작 엎드려 아무것도 하지 않으면서 눈동자만 움직이는 것이다.

개인이 조직의 부속품일 뿐일 때 그들은 언제든지 대체될 수 있다. 이런 조직에서 조직이 원하는 충성을 다할 경우 돌아오는 건 배신감일 경우가 많다. 직장인이 자주 하는 말처럼 "회사는 기억력이 없다." 내가 회사를 위해서 얼마나 노력했는지, 내가 회사에 얼마나 큰 기여를 했는지, 회사는 기억하지 않는다. 그런 배신감에 치를 떠는 개인이 할 수 있는 선택이란, 계속 부속품으로서의 삶을 받아들이든지, 아니면 사표를 던지는 것뿐이다(사표란, 조직을 향한 가장 강력한 항의의 표시다. 물론 대부분의 회사들은 그 항의조차도 가뿐하게 무시하고 사표 낸 사람을 '배신자'로 낙인찍어 비난하지만).

호메로스의 《일리어드》는 10년에 걸친 트로이 전쟁 중 9년째의 며칠만 다뤘다. 그 뒷이야기의 일부를 소포클레스가 쓴 게 《아이아스 Aias》다. 아킬레우스가 죽은 뒤 대장장이 신 헤파이스토스Hephaistos가 만든 아킬레우스의 갑옷을 누가 가질지를 놓고 경합이 벌어졌다. 최종 후보는 오디세우스와 아이아스였다. 아이아스는 늘 최전방에 섰던 용사였다. 보통 사람 4명에 해당하는 힘을 쓰는 천하무적이었고, 그리스 군 대부분이 아이아스에게 목숨을 빚진 적이 있다. 심지어 경쟁자 오디세우스마저도. 그러나 경합의 결과 승자는 오디세우스였다. 아이아스의 힘이란, 총사령관 아가멤논의 말처럼 "보통 사람 4명으로 대체 가능"한 것이었던 반면, 오디세우스의 지혜는 누구도 대체할 수 없는 것이었기 때문이다. 아이아스는 좌절했다. 미쳐서 가축들을 아가멤논이라고 우기며 죄다 죽인 뒤 자살했다.

자살은, 극단적인 항의의 표시다(조직원의 사표다). 더 이상 자신의 존재 의미가 없다고 여길 때, 조직이 더 이상 내 것으로 여겨지지 않을 때, 동료가 더 이상 동료로 느껴지지 않을 때, 사람들은 자살을 선택한다. 왕따를 만드는 집단의 광기가 있다면, 그 대척점에 개인의 고독과 단절로 인한 자살이 있다.

죽은 아이아스를 '자랑스러운 우리의 동료 전사'로 복권시킨 건 경쟁자였던 오디세우스였다. 총사령관 아가멤논은 원칙을 내세우며 '반역자의 죽음'으로 처리하려 들었다. 아이아스의 시신에 돌을 던지려 했다(사표를 낸 조직원을 배신자로 만드는 것처럼). 아이아스에게 목숨을 빚진 자들에게 돌을 쥐어주면서.

사람에게는 네 가지 병이 있다. 큰일을 경영하면서 멀쩡한 법을 몇 번씩 뜯어고쳐 자신을 드러내려는 것을 외람됨(㤿)이라고 한다. 사사로이 혼자 일을 처리하고 남의 이익을 빼앗는 것을 탐욕(貪)이라고 한다. 자기 잘못을 보고도 고치지 않고 남의 충고도 듣지 않는 것을 꺼여 있음(很)

이라고 한다. 자기와 같은 의견은 좋다 하고 다른 의견은 나쁘다 하는 것을 불쌍함(矜)이라고 한다. ○ 어부

　사람에게 있는 네 가지 병이 아니라 권력자들이 갖기 쉬운 네 가지 병이다. 첫째는 멀쩡한 법 뜯어고쳐서 잘난 척하기. 둘째는 혼자 일 처리하기다. 독선이다. 셋째는 남의 충고 거부하기다. 넷째는 남의 의견 듣겠다고 하고선 제 생각과 같은 생각만 듣기다.
　네 가지의 공통점이 있다. 목표에 대한 문제가 아니라 절차와 방법에 대한 문제다. 목적에 대한 문제가 아니라 수단에 대한 문제다. 무엇을 결정하는지에 대한 문제가 아니라 어떻게 결정하는지에 대한 문제다.
　권력자들은 늘 목표를 말한다. 정의를 말하고, 사회통합을 말하고, 경제성장을 말하고, 복지국가를 말한다. 아가멤논도 그랬다. 반역자를 처벌하는 원칙이 깨지면 그리스 군대는 무너진다고 걱정한다. 그러나 목숨을 빚진 자들이 자기 손으로 아이아스의 시신에 돌을 던지게 하는 게 과연 군대의 사기에 도움이 될까? 방법이 틀렸다. 끝내 아이아스에게 돌을 던지게 했다면, 그리스군에는 자살 신드롬이 번졌을지도 모를 일이다. 아가멤논은 "큰 소 떼도 작은 채찍 하나로 다스린다"고 자랑스럽게 말한다. 틀렸다. "정성이 아니면 사람을 움직일 수 없다(不精不誠 不能動人)(어부)."

구슬을 버리고 어린아이를 안고 달아난다. ○ 산목

어느 군대가 성채를 포위했다. 항복의 순간만 남은 어느 날 포위군의 사령관이 자비를 베풀었다. 여자들은 도망갈 수 있게 길을 열어주겠다고 한 것이다. 그리고 나가서 먹고 살 수 있는 길도 마련해줬다. "각자가 들고 갈 수 있는 만큼 갖고 나가는 것은 허용한다." 이 말을 들은 아녀자들은 자신의 남편 또는 자식들을 업고 성을 빠져나왔다. 성 안의 보물을 포기하고 대신 남편과 자식의 목숨을 선택한 것이다. 포위군의 사령관은 아녀자는 물론 그 남편과 자식들까지 그냥 보내줬다.

보물이 중요한 게 아니다. 성채가 중요한 게 아니다. 나라가 중요한 게 아니다. 나라가 내세우는 정의, 용기, 인의가 중요한 게 아니다. 종교가 중요한 것도 아니다. 그 모든 것은 사람을 위한 것이다. 광성자가 "모든 중생을 기르는 방법을 알려 달라"는 황제의 질문에는 대답을 거부하고 "오래 사는 방법을 알려 달라"는 질문에는 흔쾌히 대화에 나선 것도 같은 이유다. 국가와 이념, 종교는 사람을 위해서 만들어졌다. 그러나 현실에서는 사람이 곧잘 국가와 이념, 종교를 위해 소모된다.

플라톤은 《프로타고라스》에서 재미있는 가상 대화를 소개한다. 제우스가 심부름꾼 헤르메스Hermes를 시켜 존경과 정의를 세상에 나눠주라고 시켰다. 그냥 내버려두면 인간들이 서로가 서로를 죽여서 모두 없어지고 말 것 같았기에, 존경과 정의로 서로 유대감을 갖게 하라는 것이었다. 헤르메스가 어떻게 나눠주면 좋겠냐고 물었더니 제우스Zeus의 대답은 이랬다. "모든 이가 가질 수 있도록 골고루 나눠

줘라. 특정한 사람들이 존경과 정의를 독점한다면 어떤 도시도 성립할 수 없을 것이다." 사람은 저마다의 정의를 갖고 있다. 저마다 존경의 몫을 갖고 있다. 그걸 빼앗겼을 때 좌절하고, 분노하고, 극단적으로 자살한다.

아버지를 죽이고 어머니와 결혼했던 오이디푸스가 비극적으로 왕위에서 물러난 뒤 두 아들 에테오클레스와 폴리네이케스가 서로 전쟁을 벌인다. 특히 폴리네이케스는 다른 나라의 군대까지 끌어들인다. 새로 왕이 된 크레온Creon은 폴리네이케스를 용서할 수 없다며 시신 매장을 금지한다. 그러나 폴리네이케스의 동생인 안티고네Antigone는 명령을 어기고 장례를 치른다. 크레온은 '원칙은 지켜져야 하며 예외는 있을 수 없다'며 안티고네를 처벌하려 한다. 그러나 안티고네는 인륜을 저버릴 수 없다고 항변한다. "한낱 인간에 불과한 전하의 포고령이 신들의 변함없는 불문율을 무시할 만큼 강력하다고 생각하지 않아요." 그리고 덧붙인다. "나는 서로 미워하기 위해서가 아니라, 서로 사랑하려고 태어났어요."

안티고네를 처벌하겠다는 뜻을 굽히지 않는 크레온을 설득하기 위해 크레온의 아들인 하이몬Haemon이 나선다. 크레온은 아들 앞에서도 자신이 옳다고 강변한다. "도시가 임명한 자가 명령하면 옳고 그르고를 떠나서 반드시 복종해야 한다. 권위에 대한 불복종보다 큰 악은 없다." 하지만 아들도 아버지 편이 아니다. "아버지 말씀만 옳고 다른 말은 죄다 틀렸다는 생각은 품지 마세요. 자기만 현명하다고 여기는 사람이야말로 막상 속이 비어 있을 때가 많아요. 급류에서 굽힐 줄 아는 나무는 가지를 보존하지만, 반항하는 나무들은 뿌리째 넘어집니다."

고집불통 크레온을 설득하기 위해 급기야 예언자 테이레시아스Teiresias까지 불려 나온다. "인간은 실수할 수 있어요. 하지만 고집 부리지 않고 실수를 고친다면 어리석은 사람이 아니지요. 다름 아닌 고집이 어리석음을 만듭니다." 크레온은 그러나 "예언자들은 돈을 밝힌다"며 테이레시아스를 돈 밝히는 노인네로 몰아붙이고는 단호히 선언한다. "내 결심은 흥정의 대상이 아니다."

모두가 제 목소리만 낼 때 상황은 파국으로 흐른다. 안티고네는 스스로 목을 맸다. 하이몬은 칼을 제 배에 밀어넣어 스스로 목숨을 끊었다. 그 충격으로 하이몬의 어머니이자 크레온의 아내 에우리디케Eurydice도 남편을 저주하며 자살했다. 크레온은 뒤늦게 오열했다. "아아, 분별없는 생각의 치명적인 실수여! 아아, 정의가 무엇인지 나는 불행을 통해 배웠다."

집단을 위해 개인이 모든 걸 희생해야 하는 시대가 있었다. 회사 일이 바쁘다며 부인의 출산 때 곁을 지켜주지 못하는 게 당연했고, 딸의 생일날 저녁을 함께하지 못하는 게 당연한 시대였다. 조직원 노릇을 하느라 남편 노릇, 아버지 노릇은 서툴렀던 시대다. 언제부터인가 개인이 복원되는가 싶더니, 어느 틈에 개인의 고독과 단절이 문제다. 각자가 섬처럼 세상에 떠 있다. 왜 떠 있는지 스스로도 모르는 섬이다. 외톨이 섬이다. 관계는 낯모르는 사람과 SNS로만 맺는다. 가상의 세계, 무한 폭력이 허용되는 세상이다. 그래서 자그마한 촉발

제만 있으면 분노를 터뜨리고 폭력을 휘두른다. 사람은 컴퓨터 코드로만 인식되는 비인격체가 아니다. 자판 몇 번 두드려 마음대로 할퀴어도 되는 대상이 아니라 댓글 몇 줄에 평생 지워지지 않는 상처를 받는 대상이다.

결국 다시 사람이다. 사람은 상처받기 쉬운 존재다. 존중받을 때 삶의 존재 의미를 찾는 존재다. 그래서 공감과 위로가 필요한 존재다. 김남주의 시처럼 "찬 서리 / 나무 끝을 나는 까치를 위해 / 홍시 하나 남겨둘 줄 아는 / 조선의 마음"이 절실하다.

8장

마음주기

사랑하는 방법

말을 사랑하는 사람이 있었다. 말똥을 직접 받아내기까지 했다. 그러나 말을 사랑하는 마음에 말 등의 모기와 등에를 쫓아내느라 채찍질을 했다. 말은 놀라 재갈을 깨고 머리를 찢고 가슴을 다쳤다. 생각은 지극했지만 도리어 사랑은 잃고 말았다(意有所至而愛有所亡). ○인간세

말을 너무나도 사랑한다. 좀 더 맛있는 걸 먹이려고 고민하고, 좀 더 좋은 환경에서 재우려고 애쓴다. 말똥도 더럽다 여기지 않고 손으로 직접 받아서 치운다. 그렇게 귀하게 여기는 말 등에 모기가 앉아서 피를 빨고 있다. 이런 괘씸한 모기 같으니라고. 채찍으로 모기를 내리쳤다. 아뿔싸. 모기는 날아가고 말 등에 채찍 자국만 남았다. 말은 아파서 날뛴다. 말 좋으라고 한 일인데…….

바다새 한 마리가 궁궐 마당에 앉았다. 임금은 새를 귀하게 여겨 잔치를 베풀고, 음악을 연주하고, 음식을 만들어줬다. 새는 눈이 부셔 정신을 못 차리다가 음식은 입에 대지도 못하고 사흘 만에 죽고 말았다. 임금이 자기를 기르는 방법으로 새를 길렀기(以己養養鳥) 때문이다. 새를 기르는 방법으로 기르지 않았기(非以鳥養養鳥) 때문이다. ○ **지락**

귀한 새 한 마리가 제 발로 날아들었다. 잘 모시고 싶었다. 그래서 내가 해줄 수 있는 최고의 대접을 해줬다. 없는 살림 쪼개서, 빚내고 무리해서, 매일 잔칫상 봐줬다. 화려한 조명을 설치하고, 악단을 불러다 음악도 연주해줬다. 극장식으로 공연도 펼쳐줬다. 그러나 새는 죽고 말았다. 잘해준다고 잘해준 일인데…….

말을 사랑하는 방법을 몰랐다고, 바다새를 사랑하는 방법을 몰랐다고 변명할 수 있다. 변명을 듣고 수긍할 수 있다. 자기 나름의 최선을 다한 건 사실이니까. 하지만 비겁한 변명이다. 사랑하는 방법을 몰랐던 게 아니다. 자신을 더 사랑했던 것이다. 자기만족의 수단으로 사랑을 펼친 것이다. 상대를 위한 사랑이 아니라 자신을 위한 사랑을 했던 것이다.

훌륭한 어머니로 우리에게 한석봉의 어머니가 있고, 중국에 맹자의 어머니가 있다면, 로마에는 그라쿠스 형제의 어머니가 있다. 한니발을 몰락시킨 스키피오 아프리카누스의 딸 코르넬리아Cornelia다. 남편이 죽었을 때 심지어 이집트 왕가에서도 혼담이 들어왔지만 코르넬리아는 재혼을 포기하고 스스로 '내가 가진 두 개의 보석'이라고 부른 두 아들의 교육에 모든 걸 걸었다(로마의 귀부인들이 모여 앉아 서로가 가진 보석들을 자랑하느라 여념이 없을 때 코르넬리아는 아무 말도 안 하고 있다가 '내게는 두 아들이 무엇과도 바꿀 수 없는 보석'이라고 말해서 다른 사람들을 머쓱하게 했다). 어차피 친정아버지도 돈 많았고, 죽은 남편도 돈 많았다. 최고의 교사를 초빙해 자식들에게 최고의 교육을 시킬 수 있었다.

어머니의 기대에 어긋나지 않게 자식들은 훌륭하게 자라났다. 젊은 티베리우스 그라쿠스Tiberius Gracchus는 소문난 엄친아가 됐다. 나중에 원로원에서 그라쿠스에게 최대의 후원자가 돼 주는 아피스 클라우디스가 집에 들어와서 자랑스럽게 아내에게 말했다. "여보, 우리 딸의 남편감을 정하고 들어오는 길이오." 아내는 엄마인 자신도 모르게 딸의 혼사가 진행됐다는 말에 아마 마음이 상했을 것이다. 조심스러운 푸념. "아니 왜 그렇게 서두르는 거예요. 티베리우스 그라쿠스가 사윗감이라면 몰라도."

하지만 어머니의 성에는 차지 않았던 것 같다. "사람들은 나를 아직도 스키피오의 딸이라고 한다. 나는 그라쿠스 형제의 어머니로 불리고 싶다." 큰아들의 죽음으로 이 소원은 이뤄졌다. 여성을 우습게 보는 로마인답지 않게 코르넬리아는 자신의 동상을 가졌다. 동상에는 자신의 소원대로 '그라쿠스 형제의 어머니 코르넬리아'라고 새겨 넣었다.

코르넬리아는 훌륭한 어머니였고, 자식을 훌륭하게 키웠다. 그러나 여전히 의문이다. 코르넬리아는 자식이 훌륭하게 자라길 원했던 것일까, '자식을 훌륭하게 키웠다'는 세간의 평가를 받고 싶었던 것일까. 외할아버지는 구국의 영웅이고, 아버지도 집정관을 지낸 사람이라면, 별 탈 없으면 그 자신도 집정관이 되도록 예정돼 있던 그라쿠스 형제가 그토록 조급하게 전면전에 나섰던 건 혹시 '그라쿠스 형제의 어머니'로 기억되고 싶었던 어머니 때문은 아니었을까.

나이 들어 미국에서 공부한 1년 동안 대한민국 어머니들의 교육열에 새삼 혀를 내둘렀다. 내가 학생이라면 미국에 있는 동안만이라도 과외공부 안 하고 방과 후 운동 프로그램에 열심히 참여하며 평생의 밑천이 될 넓은 시야와 튼튼한 체력을 키우고 싶을 것 같은데, 학부모의 마음은 그렇지 않은 모양이다. '미국 학교는 공부를 너무 안 시킨다'며 미국에 있으면서도 한국 교과과정을 몇 년씩 앞서 공부시키고, 미국 아이들은 맛없어 하면서도 군말 없이 먹는 학교급식을 '내 자식은 못 먹인다'며 도시락 싸 보내고, 방과 후에는 과외 공부 스케줄이 꽉 차 있다.

가장 놀라웠던 건 "저 아주머니 아들이 듀크대 다녀요." 이 한 마디에 갑자기 주변 아주머니들이 모여들어 친한 척하는 모습이었다. 대한민국 어머니들의 뜨거운 교육열에서도 '그라쿠스 형제의 어머니'가 되고 싶은 코르넬리아의 욕망이 살짝 들어간 게 아닌가 의심스러운 대목이다. "자식 교육 잘 시켰네." 이 한마디를 듣기 위해 아이들을 그토록 닦달하는 건 아닐까. 교육열이란, 어쩌면 비뚤어진 자기과시의 수단은 아닐까.

남해의 신과 북해의 신이 혼돈에게 초대받아 융숭한 대접을 받았다. 그 고마운 마음에 어떻게 보답할까를 의논했다. "사람들은 모두 일곱 구멍이 있어서 보고 듣고 먹고 숨 쉬는데, 혼돈만은 구멍이 없으니 우리가 뚫어 주자." 그리고 날마다 구멍 하나씩을 뚫었다. 이레째가 되자 혼돈은 죽고 말았다. ◦ 응제왕

중국신화에 따르면 혼돈은 세상 최초의 모습이었다. 밝음과 어두움도 나뉘지 않은 상태, 그저 어둡고 희미한 상태, 알 수 있는 것이라고는 없는 상태였다. 반고가 그 속에서 태어난다. 그리고 1만 8천 년이 지나서 하늘과 땅을 나눴다. 그리고 반고가 매일 한 길씩 키가 자라면서 하늘과 땅도 그만큼 멀어지게 됐다. 1만 8천 년이 다시 지나서 현재와 같은 하늘과 땅이 만들어진 뒤 반고가 죽었다.

서양에서도 혼돈(카오스)은 태초의 모습이다. 일주일의 천지창조를 거쳐 우주(코스모스)가 생겼다. 그리스인들이 쓴 '코스모스 kosmos'라는 단어는 오늘날 영어에서는 두 가지 단어로 갈라졌다. 하나는 여전히 코스모스 cosmos라고 쓰는 '질서'라는 뜻이고, 다른 하나는 모양이 조금 달라진 화장품 cosmetics이라는 단어에서 보듯 '아름다움'이라는 뜻이다. 완벽한 조형미를 추구했던 그리스인들에게 질서는 곧 아름다움을 뜻했던 것이다. 즉, 질서와 아름다움은 동의어였다.

남해의 신과 동해의 신들 역시 그렇게 생각했던 모양이다. 무려 3만 6천 년 동안 이뤄진 일을 불과 일주일 만에 해치우려고 했으니. 그 바람에 세상의 기초가 되어야 할 혼돈이, 새로운 모습으로 탈바꿈하

기도 전에 죽고 말았다. 감사의 뜻을 전한답시고 혼돈의 상황은 살피지도 않고 저들 하고 싶은 대로 바꿔 버린 탓이다.

아름다움, 좋다. 그런데 아름다움이란 주관적이다. 남해의 신과 동해의 신에게는 일곱 구멍이 뚫려 있어야 아름다운 것으로 보였지만, 혼돈 스스로에게는 혼돈 그 자체가 아름다움이었다. 질서가 잡힌 혼돈은 이미 혼돈이 아니다. 저 보기 좋자고 남 모습 뜯어 고치는 것이야말로 만행이다.

사명대사가 왜장 가토 기요마사를 만났다. 가토는 환심을 사려고 '선물'을 주겠노라고 했다. 무슨 선물을 원하느냐고 물었을 때, 사명대사의 대답은 단 한 마디였다. "당신의 목."

상대가 진정 원하는 건 내가 없어져 주는 것, 내가 가만히 있어주는 것일 수도 있다. 나를 위해 상대를 바꾸는 건 억지다. 어렵다. 힘을 동원해야 한다. 바꾸더라도 오래가지 않는다. 상대를 바로잡으려 하지 말고 상대의 마음과 상황을 배려하며 스스로 바로 잡을 수 있도록 도와야 한다.

아니, '바로 잡는다'는 말 자체가 이미 틀렸다. 내 보기에 '바로'가 상대에게 '바로'가 아닐 수 있다. 내가 보기에 바로 된 것이 상대에게는 비뚤어진 것일 수 있다. 있는 그대로를 인정해 주는 것, 있는 그대로를 사랑하는 것이 진정 사랑하는 길이다.

우정에 대하여

어떤 사람이 흰 흙을 코끝에 마치 파리날개처럼 얇게 발랐다. 친구인 석공은 도끼날을 휘둘러 코끝은 그대로 둔 채 흰 흙만 깨끗하게 깎아냈다. 석공이 도끼를 휘두르는 동안 흙을 묻힌 사람은 꼼짝도 하지 않았다.
임금이 이 얘기를 듣고 석공을 불러 말했다. "재주가 좋다던데 나에게도 한번 해 봐라." 석공은 말했다. "제가 예전에는 할 줄 알았지요. 그러나 이제는 못합니다. 흙을 묻히던 그 친구가 죽었거든요." ○ 서무귀

코끝에 종이보다 얇게 흰 칠을 하고 누워 있으면 도끼날로 단번에 그 칠을 벗겨내는, 목숨 걸고 하는 곡예에 대한 이야기다. 얇은 칠을 두꺼운 도끼로 벗겨내는 건 물론 어려운 일이다. 그러나 더 어려운 건, 자칫 목숨을 잃을 수도 있는 상황에서 석공을 절대적으로 믿고

움직이지 않는 일이다. 혹시라도 의심이 들어 조금이라도 몸을 움츠리면, 도끼날은 칠이 아니라 피부를 벗겨내거나, 혹은 뼈를 작살낼 수도 있다.

단지 신기한 마음에 임금이 휙 칠하고 눕기라도 하면, 그 날은 석공과 임금 모두 죽는 날이 되기 십상이다. 임금은 몸을 움직일 것이고, 그러면 임금은 최소한 다치거나 죽을 것이고, 임금 몸에 도끼 자국 낸 석공 역시도 죽음을 면치 못할 테니까. 석공의 도끼 기술은 물론 중요하지만, 더 중요한 건 누워 있는 사람이 석공에게 갖는 신뢰다.

알렉산드로스가 페르시아를 침공했을 때다. 갑자기 병을 앓았다. 과로 때문이라고도 하고, 찬물에 목욕을 했기 때문이라고도 한다. 그런데 의사들이 치료를 거부했다. 섣불리 나섰다가 혹여 일이 잘못되면 의사가 책임져야 하기 때문이다. 그때 필리포스라는 이름의 의사가 나섰다. 알렉산드로스가 죽는다면 자신도 함께 죽겠다는 각오였다.

필리포스가 정성스레 만든 약을 들고 들어갔을 때, 알렉산드로스의 손에는 편지가 하나 들려 있었다. 필리포스는 페르시아의 뇌물을 받고 알렉산드로스를 독살하려 하니 조심하라는 내용이었다. 알렉산드로스는 필리포스가 바치는 약을 한 손으로 받았다. 그리고 약을 입으로 가져가 꿀꺽꿀꺽 거침없이 마시며 다른 한 손으로 편지를 필리포스에게 건넸다. 잠깐 동안 한 사람은 편지를 읽었고, 한 사람은 약을 마셨다. 다음 순간 편지를 다 읽은 사람은 부들부들 떨었다. 약을 다 마신 사람은 싱긋 웃음을 보였다. 신뢰의 웃음이었다. 감격의 떨림이었다. 필리포스는 더욱더 열심히 간호했고, 알렉산드로스는 자리를 털고 일어났다.

장자가 혜자의 무덤가에서 석공이 흙 칠 깎아낸 이야기를 전하면서 말했다. "이제 혜자가 죽으니 나도 상대할 사람이 없구나. 더불어 이야기할 사람이 없구나." ○ **서무귀**

    장자와 혜자의 사이가 그토록 애틋하기만 한 것 같지는 않다. 《장자》 안에서만 보더라도 혜자는 장자가 혹시 자기 벼슬자리를 빼앗지 않을까 전전긍긍하는 사람으로 묘사된다. 학문적으로도 명가(논리학파 또는 변론학파)의 입장을 강조하며 장자와 각을 세운다. 장자와 같은 목표를 추구하는 것처럼 보일 때도 있지만, 그때는 아무래도 말귀 어두운 팔푼이 역할이기 십상이다.

    그럼에도 《장자》를 통틀어 장자와의 대화 장면이 가장 많이, 자주 등장하는 건 역시 혜자다. 일부의 현실적인(내게는 매우 설득력 있는) 분석처럼, 장자가 혜자에게서 공짜 밥 얻어먹는 문객이었기 때문일 수도 있다. 하지만 실력자가 거느린 문객이 한두 명도 아니고, 아무 나하고 자주 대화를 나누지도 않거니와 '유일한 대화 상대'가 되지도 않는다. 서로를 인정할 때에만 가능하다.

    《장자》의 뒷부분에서 유일하게 장자가 직접 썼다고 널리 인정받는 '천하' 편에서 온갖 제자백가가 도마에 올라 난도질을 당하는 가운데 혜자의 학설이 유가나 묵가보다도 많이 등장해 무려 절반이나 분량을 차지한다. 장자가 아니었으면 혜자를 알지도 못했을 오늘날의 우리에게는 어색한 분량 배분인데 그 자체로 혜자를 향한 장자의 사랑을 엿볼 수 있다.

대화 역시 흰 칠만 귀신같이 깎아내는 기술이나 자칫 독이 될 수도 있는 약을 쓰는 치료법처럼 서로의 신뢰가 필요하다. 말뜻을 오해하지 않는다는 믿음, 남에게 말을 옮기지 않는다는 믿음, 나를 이해해줄 거라는 믿음. 무엇보다 내 말을 있는 그대로 들어줄 것이라는 믿음이 먼저 있어야 대화가 가능하다.

"이순신이 충신이 되고 원균이 역적이 된 건, 이순신은 기록(난중일기)을 남기고 원균은 그렇지 않았기 때문"이라고 한 전직 대통령이 언급한 적이 있다. 키케로가 로마 공화정의 최고 교양인으로 남게 된 것도 같은 이유다. 본인이 작심하고 쓴 저작을 비롯해서, 젊은 시절부터 했던 법정 연설, 원로원에서 했던 유명한 카틸리나 탄핵 연설, 그리고 사적으로 주고받았던 편지가 고스란히 남아 있다. 그리고 이 모든 기록이 남게 된 데에는 출판업자였던 키케로의 친구 아티쿠스Atticus의 역할이 결정적이었다.

아티쿠스는 본질적으로 사업가였다. 출판업자일 뿐 아니라 금융업자였다. 돈을 다루다 보면 권력을 다루는 데에도 익숙해지는 법이다. 키케로뿐 아니라 로마 정계의 누구와도 사이가 좋았다. 그러면서 어느 정도 거리를 둘 줄 아는 현명한 인물이기도 했다. 그러자면 대단한 자제력이 필요한데, 자신의 죽음으로 자신의 정신력을 입증했다.

아티쿠스가 나이 들어 병에 걸렸다. 아티쿠스는 추해지는 게 싫다며 이참에 곡기를 끊고 굶어죽겠노라고 선언했다. 그런데 그동안 먹던 음식에 문제가 있었던 것인지, 곡기를 끊으니 오히려 병이 나아 건강을 회복했다. 가족들과 의사들은 잘됐다며 건강하게 오래오래 사시라고 축하인사를 건넸다. 그러나 아티쿠스는 이미 죽을 준비를 끝내고 마음으로 삶을 마무리했다며 그대로 굶어죽고 말았다.

스스로에게 이토록 엄격한 사람이 남에게도 엄격한 경우가 많은데, 아티쿠스는 다른 사람, 특히 키케로에게 따사로운 사람이었다. 기원전 49년과 48년 무렵, 키케로는 최악의 상황에 몰려 있었다. 폼페이우스 일파에 합류했지만 어이없이 패배했다. 이제 목숨을 구걸해야 하는 상황이었다. 거기다 가족들마저 등을 돌렸다. '말을 잘못 탔다'는 타박이 쏟아졌다. 누굴 탓할 일이 아니었다. 키케로 자신이 초래한 일이었다.

사람들은 모든 일이 제 탓일 때 오히려 남 탓을 하는 것 같다. 사소한 일에 민감하게 반응하며 생트집을 잡기도 한다. 키케로는 심하게 그랬다. '친구가 곤경에 처해 있는데 찾아오지도 않는다'며 투정을 부리기도 했다. 이미 카이사르에게 가서 붙은 동생 퀸투스의 사위에 대한 뒷담화도 쉴 새 없이 늘어놓았다. 아티쿠스는 아무 불평 없이 들어줬다. 어차피 상황을 풀 방법은 없을 때 넋두리를 들어주는 것만큼 큰 위로도 없다.

흔히 진정한 우정을 말할 때 '지음知音'이라고 한다. 《열자》에 나오는 이야기인데, 백아가 산을 생각하며 거문고를 타면 종자기는 소리에서 산을 느꼈고, 강을 생각하며 타면 소리에서 강을 느꼈다. 종자기가 죽자 백아는 더 이상 자기 소리를 들려줄 사람이 없다며 거문고 줄을 끊어 버리고 말았다.

 복에 겨운 백아가 기고만장했다. 종자기가 좋은 친구인 이유는 백아의 소리를 그저 있는 그대로 들어준 때문이다. 산을 느끼고 강을 느끼고는 다음 문제다. 산과 강은커녕 거문고 소리가 그저 소음이었을 수도 있다. 그래도 그냥 들어주는 것, 그게 친구의 역할이다. 친구에게 가장 필요한 건, 어쩌면 인내심일지 모른다.

위로하는 방법

서무귀가 여상의 소개로 위무후를 만났다. 무후가 먼저 말했다. "선생, 병들었구려. 산속에서 고생이 많았나 봅니다. 그래서 나를 찾아왔나 보죠?" 서무귀가 말했다. "저야말로 전하를 위로하러 왔습니다. 전하께서 절 위로할 일이 어디 있겠습니까. 전하께서 좋으면 좋다고 다 하고, 싫으면 싫다고 다 안 하면 정신이 피폐해지겠지요. 반대로 좋은 거 싫은 거 모두 억지로 참으면 몸이 눈과 귀가 피곤하지 않겠습니까? 그러니까 제가 전하를 위로해 드려야지요." 위무후가 아무렇지도 않은 듯한 얼굴로 잠자코 있자 서무귀가 말을 이어갔다. "제가 개를 감정했던 얘기를 해드리겠습니다. 제일 못난 개는 지 배부르면 그걸로 끝입니다. 중간 가는 개는 해를 보는 듯합니다. 좋은 개는 제 몸을 잃은 것 같지요. 말 이야기도 해드릴까요? 꼭 자로 그어놓은 것처럼 똑바로 가고, 돌아갈 때에는 정확히 돌아가는 말은 한나라에서 제일 좋은 말에 속할 법하겠지요? 그럼 세상에서 제일 좋은 말은 어떠냐. 꼭 근심이 있는 것 같고, 뭐 잃어버린 것도 같고, 정신 나간 것 같아요. 그런데 그런 말이 한번 달리면 바람처럼 빠른데다가 그칠 줄을 몰라요."
위무후는 웃었다. 서무귀가 나오자 여상이 불러세웠다. "아니 어떻게 얘기한 건가요? 나는 전하께 횡으로는 시서예악을 말하고 종으로는 병법을 얘기했지만, 아직 전하는 한번도 웃은 적이 없었거늘, 선생은 무슨 얘기로 전하를 기쁘게 했나요?"
서무귀는 말했다. "난 그저 개와 말을 감정한 이야기를 했을 뿐이라네."

○ **서무귀**

서무귀와 여상에 대해서는 알려진 게 없다. 서무귀는 알려지지 않은 도인이고, 여상은 위나라의 대신이라고 돼 있을 뿐이다. 위무후는 《오자병법》의 저자 오기를 장군으로 등용했던, 전쟁을 무척이나 좋아했던, 그 바람에 나라 말아먹은 바로 그 임금이다. ('나 아니면 안 된다는 오만') 그런 임금이 은자에게 무슨 대단한 지혜를 배울 생각 같은 건 처음부터 없었다. 그저 밥이라도 한 끼 먹여 보내면 최소한 '자비로운 임금' 소리는 듣겠다고 여기지 않았을까? 그래서 대뜸 한다는 소리가 거만하다. "산속에서 잘 먹지도 못하고 살아서 몸이 많이 상했구려. 고생 많았으니 내가 영양보충 좀 시켜 드리리다."

그런데 산속에서 도만 닦던 양반이라 세상물정에 어두운 건지, 서무귀는 임금의 말을 면전에서 부정한다. '불쌍하게 사는 건 오히려 댁이거든요.' 그러면서 말한다. '임금이라고 하고 싶은 거 다 하고 사시죠? 고기 먹고 싶으면 고기 먹고, 술 먹고 싶으면 술 먹고, 여자 생각나면 아무 여자나 건드리고, 이웃나라 임금이 괘씸하면 전쟁 일으키고. 그렇게 살면 인생 망가지거든요. 나라도 망해요. 그렇다고 어진 임금이라는 소리 좀 들어보겠다고 참고 사는 것도 못할 짓일 걸요? 먹고 싶은 고기 못 먹고, 마시고 싶은 술 못 마시고, 분통 터지는데 전쟁도 못 일으키고. 그거 병 돼요. 이러지도 저러지도 못하고 사는 댁이야말로 불쌍하지, 난 하나도 안 불쌍하거든요.'

이쯤 되면 임금의 입에서 '저놈을 당장 포박하라' 정도의 대사가 나올 법한데, 의외로 위무후의 표정은 아무렇지도 않다. 너무나 당돌하게 대드는 바람에 할 말을 잊은 것일 수도 있지만, 내 추측으로는 서무귀의 말뜻을 이해하지 못한 것 같다. '담배 피우면 타르 때문에 폐암 걸리고, 담배 참으면 그 스트레스로 폐암 걸린다'고 진퇴양난의 상황을 명쾌하게 설명해줬더라면 알아들었을지도 모른다. 좋은 거 해도 낭패고, 좋은 거 참아도 낭패라는 말을 빙빙 돌려 꽈서 하니, 머릿속에 전쟁 생각밖에 없는 사람은 들어도 무슨 말인지 도통 알 수가 없다.

서무귀는 위무후의 표정을 보고는 다른 방법으로 이야기를 건넨다. '개 좋아하시죠? 사냥 나갈 때면 늘 개를 앞세우잖아요. 그럼 잘 아시겠네요. 개가 배부르면 늘어진다고 생각해보세요. 그런 개 어디다 쓰겠어요? 저 배부르면 사냥감 쫓을 생각도 안 하는데. 해를 보는 것처럼 하늘을 응시하는 개는 어떨 것 같나요? 그런 놈은 욕심이 많죠. 토끼 같은 산짐승은 아예 관심 밖이고 날짐승을 노리잖아요. 목표가 크니까 성과도 기대할 만하죠. 하지만 제일 좋은 개는 제 몸을 잃은 것 같아요. 그냥 보기엔 멍해 보이죠. 하지만 주변에서 누가 뭐라든, 도중에 어떤 장애물이 나타나든, 심지어 더 좋은 사냥감이 나타나도 흔들리지 않고 처음 목표물 하나만 보고 달려가는 놈이에요. 다른 생각이 없다 보니까 멍 때리고 있는 것 같을 뿐이죠.'

위무후는 마침내 웃었다. 과연 서무귀의 말귀를 알아들었는지는 알 수 없다. 어쨌든 웃었다. 서무귀를 위무후에게 소개했던 여상이 오히려 놀랐다. 오늘 임금을 처음 만난 서무귀가 단번에 웃음을 이끌어냈으니, 자기 자리가 위태롭게 느껴질 지경이다. 그래서 도대체 어떻게 한 거냐고 물었다. 돌아온 대답은 간단했다. "그저 개와 말 이야기를 했을 뿐이오."

사실 여상이 위무후에게 '횡으로는 … 말하고橫說, 종으로는 … 말하는從說' 방식에서 오늘날 우리가 쓰는 횡설수설橫說竪說이라는 말이 나왔다. 그렇게 정신없이 말하면 귀담아 들으려고 해도 알아먹기 어렵다. 더구나 위무후처럼 거만하고, 잘난 척하기 좋아하고, 자기 관심사 외에는 아예 귀를 닫고 사는 사람에게는 씨도 안 먹히는 방식이다.

도니 예니 인의니 하는 것들은 애당초 위무후의 관심사가 아니다. 위무후에게 일은 전쟁이고 놀이는 사냥이다. 바로 그 사냥에 늘 함께 다니는 개와 말 이야기가 나오니 감기던 눈이 뜨이고 귀를 쫑긋 세운 것이다. 아는 얘기 나오니까 흐뭇한 미소를 지어 보낸 것이다.

서무귀가 직접 여상에게 들려주는 설명은 이렇다. "고국을 떠나 살면 자기 나라 사람만 봐도, 아니 자기 나라 사람과 비슷한 사람만 봐도 반갑지 않은가. 아무도 없는 적막한 곳에서는 사람 발소리만

들어도 기뻐하지 않는가. 바로 그럴 때 형제나 친척이 곁에 있으면서 속삭여 준다고 생각해보게. 얼마나 기쁠지."

　위로의 근본은 공감이다. 공감을 위해서는 공감대가 있어야 한다. 그리고, 공감대는 찾아야 한다. 사냥을 좋아하는 위무후의 개나 말처럼. 그러자면 상대가 좋아하는 게 뭔지, 싫어하는 건 뭔지, 바라는 건 뭔지, 되고 싶은 건 뭔지 알아야 한다. 바로 거기에 문제의 핵심이 있다.

제나라 환공이 늪으로 사냥을 나갔다가 귀신을 봤다. 겁에 질린 환공은 옆에 있던 관중에게 물었다. "방금 못 봤어?" "뭐 말씀입니까? 아무것도 못 봤는데요."
돌아온 뒤에도 환공은 계속 헛소리를 하며 정신을 못 차렸다. 이때 황자고오라는 사람이 찾아왔다. "전하의 병은 전하 스스로 만든 것입니다. 귀신 따위가 어떻게 전하를 해치겠습니까?"
환공은 여전히 겁에 질려 물었다. "귀신이 있기는 있는 건가?"
"있지요. 부엌에는 부엌귀신이 있고, 집안 쓰레기통에는 쓰레기귀신이 있고, 언덕에는 언덕귀신이 있고, 늪에는 늪귀신이 있지요."
"내가 늪에서 봤으니 늪귀신인가? 늪귀신이 어떻게 생겼는데?"
"한 수레바퀴통 정도 되는 크기인데, 자주색 옷에 붉은 갓을 쓰고 있지요. 이것을 본 사람은 대개 제후의 두목이 된다고 합니다."
"내가 본 것이 바로 그것이었다."
환공은 크게 웃었다. 그리고 옷을 다시 바로 챙겨 입었다. 병은 씻은 듯 나았다. ○ 달생

제나라 환공은 춘추전국시대에 가장 먼저 패권자의 자리에 올랐던 인물이다. 환공의 옆에는 우정의 대명사 관포지교管鮑之交의 주인공 관중이 있다. 포숙이 '임금이 되려면 저 하나로 충분했지만 패권자가 되려면 관중이 필요하다'고 설득해 환공이 등용한 인물이다. 관중은 환공의 왕위계승 경쟁자였던 공자 규의 참모였고, 심지어 환공의 귀국을 막기 위해 직접 환공에게 활을 쏘기도 했었다. 그런 인물을 핵심참모로 끌어들인 그 자체로 이미 환공의 뜻이 어디에 있는지 알 수 있다.

환공이 어느 날 늪으로 사냥을 나갔다가 헛것을 봤다. 고대의 사냥은 군사훈련이다. 관중은 병사들의 움직임을 관찰하느라 바빴을 것이다. 그래서 환공이 뭐 못 봤냐고 물었을 때 대충 대답하고 넘겼을지도 모른다. 그런데 문제가 간단치 않았다. 돌아온 뒤에도 계속 헛소리를 하며 자기 죽을 날만 기다리고 있다. 방치해서는 안 된다는 판단이 작용했을 것이다.

황자고오라는 인물에 대해서는 '제나라 선비'라고만 알려져 있다. 내 짐작이지만, 이 양반은 그냥 관중이 시키는 대로 대사만 읊은 사람이 아닐까 싶다. 연기력 좋은 선비 하나를 섭외해다가 도인처럼 꾸며서는 환공을 안심시키려는 관중의 공작이 아니었나 하는 추측이다.

황자고오의 입을 통해서 나온 말은 두 가지다. 첫째는 '당신은 지금 마음의 병을 앓고 있다'는 지적이다. 사실 환공뿐 아니라 우리 모두가 마음의 병을 앓고 있고, 그 병은 스스로가 만든다. 그런데 환공은 그 사실을 몰랐을지 모르지만, 우리는 대개 그 사실을 알고 있다. 알고도 못 고치는 게 그 마음의 병이다. 누가 와서 '스스로 만든 마음의 병'이라고 하면 대뜸 '누가 그걸 몰라서 그래!'라고 내심 항변하게 하는 게 바로 그 병이다. 그런 뻔한 지적질 한 번에 고쳐질 병이 아니다.

그래서 두 번째 준비된 대사가 나간다. '당신은 헛것을 본 거요'라는 말로 상대의 말을 부인하는 대신 '당신이 본 게 귀신 맞소'라고 인정하고 들어가는 화법이다. 그리고 그 귀신의 생김새도 알아맞힌다. 아마 환공이 관중에게 자신이 본 귀신의 모습을 얘기했을 테니, 관중의 사주를 받은 황자고오가 환공이 본 늪귀신의 모습을 정확히 묘사하는 건 어렵지 않았을 것이다. 그리고 마지막에 결정타 한 마디 나간다. "이 귀신을 본 사람은 패권자의 자리에 오릅니다." 꿈에도 그리던 패권자의 자리에 오른다는데 헛소리하며 자리에 누워 있을 수가 없다. 환공은 곧장 자리를 털고 일어난다. 그리고 자신이 언제 아팠는지조차도 까먹는다. 어차피 마음의 병 맞으니까. 마음의 병은 이렇게 고친다.

위로는 공감을 바탕으로 한다. 공감을 하려면 상대를 알아야 한다. 상대가 뭘 좋아하는지 뭘 싫어하는지 알아야 한다. 알기 위해서는 궁금해야 한다. 궁금한 건 관심이다. 관심은 애정이다. 이제 물어보자. 언제부터인가 우리 사회에 너무 흔해 빠진 힐링, 그 위로라는 것에 애정은 얼마나 담겨 있나.

예의에 대하여

어떤 재상이 장자에게 물었다.
"어질다는 건 뭔가요?" "호랑이가 어질지요."
"어째서 그런가요?"
"어미 호랑이와 새끼 호랑이가 서로 친한데, 그게 어진 거 아니겠습니까?"
"그렇다면 지극한 어짊, 지인至仁이란 뭔가요?"
"지극한 어짊은 친함이 없는 겁니다(至仁無親)."
"친함이 없으면 사랑하지 않고, 효도하지도 않을 텐데, 그게 무슨 어짊인가요?"
"그게 아니죠. 공경으로 효하기는 쉽지만 사랑으로 효하기는 어렵고(以敬孝易 以愛孝難), 사랑으로 효하기는 쉬워도 어버이가 나를 잊게 만들기는 어렵습니다. 내가 천하를 잊고 어질기는 차라리 쉬워도 천하가 내 어짊을 잊게 하기는 어렵습니다(兼忘天下易 使天下兼忘我難)." ○ 천운 공자도 수없이 받은 질문, '인(仁)이란 무엇인가'라는 질문을 장자도 받는다. 공자는 질문자의 수준에 따라 다르긴 하지만, 기본적으로 개념을 정의하고 구체적인 행동강령을 제시한다. 반면 장자는 역시 선문답 같은 우화 방식을 택한다. "달마가 서쪽에서 온 까닭은 무엇인가"라는 질문을 받고 조주 선사는 "뜰 앞의 잣나무"라고 답했다(도는 세상 어디에나 있고, 가까이에 있다는 뜻). '도가 어디에 있냐'는 질문을 받고 '똥오줌 속에 있다'고 했던 장자다. '인이 뭔가'라는 질문에 대해서는 '호랑이가 인'이라고 답한다.

호랑이는 누구에게나 무서운 존재다. 산 짐승을 보면 잡아먹는 존재다. 그러나 제 새끼에게는 호랑이 역시도 자애로운 존재일 뿐이다. 고슴도치도 제 새끼는 예뻐 보이는 법이지만, 호랑이도 제 새끼에게는 한없이 의지하고 싶은 아비일 뿐이다. 그런 친함이 곧 인이라는 설명이다.

호랑이 따위에 비유하니까 질문자는 자신의 의도가 무시당했다고 생각했는지 모른다. 어쩌면 질문자 역시 어느 정도 수준에 다다른 사람이었는지도 모른다. 한 차원 높은 질문을 다시 던진다. "그럼 지극한 인은 뭡니까?" 장자는 '지극한'이라는 단어가 하나 추가되자 정반대의 답을 내놓는다. "지극한 인은 친함이 없는 것이다." 방금 '친함'이 인의 핵심이라고 해놓고 지극한 인은 친함이 없다고 하니 미치고 팔짝 뛸 노릇이다.

어미 호랑이는 어린 새끼에게 먹이를 물어다준다. 아주 먹기 편하게 준다. 그러나 어느 순간에는 새끼 스스로 사냥하는 법을 익혀야 한다. 사냥할 줄 모르면 동물의 왕국에서 호랑이 자신도 생존할 수 없으니까. 그런 생존의 순간에, 어미는 냉혹해진다. 새끼 혼자 사냥하도록 한다. 새끼가 실패하고, 그래서 굶고, 다치더라도 모른 척한다. 친함이 없다. 그게 진정한, 지극한 인이다. 너무나도 사랑하지만 자식이 비뚤어지지 않도록 하기 위해 회초리를 드는 어머니의 심정과 같다.

기자 사회에서는 많은 경우 호칭에 '님'을 생략한다. '선배님'이 아니라 '선배'인 건 물론이거니와 부장은 '부장님'이 아니라 '부장'이고, 국장도 그냥 '국장'이다. 심지어 사장도 님 자 빼고 사장이다. 갓 입사한 막내기자가 "부장, 팩트를 무시하지 마십시오"라고 꼬박꼬박 말대꾸하는 모습 자주 볼 수 있다. 그러라고 님 자를 빼는 것이다. 높은 사람이라고 접어주지 말고 물어볼 거 물어보고, 따질 거 따지고, 할 말 하라고. 예의를 몰라서가 아니다. 좀 더 기자다워지기 위해서다. 좋은 기자가 되는 게 선배에 대한 가장 큰 예의니까.

《장자》의 곳곳에서 공자는 '인의仁義', '예의禮義'라는 틀에 사람을 끼워 맞추려는 미련한 사람으로 묘사된다. "예의는 거짓을 꾸미는 것(禮相僞也)"이라고 딱 잘라 말한 사람이 장자다. "예는 도의 헛된 꽃으로서 어지러움의 시작(禮者, 道之華而亂之首)"이라고도 했다. 이런 말을 듣고 있으면 장자는 공자의 허례허식에 치를 떠는 사람처럼 보인다. 하지만 장자 앞에서 그런 말 했다간 혀를 끌끌 차는 소리를 들어야 할지 모른다.

초나라의 현인 온백설자가 노나라에 갔을 때 만나달라고 부탁하는 사람이 있었다. 온백설자는 거절했다. "안 된다. 듣자니 노나라 사람들은 예의에는 밝지만(明乎禮義) 사람의 마음에는 어둡다더라(陋於知人心). 만나고 싶지 않다."

다른 곳에 갔다가 그곳에 다시 들렀을 때 같은 사람이 또 만나자는 부탁을 해 왔다. 온백설자가 이번에는 만남을 허락했다. "지난번에 거절당하고 또 만나자고 하는 걸 보니 꼭 하고 싶은 말이 있나 보지."

정작 그 사람을 만나고 들어와서 온백설자는 한숨을 쉬었다. 다음날 또 만나고 또 한숨을 쉬었다. 하인이 물었다. "매번 그 손님만 만나고 들어오시면 한숨을 쉬시네요. 무슨 일인가요?"

"노나라 사람은 예의에는 밝지만 사람의 마음에는 어둡다고 했었지? 이 손님도 그렇더라. 행동거지가 정말 자로 잰 듯이 법도에 딱딱 맞더라. 풍채는 용이나 호랑이 부럽지 않게 당당하고. 내 잘못을 지적할 때에는 꼭 자식이 부모한테 하듯 하고, 날 가르칠 때에는 꼭 부모가 자식에게 하듯 하더라. 그러니 내가 한숨이 나오지."

온백설자가 만난 사람은 공자였다. 그런데 공자는 온백설자를 만나고 나서 아무 말도 하지 않았다. 자로가 물었다. "오래 전부터 온백설자를 만나고 싶어 하셨잖습니까. 그런데 왜 만나고 나서는 아무 말씀이 없으신가요?"

"그런 분은 딱 보면 벌써 도가 있다目擊道存. 무슨 말을 또 보태고 말고 할 게 없다." ◎ 전자방

온백설자가 누구인지는 확실하지 않은데 초나라 사람이라고 한다.

제나라를 다녀오는데, 가는 길에 노나라를 거쳐 가고, 돌아오는 길에 또 노나라에 들르게 됐다. 가는 길에 보자는 사람이 있었는데 '노나라 사람들 전부 꼰대들이라더라. 만날 일 없다'고 단호하게 거부한다. 돌아오는 길에 같은 사람이 또 보자니까 '두 번 씩이나 보자는데 뭔 얘기 하는지나 들어보자'며 만나본다.

그렇게 해서 만난 사람이 공자였다. 만나보니 풍채도 훌륭하거니와 행동거지가 흠잡을 데 없었다. 자신이 모르는 건 마치 아들이 부모에게 묻듯 천진난만하게 묻고, 자기가 아는 건 부모가 자식에게 가르치듯 자상하게 설명한다. 헛소리하면서 거드름피우며 가르치려 들면 면박이나 줘서 보내려고 했는데, 그것도 못했다. 그래서 돌아와서 한숨만 푹푹 쉬었다. 왜 그러냐고 물었더니, '혹시나 하고 나갔더니 역시 나였다'며 '예의에는 밝지만 사람 마음을 못 읽는다'고 평가했다.

공자라는 사람은 나무랄 데 없이 훌륭했다. 예의범절 그 자체라고 해도 과언이 아닌 행동거지는 차라리 감동적이었다. 누구나, 어떤 상황에서도 그렇게 할 수 있다면 공자의 말처럼 인의가 세워질 수 있을 것 같았다. 그러나 결정적인 문제가 있다. 누구나 공자가 될 수는 없다는 점이다. 상황이 급해지면 언제든지 예의는 뒷전으로 내팽개칠 수 있다. 열심히 배우면 누구나 자신처럼 될 수 있다고 생각하는 공자를 보고 있자니 답답해 죽겠는데, 공자 자신이 그 신념을 몸으로 보여주고 있으니 마땅히 반박은 못하겠다. 그러니 한숨만 푹푹 내쉬고 있는 것이다.

흥미로운 건 공자의 반응이다. 두 번이나 부탁해 가면서 어렵사리

온백설자를 만났으면 돌아와서 제자들에게 '그 사람은 어떻더라' 하면서 자랑을 할 법한데 아무 말도 없다. 그러자 똑똑하진 않지만 궁금한 건 못 참는, 게다가 공자와 나이 차이도 가장 적어서 편한 제자 자로가 나서서 왜 그런지 물었다. 이때 공자의 대답이 목격도존目擊道存, '눈만 마주쳐도 도가 있는 줄을 알겠더라'다. 석가모니가 꽃 한 송이 들어 보이자 오직 마하가섭만이 웃음으로 답했다는, 그래서 말없이 통한다는 염화미소拈華微笑와 자주 비교되는 말이다.

고수와 고수가 만나 서로를 인정했다. 공자 역시 온백설자가 예의에 어긋남이 없다는 걸 한눈에 알아봤다. 단지 그뿐이었다면 돌아와서 특유의 잘난 척 자랑질을 했을 것이다. '보탤 말이 없다'며 물러앉은 건, 온백설자는 예의 이상을 추구하는 것을 공자가 눈치 챈 때문이다. 공자가 나서서 예의를 가르치고 말고 할 단계가 아니라, 예의를 넘어선 본성을 추구하는 것이다.

온백설자가 대변하는 장자는 예의를 부정하지 않는다. 사람 사이의 관계에서 예의의 중요성을 잘 알고 있다. 다만, 예의에 갇혔을 때의 부작용을 걱정할 뿐이다. 사람을 가두는 틀로서 예의의 위험성을 걱정할 뿐이다.

예절을 잘못 쓰면 사람을 가르는 도구가 된다. 제사를 지낼 때 잔을 오른쪽으로 돌리지 않고 왼쪽으로 돌리면 '못 배운 놈'이 된다. 뒤에서 히죽히죽 웃으며 손가락질하는 빌미가 된다. 예절이 나라의 근본이던 왕조 시절에는 심지어 임금의 계모가 죽었을 때 상을 얼마나 오래 치러야 하느냐를 놓고 죽고 죽이는 싸움을 벌이기도 했다.

장자는 그렇게 절대화된 예절을 거부한 것이다. 원탁에 앉아 식사할 때 왼쪽에 있는 물이 내 물인지 오른쪽에 있는 게 내 물인지 헷갈릴 수도 있는데, 그거 갖고 사람 타박하지 말자는 게 장자의 얘기다.

장터에서 오가는 사람의 발을 밟으면 자기가 삼가지 못한 허물을 사과한다. 그러나 형의 발을 밟으면 조금 만져주고 만다. 어버이의 발을 밟으면 사과도 안 하고 만지지도 않는다. 옛말에 지극한 예는 남을 남으로 보지 않고(至禮有不人), 지극한 인은 친함이 없다고 했다(至仁無親). ◦ 경상초

시장바닥에서 모르는 사람의 발을 밟으면 나도 모르게 튀어나온다. "어이쿠, 죄송합니다." 친한 친구의 발을 밟으면 표현이 좀 달라진다. "아이고, 어쩌냐……." 부모님의 발을 밟는다면, 멋쩍게 웃고 말지 모를 일이다. 미안한 거야 당연한 것이고, 말 안 해도 아는 것이다. 뒤늦게 물릴 수도 없는 노릇이다. 다시 밟지 않으려고 스스로 다짐하는 수밖에 없다.

모르는 사람, 친하지 않은 사람에게는 깍듯하게 대한다. 잘 아는 사람, 친한 사람에게 허물없이 막 대한다. 그래서 친한 사람이 모르는 사람만 못하다는 말이 나오는지도 모른다. 그래서 친할수록 상처 입히기 쉬운 것도 사실이다. 호랑이도 자식에게 자애로운 게 본성이지만, 그 본성을 있는 그대로 내보이는 게 아름답기만 한 건 아니다.

국회 공식 발언에서 다른 사람을 지칭할 때에는 '존경하는 ○○○ 의원님'이라고 부르는 관행이 있다. 이런 관행은 최근 10여 년 사이

에 급격히 무너졌다. 솔직함이라는, 본성에 충실하겠다는 명분에 밀려서. 이젠 관행대로 '존경하는'이라는 수식어를 붙이는 사람에게 면박까지 준다. 자랑스럽게. "저 존경하세요? 아니잖아요. 그런데 왜 존경한다고 하세요? 거짓말하지 마세요." '존경하는'이라는 수식어를 붙이지 말라는 뜻을 전달하는 게 목적이 아니라 자신을 존중해 준 사람을 무안 주는 게 목적이다. 그런 건 솔직함이 아니다. 그저 예의 없음이다.

똑같은 물이라도 주전자에 담겨 있으면 먹는 물이지만 대야에 담겨 있으면 세숫물이다. 물을 담는 틀을 바꾸는 것만으로도 물의 성격을 바꿀 수 있다. 말을 담는 그릇만 바꿔도 말의 성격이 달라질 수 있다.

'존경하는'이라는 수식어를 붙이는 관행은 의회정치의 역사가 오래된 영국에서 시작됐다. 지금도 마찬가지지만, 영국 의회는 과장을 조금 보태면 여야가 무릎이 닿을 만큼 가까이 붙어 마주 앉아 치열한 논쟁을 벌인다. 팔만 뻗으면 멱살 잡을 수 있고 주먹을 날릴 수 있는 거리다. 아닌 게 아니라 과거에는 참 많이도 폭력 사태가 일어났다. 그리고 곧장 패싸움이 됐다. 그래서 고안해낸 게 '존경하는'이라는 수식어다. 실제로 그 수식어가 도입된 이후 영국 의회에서 몸싸움은 확연하게 줄었다.

말이라는 게 신기해서, 존경하지 않아도 '존경하는'이라는 수식어 하나만 붙이면 스스로의 감정을 절제하고 사실과 논리에 의존하게 된다는 것이다. 상대 당 의원을 존경해서 '존경하는'이라는 말을 써주는 게 아니다. 상대에게 폭력을 쓰지 않겠다는, 상대의 말을 중간에 끊지 않겠다는, 상대의 말을 끝까지 듣겠다는, 스스로를 향한 다짐이다.

꽉 막힌 '예절'과 인간에 대한 존중이라는 본질에 충실한 '예의'가 어떤 차이가 있는지 생각하게 해주는 사례가 있다. 제국주의가 한창일 때, 아프리카 추장이 유럽 왕자의 집에 초청을 받았다. 함께 식사를 하는데, 식탁 위 대접에 물이 담겨 있었다. 아프리카 추장은 먹으라고 내놓은 줄 알고 벌컥벌컥 마셨다. 그런데, 이 물은 마시는 물이 아니라 손 씻는 물이었다. 함께 자리하던 모든 사람들이 경악했다. 아니, 어쩌면 그런 실수를 유발하려고 작심하고, 그 실수만 기다리고 있었는지도 모른다. 그리고 '역시 아프리카 사람들은 미개해'라고 자기들끼리 쑥덕거릴 마음의 준비가 다 돼 있었을 것이다. 그 순간, 아프리카 추장을 초청한 왕자가 자기도 대접을 떡 하니 들더니, 역시나 똑같이 그 물을 벌컥벌컥 마셨다.

예의란, 서로를 불편하지 않게 하는 배려다. 이 왕자는 당시 유럽 사회에 엄격히 적용되던 식사예절에는 한참 어긋나는 행동일지언정 사람에 대한 예의는 제대로 차렸다. 아프리카 추장을 무안하게 하지 않기 위해서 스스로 예절을 파괴한 것이다.

예의란 그런 '최소한'이다. 장자가 걱정한 것은 그 최소한에 발목 잡혀 '최대한'의 기회를 잃는 것이었지, 최소한을 버리라는 뜻이 아니었다. 지극한 어짊은 친함이 없다. 그러나 동시에 지극한 예는 남을 남으로 보지 않는다. 남을 나 자신 보듯 한다. 내가 남으로 빙의한 듯, 남의 마음을 읽는다. 그리고 그 기쁨을 함께하고, 슬픔을 나누고, 궁금증을 함께 풀고, 분노를 터뜨리고, 응어리를 가라앉히려 한다.

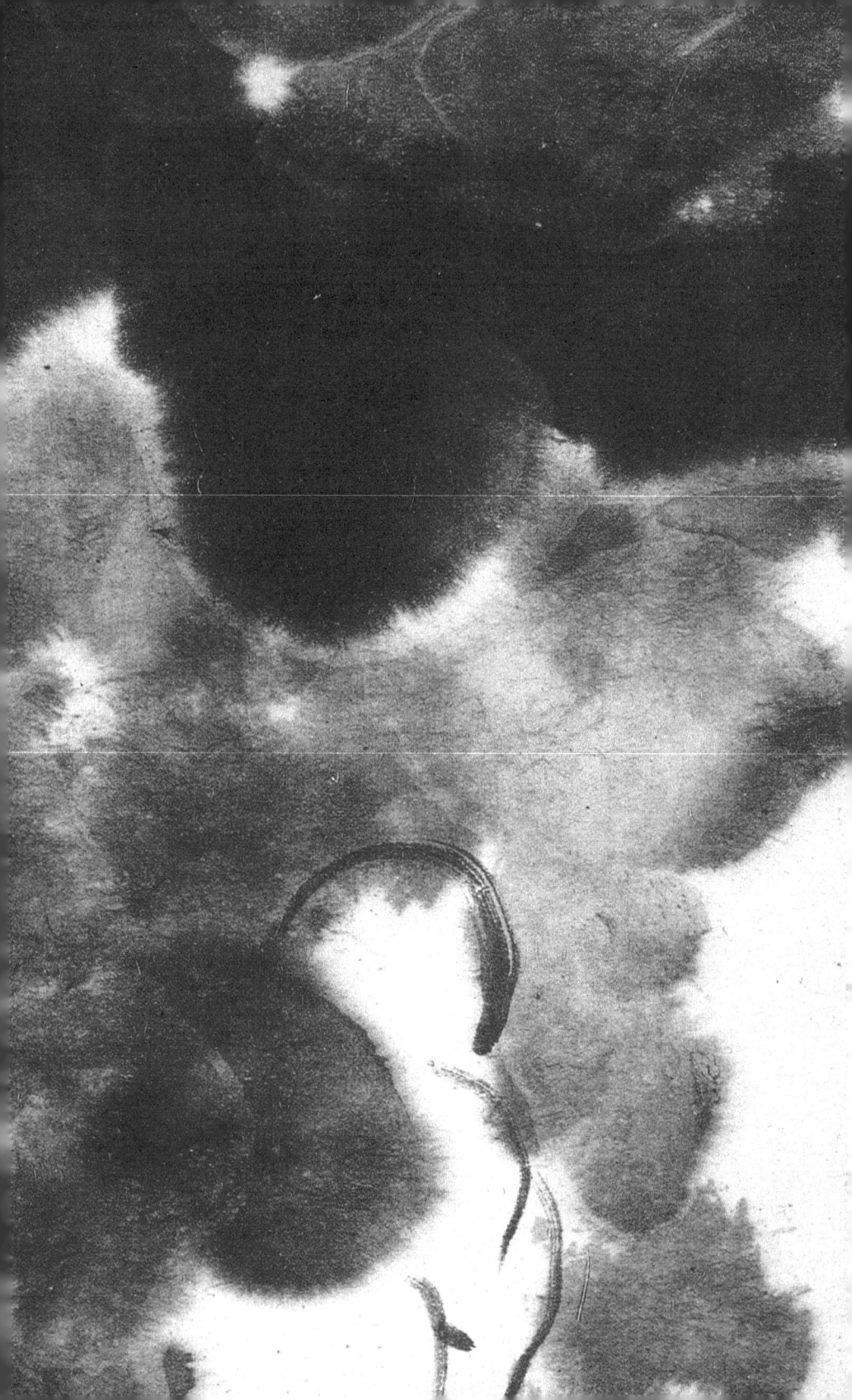

3부 사회의 변화

9장

인정하고 공존하기

정답 없는 세상

설결이 왕예에게 물었다.
"선생님은 모든 것이 다 같이 옳다는 것을 아십니까?"
"난들 어떻게 알겠냐."
"그럼 선생님은 선생님이 모른다는 사실은 아십니까?"
"난들 어떻게 알겠냐."
"그러니까 세상 만물 다 알 수 없다, 이 말씀이죠?"
"난들 어떻게 알겠냐만 한번 얘기나 해 보겠네. 네가 오히려 한번 물어보세. 사람은 습기 찬 곳에서 자면 허리 아프지. 그런데 미꾸라지도 그렇든가? 사람은 높은 나무 위에 있으면 살 떨리지. 그런데 원숭이도 그렇든가? 다른 것도 물어볼까. 사람은 고기 먹고, 사슴은 풀을 뜯고, 지네는 뱀을 먹고, 올빼미는 쥐를 맛있어 하지. 이 중에서 제일 맛있는 음식은 뭔가? 또 물어보지. 여희는 아름다운 여인일세. 그런데 고기나 새나 사슴은 왜 여희를 보고 숨기에 바쁜가? 말해보게. 진짜 좋은 잠자리는 어디며, 진짜 맛있는 것은 무엇이며, 진짜 예쁜 것은 뭔지. 나는 모르겠네."

◦ 제물론

어차피 전설이지만, 요임금 이전의 도인들 족보 정리 한번만 더 하고 가는 게 좋을 것 같다. 요임금의 스승이 허유, 허유의 스승이 여기 나오는 설결, 설결의 스승이 왕예, 왕예의 스승이 포의자다. 설결과 포의자는 이미 한번 나왔는데, 스승 왕예에게 도를 물어봤더니 대답을 못 하더라며 큰 성취를 이뤘다고 자랑했더랬다. 문제의 그 장면이다. 설결이 왕예에게 도를 묻는 장면.

아마 제자의 질문에 앞서 이런 이야기가 오가지 않았을까 싶다. "학 다리는 길어서 좋다. 오리 다리는 짧아서 좋다. 백조는 희기 때문에 좋고 까마귀는 검기 때문에 좋다. 다 저마다의 이유가 있어서 좋으니, 모두가 저마다 옳은 것이다." 그리고 제자가 동의를 구한다. "세상 모두가 다 옳은 거죠?" 그런데 스승의 대답이 뜻밖이다. "그걸 내가 어찌 알겠냐."

듣는 제자 머릿속이 복잡해진다. '내가 말을 잘못한 건가? 내가 틀렸다는 건가? 그냥 본인이 모른다는 건가?' 그러고는 되묻는다. "그러니까 잘 모르겠다는 말씀이죠?" 하지만 스승은 여전히 알쏭달쏭한 말만 한다. "내가 모르는 건지도 잘 모르겠다."

제자가 살짝 스승의 뜻을 눈치 채고 한번 떠본다. "그러니까 세상에 확실한 진리라는 건 없다는 말씀이군요?" 제자의 거듭되는 질문에 "나도 잘 모르겠지만"이라고 단서를 달고 스승이 입을 열었다.

"사람은 습기 찬 곳에서 자면 허리 아픈데, 아예 물속에서 미꾸라지는 왜 멀쩡하지? 과연 '좋은 잠자리'라는 게 정해져 있는 것일까? 사람은 높은 나무에 올라가면 오금이 저려서 꼼짝도 못하지? 그런데 원숭이는 안 그렇잖아. '높은 나무는 위험하다'고 누가 정해 놓은 거 아니지? 사람은 고기 먹고 나면 '맛있는 거 먹었다' 그러지. 사슴은 죽을 때까지 풀만 좋다고 뜯어 먹고, 지네는 뱀을 맛있게 먹는다지? 올빼미는 쥐를 맛있어 한다고 하지. 자 그럼 말해보게. 세상에 '맛있는 음식'이라는 게 있기나 한 건지. 여희는 제 아들을 왕으로 만들려고 나쁜 짓은 많이 했지만 아름다운 여인일세. 그런데 고기나 새나 사슴은 왜 여희를 보고 숨기에 바쁜가? 사람한테나 예쁜 여인이지, 사슴한테는 저 잡아먹는 사람일 뿐이지 않은가."

땅에서 사는 사람과 물에서 사는 미꾸라지는 사는 법이 다르다. 물에서 살아보면 황당하게만 보이던 많은 일들이 이해가 된다. 물에 들어가 보지도 않고 물속 생활 방식은 촌스럽다고 손가락질하는 사람, 그 사람이야말로 촌스러운 사람이다. 서 있는 자리에 따라 생각도 다른 법이다. 다른 자리에서 볼 생각도 하지 않고 제 자리만 지키려는 사람, 역시 촌스러운 사람이다.

페르시아 황제 다레이오스가 그리스 사신을 접견할 때였다. "돈을 얼마나 주면 아버지 시신을 먹겠느냐"고 물었다. 그리스인들은 펄쩍 뛰었다. "차라리 죽이십시오. 그런 야만적인 짓은 절대 못합니다." 그럴 줄 알았다는 듯 고개를 끄덕인 다레이오스는 다른 사람들을 더 불렀다. 장례 중에 부모의 시신을 먹는 풍습이 있는 인도인들이었다. 그들에게 물었다. "얼마나 주면 아버지의 시신을 불에 태우겠느냐?" 화장 전통이 없는 그들은 절박하게 외쳤다. "제발 그런 끔찍한 짓은 입에 올리지도 말아 주십시오."

내게는 너무나 당연한 일이 남에게는 도무지 이해가 안 되는 일일 수 있다. 그리스에서는 당연한 일이 인도인에게는 끔찍한 일이 될 수 있다. 거대한 땅의 수많은 민족을 지배했던 페르시아 제국의 건설자들은 이런 다양성을 인정할 줄 알았다. 그 페르시아 제국을 무너뜨린 알렉산드로스 역시 다양성을 받아들일 줄 알았다. 그런 알렉산드로스 군대의 병사로, 당시 알려졌던 세계의 거의 전부를 끝까지 가본 사람이 있다. 그 이름은 피론 Pyrrhon이다.

피론은 이른바 회의주의의 창시자로 알려져 있다. '많은 나라의 많은 사람을 만나 봤더니, 모두에게 당연한 건 세상에 없더라'는 게 피론의 결론이다. 어떤 곳에 사는 사람들에게는 당연한 것이 다른 곳에 사는 사람들에게는 정반대이기 일쑤라는 걸 눈으로 확인한 결과다. 그러니까 하나의 생각이란, 또는 주장이란, 그걸 주장하는 사람에게는 모두 옳을 수 있다는 결론이 나온다. 옳고 그름을 가리는 일이 언제나 무용한 것은 아니지만, 혈안이 되어 달려들기 전에 먼저 상황을 있는 그대로 바라볼 일이다.

이문열의 소설 《필론의 돼지》로 널리 알려진 일화가 있다(이문열이 말한 '필론'이 지금 얘기하는 '피론'과 같은 사람이다). 피론이 배를 타고 가다가 풍랑을 만났다. 다들 파랗게 질려서 어쩔 줄 몰라 했다. 안달복달하며 발만 동동 구르는 사람이 있는가 하면, 이리 뛰고 저리 뛰며 뭐든 해보려 발버둥치는 사람, 꿇어 앉아 기도를 올리는 사람 등등. 하지만 그 난리통에도 불구하고 새끼돼지 한 마리는 무심하게 먹이를 먹고 있었다. 피론은 바로 그 돼지와 같이 무심할 줄 알아야 한다고 했다.

이문열은 《필론의 돼지》를 발표하고 적지 않은 비판을 받았던 것으로 기억한다. 독재에 저항해야 할 시기에 그냥 현실을 외면하고 숨죽이기를 충고했다는 취지의 비판이었다. '상황의 긍정'에 초점을 맞추면 그런 비판의 여지가 없는 것도 아니다. 또는 돼지의 '무심함'에 초점을 맞춘 비판도 가능하다. 피론의 돼지가 무심할 수 있는 것은 아무것도 모르기 때문이다. 자신에게 닥쳐오는 불행을 모르기 때문이다. 그건 무심한 돼지가 아니라 무식한 돼지다. "나는 배부른 돼지보다 배고픈 소크라테스가 되고 싶다"는 존 스튜어트 밀의 유명한 말은 그래서 탄생했는지도 모른다.

모두 가능하지만 핵심을 빗나간 비판이다. 피론이 말하는 핵심은 '독단에 빠지지 말라'는 것이 아닐까. 세상 일 혼자 다 아는 것처럼 굴지 말라는 것이다. 남들이 하는 말에는 나름대로의 이유가 있으니 그 말에 귀 기울이라는 얘기다. 그 얘기 들어보기 전에는 판단을 유보할 줄 아는 조심스러움도 가지라는 말이다. 마음의 평온과 무심함은 그 조심스러움의 결과다.

'회의주의'는 흔히 '진리는 없다'고 주장하는 것으로 오해된다. '진리는 없다'가 아니라 '진리가 있는지 없는지 모른다'가 정확히 그들이 하고 싶은 얘기다. 그 '모른다'란 흔히 생각하는 '모른다'와는 다르다. 내가 아는 것만이 진리가 아닐 수 있다는 걸 인정하는 겸손함이다. '혹시 내가 틀릴 수 있다'는 아량이다. 나 스스로 진리임을 선언하는 순간 독단이 된다는 경계의 표현이다. '나는 내 나름대로의 답을 찾았지만 어디까지나 내 답일 뿐이다. 그게 너에게도 답이 될지는 모른다'는 뜻이다. 결국 '너는 너의 답을 찾으라'고 하는 상대에 대한 존중이다. 왕예가 설결에게 하고 있는 바로 그 이야기다.

여인의 풍만한 가슴팍은 언제나 사내들을 설레게 한다! 이 말은 '진리'일까? 궁궐을 뒤흔드는 미녀 여희도 짐승들에게는 그저 무서운 존재일 뿐이라지만, 같은 사람끼리도 한 사람에게 미인이 다른 사람에게도 미인이라는 법은 없다. 더구나 걸리버가 거인국에서 만난 것처럼 "젖가슴의 둘레는 5m, 젖꼭지는 머리의 절반 크기"라면, 그래도 섹시할까?

천하에는 털끝보다 더 큰 것이 없는 동시에 태산이 작은 것이 될 수도 있다(天下莫大於秋毫之末而大山爲小). ◉ **제물론**

"네 말에 추호의 거짓도 없으렷다!" 사극에서 자주 듣는 대사다. 추호秋毫는 가을에 가늘어진 짐승털이다. 워낙 가늘어서 '없다'와 비슷한 뜻으로 쓰인다. 반대로 '걱정이 태산이다'처럼 태산泰山은 높고 무겁고 큰 것의 대명사다. 하지만 추호가 작고 태산이 크다는 것도 우리의 선입견일 뿐이다. 현미경으로 들여다보는 미생물의 세계에서 추호는 얼마나 큰 존재일까. 또는 광년 단위로 거리를 재는 우주 세계에서 고작 해발 1,500m짜리 태산은 얼마나 보잘 것 없이 작나.

걸리버는 거인국에서 소인이었다. 거인국 사람에게 걸리버 이야길 꺼내면 '아, 그 꼬맹이' 하며 아는 척할지 모른다. 그러나 소인국 사람이 걸리버의 안부를 묻는다면 '그 힘센 거인은 잘 있나요' 하지 않을까? 과연 걸리버는 큰 사람인가 작은 사람인가.

세상에는 정답이 없는 게 아니다. 정답이 너무나 많다. 사람 수만큼의 정답이 있고, 사람마다 상황별로 정답이 따로 있다. 거인들에게 '걸리버는 난쟁이'가 정답이고, 소인들에겐 '걸리버는 거인'이 정답이다. 문제는 거인이 소인에게, 소인이 거인에게 자신의 정답을 강요할 때 생겨난다.

혼자 잘난 영웅은 없다

남곽자기가 제자 안성자유에게 말했다. "너는 사람의 음악은 들었어도 땅의 음악을 듣지는 못했을 것이다. 또 땅의 음악을 들었더라도 하늘의 음악은 듣지 못했을 것이다."
"그게 무슨 말씀이십니까?"
"땅덩어리가 뿜어내는 기운을 바람이라고 한다. 바람이 일면 세상의 온갖 구멍들이 부르짖는다. 큰 나무에는 입 모양이고, 고리 같고, 웅덩이 생김새의 갖가지 크고 작은 구멍들이 있지 않느냐. 바람이 불면 화살이 나는 것처럼 쉭 소리를 내기도 하고, 혼내는 듯 우르릉거리기도 하고, 재잘거리는 듯 사삭사삭하기도 하지. 작은 바람이 불면 작은 소리를 내고 큰 바람이 불면 큰 소리를 내고. 그러다가 바람이 지나가고 나면 구멍은 그냥 텅 비어서 아무 소리도 안 난다."
"그러니까 땅의 음악은 여러 구멍에서 나는 소리고, 사람의 음악은 퉁소를 부는 소리 같은 것이로군요. 그런데 하늘의 음악은 여전히 모르겠는걸요?"

"불어내는 바람 소리는 만 가지로 서로 다른데(吹萬不同), 모두 제각각의 소리를 내게 하는 것이 하늘의 음악이다." ○ 제물론

남곽자기는 《장자》에서 '도 좀 아는 사람'으로 자주 등장한다. 초나라 장왕 때 사람이라고는 하는데, 사실 남곽자기가 실존인물이 아니어도 상관없다. 어차피 장자는 자신이 하고 싶은 얘기를 하기 위해서 다른 사람을 내세웠을 뿐이다. 공자를 내세워 공자가 하지 않은 말도 하는데, 공자보다 훨씬 인지도가 떨어지는 사람이라면, 입 빌리기는 한결 더 쉬웠을 것이다.

안성자유가 얼른 알아챈 것처럼 사람의 음악은 쉽다. 통소에 바람을 불어넣으면 통소 소리가 된다. 나팔을 불면 나팔 소리가 나고, 피리를 불면 피리 소리가 난다. 땅의 음악은 말 그대로 자연의 소리다. 바람이 숲을 통과할 때 내는 소리가 다르고, 갈대밭을 쓸고 갈 때 내는 소리가 다르고, 허허벌판을 지날 때 내는 소리가 다르다. 깃발을 나부끼게 할 때에는 펄럭펄럭 소리를 내고, 좁은 문틈으로 황소바람을 일으킬 때에는 처녀귀신 흐느끼는 소리도 만든다. 그러다 바람이 멈추면 언제 그랬냐는 듯 조용해진다.

남곽자기는 '땅이 뿜어내는 기운'이 바람이라고 했다. 그렇다면 이 소리는 바람이 만들어내는 소리인가? 물론 그렇다. 하지만 똑같은 바람이 만들어내는데, 어떤 때에는 펄럭이고 어떤 때는 흐느낀다. 바

람이 깃발을 만나면 펄럭이고, 좁은 문틈을 만나면 흐느끼는 것이다. 요컨대, 바람 소리는 바람 혼자 만드는 게 아니다. 무언가 장애물이 있을 때, 무언가 틈이 있을 때, 무언가 구멍이 있을 때 소리를 낸다. 바람 소리는 바람의 소리가 아니다. 깃발의 소리이기도 하고, 문틈의 소리이기도 하다.

통소 소리와 나팔 소리와 피리 소리도 마찬가지다. 바람이 없으면 통소도, 나팔도, 피리도 악기가 될 수 없으며, 그저 대롱일 뿐이다. 통소 소리도 나팔 소리도 피리 소리도 바람 소리일 뿐이다. 다만 바람의 소리가 아닌 것처럼 통소만의, 나팔만의, 피리만의 소리도 아니다.

어쩌면 '내 목소리'도 다르지 않다. 내 목소리는 내가 내 말을 하려고 내는 소리지만, 그게 말 그대로 '나의 목소리'일까? 수십 년 동안 받아온 교육, 자주 만나서 대화를 나누는 주변인, 최근 감명 깊게 읽은 책들이 내게 영향을 미친 결과다. 수많은 다른 사람들의 목소리가 내 입을 통해서 나갈 뿐이다. 그런데도 내 목소리의 주인이 나라고 자신 있게 말할 수 있을까?

심지어 '내 느낌'마저 온전히 내 것이 아니다. 시험에서 90점을 맞은 초등학생은 "100점도 아니면서 좋아하는 속 좋은 놈"이라는 어머니의 말을 듣고 '이럴 때에는 속상해 해야 하는구나'라며 '느낌'을 배운다.

하물며 뭐가 됐든 '성취'가 있다면, 그거야말로 '나만의 성취'란 불가능하다. 야구에서 투수가 가장 주목받지만, 제 아무리 삼진왕이라도 야수들의 수비가 받쳐주지 않으면 이길 재간이 없다. 미식축구에서 가장 주목받는 사람은 쿼터백이지만 그 앞에서 온몸을 던져 막아주는 수비수들이 없으면 공 한번 만져볼 기회도 갖지 못한다. 수많은 사람이 함께해야 하는 공동작업은 말할 것도 없고, 언뜻 생각하기에 지극히 개인적인 성취조차도 혼자서만 이뤄내는 게 아니다. 석가모니가 보리수 아래서 득도했다지만, 가족의 희생이 있었기에 가능한 일이다. 조교도 없이 혼자서 연구실에 처박혀 세상을 깜짝 놀라게 할 논문을 썼다고? 조교는 없었을지 몰라도 연구실에서 들여다본 책이 있었을 것이고, 그 책을 쓴 사람들이 있었을 것이다. 학연이나 지연 없이, 부모에게 물려받은 재산도 없이, 맨손으로 기업을 일궜으니 세상에 빚진 거 없다? 그 기업 제품 사 준 사람이 없었으면 기업도 없다.

 살라미스 해전의 승리로 페르시아 침략을 물리쳐 구국의 영웅이 된 테미스토클레스에게 에게해의 조그만 섬 세리포스 사람이 말했다. "당신은 강대국 아테네 사람이기 때문에 유명해질 수 있었어요." 자존심이 강한데다 말발로는 누구에게도 지지 않을 테미스토클레스는 이렇게 답했다. "정말이지 내가 세리포스인이었다면 유명해지지 못했을 겁니다. 하지만 당신은 아테네인이었다 해도 유명해지지 못했을 걸요." 맞는 말이다. 테미스토클레스는 아테네 시내를 페르시아 군에게 내주고 바다에서 결전을 벌여서 이겼다. 나라를 구하기 위해 내 집과 내 땅은 버릴 각오를 해야 한다는 여론을 조성하기 위해 자기 손으로 추방시켰던 아리스테이데스까지 귀국시켰다. 연합군을 결전으로 이끌어내기 위해 속임수까지 썼다. 테미스토클레스의 개인기가 없었다면 살라미스 해전의 승리는 없었다. 그러나 세리포스 사람의 말 또한 진실이다. 제 아무리 재주 많은 테미스토클레스라도 존재마저 미미한 세리포스 사람이었다면 쓰나미 같은 사건 앞에서 할 수 있는 일이 없다. 테미스토클레스가 영웅이 되기 위해서는 스파르타를 전쟁터로 끌어들일 수 있는 아테네라는 배경이 있어야 했다. 제 집과 땅을 모두 버리고 결사항전에 나선 아테네 시민들의 희생이 있어야 했다. 조역들이 잘 보이지 않을 뿐 혼자 잘난 영웅은 없다.

내가 한 일, 내가 하는 말, 심지어 내 느낌까지도 모두 다른 사람들과의 합작품이다. 크든 작든 다른 사람의 몫이 숨어 있다. 그걸 오로지 제 몫으로만 여긴다면, 그 사람은 말 그대로 '천상천하 유아독존 天上天下 唯我獨存', 즉 세상 천지에 저 혼자서 살아가야 할지도 모른다. 아무도 찾지 않은 깊은 산속, 이름도 없는 작은 무인도에서 혼자 살지 않는 한, 내 모든 것은 나만의 것이 아니다. 어쩌면 마음에 벽을 세우고 이미 마음속의 두메산골, 마음속의 무인도로 숨어들었는지도 모른다. 주변에 넘쳐나는 '외롭다'는 푸념, 그래서 나오는지도 모른다.

미국의 현대 음악가 존 케이지의 '4분 33초'는 피아노 연주자가 나섰다가 연주는 하지 않고 시계만 들여다보다가 시간 되면 인사하고 퇴장하는 게 전부인 곡이다. 연주자의 입장과 동시에 찾아오는 정적, 흐르는 정적 속에서 조심스럽게 나오는 기침소리, 연주를 시작하지 않으니까 왜 그러는지 귀엣말을 주고받는 소곤거림, 그러다 마침내 터져 나오는 불만. 이 모든 소리 자체가 음악이라는 게 '4분 33초'가 하고 싶은 말이다.

　언뜻 장자가 말하는 '하늘의 음악'과 비슷한 듯(似) 보이지만(而), 다르다(非). 비슷한 가짜, 사이비다. 장자가 말한 하늘의 음악은 연주자의 연주 과정 모두를 가리킨다. 연주자가 입장하면 관객들은 박수를 치고, 연주자가 자리에 앉으면 정적, 이윽고 연주가 시작되면 한동안 피아노 선율만이 음악회장을 채우지만, 곧 여기저기서 새어 나오는 하품, 게다가 매너 지킨답시고 진동으로 설정했지만 그게 더 신경 쓰이는 전화 소리, 최악이 되려면 애도 하나쯤 자지러질듯 울어줄 법도 하다. 그래도 많은 사람들이 가장 집중해서 듣는 소리는 여전히 피아노 연주고, 유심히 듣지 않으면 다른 소리는 피아노 소리에 묻히고 만다. 피아노 소리가 돋보이긴 하지만, 유심히 들어보면 수많은 소리가 동시에 나는 음악회장, 그것이 바로 우리가 사는 세상이다. 만개의 바람 소리가 모두 다르게 나는 바로 그 세상.

　공들여 듣지 않으면 묻혀 버리고 마는 소리에 관심을 기울인 자체는 칭찬할 만하지만, 그렇다고 피아노 소리를 아예 빼 버리는 건, 그 역시 바람직하다고 할 수는 없을 것이다. 평소 무시당하는 야수의 중요성을 강조하겠답시고 투수 없이 야구를 하겠다고 덤비는 꼴이다. 아테네 시민들의 도움 없이 테미스토클레스가 전쟁 영웅이 될 순 없었지만, 해군을 키우고 지휘한 테미스토클레스 없이 아테네가 페르시아를 물리치기도 쉽지 않았다.

　각자가 제 할 일을 하지만, 서로가 서로에게 의존하고, 그래서 하나의 전체를 만들어내는 것, 그게 하늘의 음악이다. 중요하지 않다고, 눈길 가지 않는다고 없는 셈 쳐서도 안 되고, 혼자 시선집중 받는 사람 꼴사납다고 일부러 없앨 일도 아니다. 각자의 가치가 있다.

무지개는 경계선이 없다

'인간은 만물의 척도'라는 말로 유명한 프로타고라스Protagoras는 소피스트, 즉 수사학자다. 고대 그리스 세계에는 공소권을 가진 검사가 없었다. 누구나 고소인이 돼 검사가 될 수 있었고, 고소를 당하면 스스로 변호사가 돼 변호를 해야 했다. 재판관도 일반 시민들이었으니 검사도, 변호사도, 재판관도 모두 법률 문외한인 셈이었다. 따라서 필요한 건 법률 지식이 아니라 설득력이었다. 수사학은, 한마디로 재판에서 이기는 기술이었다.

프로타고라스에게 에우아틀로스라는 젊은이가 찾아와서 수사학을 배우고 싶다고 했다. 프로타고라스는 비싼 수업료를 받기로 악명이 높았다. 돈이 없던 젊은이는 '첫 번째 소송에서 이기게 해주시면 그 돈으로 수업료를 내겠다'고 약속했다. 그렇게 계약을 맺고 수업을 했고, 젊은이는 어느덧 상당한 변론 실력을 갖추게 됐다. 프로타고라스는 '이제 수업료를 낼 때가 됐다'며 돈을 요구했다. 하지만 에우아틀로스는 '아직 못 낸다'고 맞섰다. "제가 첫 번째 소송에서 이기면 돈을 드린다고 하지 않았습니까? 그런데 아직 소송에서 이기질 못했어요."

프로타고라스는 수업료 청구 소송을 내면서 말했다. "넌 이제 어쨌거나 수업료를 내야 한다. 내가 소송에서 이기면 넌 소송에서 졌으니까 수업료를 내야 하고, 내가 소송에서 진다면 내가 너의 첫 번째 소송을 승리로 만들어줬으니 수업료를 내는 게 당연하다." 프로타고라스로서는 빠져나갈 수 없는 덫을 친 것이었다.

하지만 이 제자, 너무 잘 배웠다. 제자의 항변은 이랬다. "저는 이제 무조건 수업료 못 냅니다. 제가 소송에서 이긴다면 이겼으니까 수업료를 낼 필요가 없죠. 그리고 제가 소송에서 진다면, 첫 소송에서 지는 셈이니까 스승님은 수업료를 받을 자격이 없는 겁니다." 똑같은 사실을 갖고 이토록 다른 논리, 다른 결론을 도출할 수 있다. 과연 누구의 말이 맞나?

장오자가 구작자에게 말했다. "자네하고 나하고 논쟁을 한다 치세. 자네가 이긴다면, 즉 내가 진다면, 그럼 자네는 옳고 나는 그른 건가? 다음 논쟁에서 내가 이기고 자네가 진다면 그건 내가 옳은 건가? 더러 옳고 더러 그른 것인가? 아니면 둘 다 옳고 둘 다 그른 것인가?
우리 둘이서만 논쟁하면 끝이 없으니 다른 사람에게 심판을 시키면 승부가 명쾌하게 나려나? 하지만 자네 생각과 같은 사람이 심판이라면 이미 자네편인데 어떻게 승부를 가리겠나. 반대로 내 생각과 같은 사람에게도 심판을 맡길 수 없지. 우리 둘 모두와 생각이 다른 사람을 심판으로 세워볼까? 우리 둘이서도 어느 게 옳은지 못 가렸는데, 하나 더 늘어나면 더 골치만 아파지지 않겠나? 그래도 기다리다 보면 언젠가 공정한 심판이 나타나려나?

허구한 날 바뀌는 말을 주고받는다는 건, 차라리 아무 말도 주고받지 않는 것이나 같다네. 차라리 경계를 없애고(和之以天倪) 무한 자유를 만끽하는(因之以曼衍)게 속 편히 사는 법 아니겠나.

경계를 없앤다는 건 무슨 말이겠나. '옳음'과 '옳지 않음', '그러함'과 '그렇지 않음'이 있다고 할 때, 뭔가 절대적으로 옳다면, 그건 당연히 옳지 않음과는 다를 것이고, 더 말을 덧붙일 것도 없이 옳겠지. 또 절대적으로 그러한 게 있다면, 그렇지 않은 것과는 당연히 다르고, 더 말 붙이지 않아도 이미 그렇다네.

시간도 잊고, 명분도 잊고, 경계마저 없애 버리게. 그게 바로 무아경지라네." ○ 제물론

장오자와 구작자는 어차피 실존인물도 아니거니와, 그냥 '갑', '을'로 바꿔도 하등 문제될 것 없다. 다만 장오자는 '뭘 좀 아는 사람'이고 구작자는 '뭘 아직 모르는 사람'이어서 배우는 입장이다.

재미있는 옛날이야기 들려주길 좋아하는 장자답지 않게 논리학을 보는 듯한 딱딱한 문체가 등장했다. 논리학파 명가의 핵심이던 친구 혜자의 영향이 이런 식으로 나타난 게 아닌가 싶다. 좋은 뜻으로든 나

쁜 뜻으로든 친구만한 스승이 없다. 특히 말버릇은 전염성이 무시무시하게 강하다. 재미로 몇 번 따라 하기만 해도 금방 입에 익어 버린다.

딱딱한 문장이지만 여야 국회의원이 정치토론을 벌이는 장면을 염두에 두고 하나씩 따져보면 어려울 건 없다. 여야 국회의원이 열띤 토론을 벌였다. 여당이 새로 만든 형편없는 정책을 둘러싼 토론이었는데, 여당 국회의원이 말발을 앞세워 이겼다. 그렇다고 해서 형편없는 정책이 좋은 정책으로 바뀌나? 물론 아니다. 반대로 야당 국회의원이 이겼다고 하자. 토론의 결과, 형편없는 정책은 더 이상 재고할 필요도 없이 폐기해야 하는 것으로 결론 났다고 할 수 있나? 아니다. 아마 주무부처 장관이나 제대로 말발 센 여당 국회의원, 아니면 대통령이라도 나서서 문제의 형편없는 정책을 추진해야 하는 당위성을 열심히 설명하고 나올 것이다.

제대로 승부를 가려보자며 TV토론을 진행했다. 그럼 많은 사람들이 공정한 심판의 자격으로 토론을 지켜볼 수 있다. 하지만, 여당 지지자들에겐 여당 국회의원의 말이 설득력 있게 들리고, 야당 지지자들에겐 야당 국회의원의 말만 설득력 있게 들린다. 여당 지지자에게 말 잘하는 야당 의원은 '싸가지 없는 놈'이 되기 십상이다. 야당 지지자에게 여당 의원의 논리력은 '통계조작'으로 치부되기 일쑤다.

이 시점에서 현실 정치의 모습과 장자의 가르침이 갈라진다. 정치권은 현실적인, 그러나 치명적인 선택을 한다. 불안한 정치권은 더더욱 지지층을 끌어들이는 데에만 몰두한다. 합리적인 사람들은 선거 때 어디로 튈지 모르니 충성도 높은 지지자를 챙겨줘야 한다며. 묻지도 따지지도 않는, 닥치고 지지해주는 그 사람들이 정치의 주역이 됐다. 갈등을 증폭시키고 대립을 심화시키는 게 정치의 역할이 됐다.
　장자는 경계를 없애라는 제안을 던진다.

장자의 죽음이 임박했을 때 제자들이 장사 지낼 의논을 했다. 장자는 말렸다.
"하늘과 땅이 관이다. 해와 달이 구슬이다. 별은 충분히 많은 구슬이다. 세상만물이 제물이다. 이것이면 충분하지 뭐가 더 필요한가?"
"그래도 선생님의 시신이 날짐승이나 들짐승의 먹잇감이 되도록 놔둘 수는 없지 않겠습니까?"
"땅 위에 있으면 날짐승이나 들짐승의 먹이가 되고, 땅 밑에 있으면 개미의 밥이 될 것이다. 굳이 짐승의 먹이를 빼앗아 개미에게 주겠다고 고집부릴 필요가 뭐가 있겠느냐." ○ 열어구

　말인즉슨 옳다. 시신을 그냥 방치하면 짐승들의 먹이가 될 것이다. 하지만 땅에 묻으면 그 역시 개미밥이 되는 일 아닌가. 관이 튼튼하다고 해도 시신이 부패한다는 건, 결국 세균의 먹이가 된다는 뜻이지 않은가. 크게 보면 같다. 누군가의 먹이가 될 수밖에 없다. 땅 위에 방치하나 땅 밑에 잘 묻으나 똑같다.
　장자의 표현을 동원하면 '양행兩行'이다. 양행은 모두가 잘 아는 조삼모사 이야기에서 등장한다. 아침에 네 개를 먹고 저녁에 세 개를 먹으나, 아침에 세 개를 먹고 저녁에 네 개를 먹으나 똑같다. 원숭이

들은 굳이 아침에 네 개를 먹겠다고 고집을 부린다. 현명한 건 사육사다. 어차피 똑같은 것, 원숭이들이 원하는 대로 아침에 네 개를 준다. 많은 사람들은 어차피 일곱 개를 주는 건 똑같은데도 굳이 아침에 세 개를 주겠다는 자신만의 방식을 고집하며 산다. 짐승밥이 되나 개미밥이 되나 똑같은데도 굳이 개미밥이 되는 길을 택하는 것처럼.

'이것'이 있어야 '저것'이 있다(彼出於是). '저것'이 있어야 '이것'이 있다(是亦因彼). 이것이 곧 저것이요, 저것이 곧 이것이다. 저것과 이것을 갈라 세울 수 없는 그곳을 도의 지도리(道樞)라고 한다. 지도리라야만 비로소 고리의 한복판에서 무궁에 응하는 것이다. 옳음도 하나의 무궁이요, 그름도 하나의 무궁이다. 옳음도 그름도 그 본연의 밝음(以明)에 비춰보는 것 같지 않다. ○ 제물론

'내'가 있어야 나 아닌 '네'가 있다. '이것'이 있어야 이것 아닌 '저것'이 있다. '나'라는 고집을 세우지 않으면, 아집을 버리면 '너'라는 존재가 굳이 나와 구별될 필요가 없다. '이것'에 대한 고집을 버리면 '저것'과 다를 것이 없다. 결국 내 마음먹기에 달렸다.

"다리를 건너면서 바라보니(人在橋上過) 흐르는 것은 물이 아니고 다리로구나(橋流水上流)." 부대사라는 이름으로 더 유명한 선혜의 선시다. 강가에서 물을 바라보고 있으면 물이 유유히 흐른다. 그런데 다리에서 물을 우두커니 바라보고 있자면, 어느 틈에 물은 가만히 있고 다리가 앞으로 가는 듯한 느낌을 받는 것이다. 똑같은 사실도

다르게 인식된다. 입장 달라지면 생각 바뀐다.

　무소유를 실천한 것 같지만, 디오게네스에게는 환전상이었던 아버지와 함께 위조화폐를 만든 죄로 고향 시노페에서 추방된 숨기고 싶은 과거가 있다. 나중에 어떤 사람이 디오게네스에게 망신을 주려고 그 얘길 꺼냈다. 그랬더니 디오게네스는 눈 하나도 깜짝하지 않고 이렇게 말했다. "시노페 사람들은 내게 추방령을 내렸지요. 그래서 나도 그들에게 시노페에 남아 있으라는 형을 선고했죠."

　에픽테토스의 말처럼 "당신이 원하지 않는 이상 다른 사람이 당신에게 상처 주는 일은 없다. 당신이 상처받는 때는 자신이 상처받았다고 느끼는 바로 그 순간이다." 스토아철학의 계보를 충실히 잇는 아우렐리우스도 같은 말을 한다. "우리를 괴롭히는 것은 사람들의 행동이 아니다. 우리를 괴롭히는 것은 사실은 그들의 행동에 대한 우리의 의견이다. 따라서 우리의 의견을 근절하고 그들의 행동이 끔찍하다는 판단을 버릴 각오를 하라. 그러면 분노는 가라앉을 것이다."

　'이것'에 대한 집착과 판단을 버리는 게 도의 지도리, '도추道樞'다. 지도리는 문을 여닫아도 움직이지 않는 중심축이다. 지도리의 입장에서는 문이 열리나 닫히나 바뀌는 게 없다. 어차피 똑같다. 문이 열리면 밝으니 좋다. 문이 닫히면 따뜻하니 좋다. 열리면 열리는 대로, 닫히면 닫히는 대로 좋다. 선입견을 버리고 그 자체의 좋은 면, 밝은 면만 보는 게 '이명以明'이다.

　장자는 '천예天倪와 같은 조화'를 만들어내라고도 했다. 천예는, '하늘의 가장자리'라는 뜻이다. 인간계와 천상계의 사이에 있는 곳이라고 한다. 혹은 무지개를 뜻하는 말이라고도 한다.

무지개라고 하면 우리는 빨주노초파남보 일곱 가지 색깔을 먼저 떠올린다. 하지만 무지개가 일곱 가지 색을 띄게 된 건 불과 몇 백 년 전의 일이다. 만유인력의 법칙을 발견한 뉴턴이 프리즘으로 빛을 분리해내면서 일곱 가지 색깔이라고 '정했기' 때문에 일곱 가지 색깔이 '됐다'. 그전까지는 유럽 사람들도 무지개를 보통 여섯 가지 색깔이라고 불렀다. 우리 조상들은 '오색 무지개'라는 말이 입에 붙어 있었다. 아프리카 사람들은 무지개가 세 가지 빛깔을 띠고 있다고 생각했단다.

솔직히 나는 무지개가 일곱 빛깔이라고 생각해본 적이 없다. 빨강, 노랑, 파랑은 언뜻 보이는 것 같지만 나머지는 잘 모르겠다. 빨강과 노랑 사이에 주황이 있다. 그럼 빨강과 주황 사이에는 선 하나 죽 그어져 있고 '이 선 넘으면 주황'이라고 누가 선언해 주나? 그렇지 않다. 그 사이에는 좀 더 연한 빨강 또는 좀 더 진한 주황이 있다.

세상에 경계라는 게 그리 분명하지가 않다. 낮은 광명의 상징이고, 밤은 암흑의 상징이다. 서로 정반대다. 서로의 차이가 없다고 말하는 건 어리석은 일이다. 하지만 과연 어디까지 낮이고 어디부터 밤인가. 해 뜨면 낮이고 해 지면 밤인가? 해 뜨기 전에 이미 밝고, 해가 졌어도 어둡지 않은데 그건 낮이라고 불러야 하지 않나?

다른 점으로 보면 간과 쓸개도 초나라와 월나라처럼 멀지만, 같은 점으로 보면 만물은 모두 하나다. ○ 덕충부

'간에 붙었다 쓸개에 붙었다 한다'는 말이 괜히 있는 게 아니다. 간과 쓸개는 붙어 있다. 아주 가깝다. 하는 일도 비슷하다. 하지만 두 기관은 떨어져 있다. 하는 일도 다르다. 다르기로 말하면 엄연히 다르지만, 같기로 말하면 어차피 둘 다 내장기관이다. 발라드와 뽕짝이 다르지만 둘 다 한국 노래다. 소녀시대와 2NE1은 장르부터 다른 그룹이지만 어른들이 보기엔 어차피 이름 모를 아이돌일 뿐이다.

분명한 경계를 짓는 건 세상 단순하게 사는 사람들의 특권이다. 어린아이들이 보는 만화영화에서는 주인공 이름을 몰라도 된다. 그냥 '좋은 편', '나쁜 편'으로 모든 게 해결된다. 단순명쾌하다. 정의의 사도가 되고 싶었던 아나킨 스카이워커가 악의 화신 다스 베이더로 변신하는 과정을 알기 위해 영화 세 편을 보는 인내력이 그들에게는 없다. 아니, 과정은 관심사가 아니다. 그저 '좋은 편이냐 나쁜 편이냐', '우리 편이냐 아니냐'만이 관심일 뿐이다.

낮과 밤이 정반대인 만큼 선과 악도 정반대다. 그러나 낮과 밤의 경계가 모호한 만큼 선과 악의 경계도 모호하다. 그 모호한 경계선을 저 혼자만 너무나 명쾌하게 그어놓고 세상만사를 마음대로 재단하는 건, 정말이지 무조건 로보트 태권브이가 이긴다면서 마징가제트가 이긴다고 하는 사람들을 증오하는 것과 다를 바 없다. '가로등 켜지면 밤'이라고 제멋대로 기준을 제시하다가, 나중에는 스스로 가로등 켜놓고 밤이라고 주장하는 꼴도 심심찮게 본다. 어차피 없는 경계를 억지로 만들다 보니 생기는 일이다.

꿈속 나비도
자기 생각이 있다

어느 날 장자가 꿈에 나비가 됐다. 훨훨 날아다니는 나비였다. 혼자 신나서 자신이 장자라는 생각도 하지 않았다. 그러다 잠을 깼다. 깨고 보니 자신은 장자였다. 장자가 꿈에 나비가 된 것인가, 나비가 장자가 된 꿈을 꾸고 있는 것인가. 현실의 장자와 꿈속의 나비 모두 저 나름의 분별을 한다(周與胡蝶 必有分). 이게 바로 만물의 변화(物化)다. ○ 제물론

이른바 호접지몽胡蝶之夢, 나비가 된 꿈 이야기다. 《장자》에서 가장 유명한, 《장자》의 상징과도 같은 이야기다. 호접지몽을 일장춘몽 一場春夢 정도의 뜻으로 이해하는 경우도 있는 것 같다. 김만중의 소설 《구운몽》에서처럼, '한바탕 일생을 풍미했지만 깨고 보니 꿈이더라'는 식이다. 하지만 그 구운몽에서마저도 주인공 성진의 스승 육관대

309

사는 그보다 높은 수준의 이해를 보여준다. "이놈아. 꿈과 현실이 다르다고 여기니 너는 아직도 꿈에서 깨어나지 못했구나."

플라톤도 육관대사가 들었다면 죽비로 한 대 얻어맞았을 법하다. 플라톤은 유명한 '동굴의 비유'를 통해 우리가 보는 건 그저 그림자일 뿐이라고 규정했다. 우리는 사슬에 묶여 있기 때문에 그림자 외에는 아무것도 보지 못한다. 그래서 그 그림자를 실체라고 생각한다. 누군가 용기 있게 사슬을 끊고 동굴 밖의 세계를 보고 나서 '우리가 보는 건 모두 그림자일 뿐'이라고 알려주지만, 사슬에 묶인 보통 사람들은 오히려 용기 있는 선각자를 죽여 버리고 만다. 플라톤이 호접지몽을 해석한다면, 꿈에서 깬 장자만 의미 있는 실체고 꿈속의 나비는 아무런 의미가 없는 허상이다. 꿈에서 깬 선각자(플라톤 자신)는 선이고 사슬에 묶여 그림자만 보고 있는 우리는 악이다. 이게 서구식 이분법적 사고의 시작이다.

꿈을 마음대로 설계하고 조작한다는 설정의 영화 〈인셉션〉에서 주인공 레오나르도 디카프리오는 늘 조그만 팽이를 들고 다닌다. 꿈과 현실이 모호할 때 팽이를 돌려서 곧 멈추면 현실이요, 멈추지 않고 끝없이 계속 돌면 꿈속이다. 그 팽이가 없으면 꿈을 설계한 그 자신조차도 꿈속에 있는지 현실에 있는지 구분하지 못한다. 장자가 꿈에서 나비가 되었다면, 그 순간 장자는 나비다. 장자라는 존재는 사라진다. 사람들의 관계를 어떻게 풀어야 아름다운 세상을 만들지에 대한 고민 따위는 안드로메다로 보내 버리고, 그저 향긋하고 맛있는 꽃가루를 찾아서 이리저리 떠돌 것이다. 그러다 꿈에서 깨면 장자가 되어 인간관계를 심각하게 고민하는 스승이 된다.

과연 꿈에서 깬 장자는 나비의 고민과 생각을 '꿈속의 일'로 치부하고 버릴 수 있는가. 꿈속이었을망정 꽃가루를 찾아 헤매는 나비의 여정은 치열하고 고민 역시 진지하다. 깨어나고 보니 꿈이었을 뿐 당시로서는 확고한 신념에 찬 나비의 날갯짓이었다. 혹시 지금 우리가 꿈을 꾸고 있는데 꿈이라는 사실을 깨닫지 못하는 것이라면, 우리의 치열하고 진지하고 확고한 판단들은 아무런 의미가 없는 것일까? 그러니까 그냥 대충 살아도 되는 것일까?

나비에게도, 장자에게도, 그리고 우리에게도, 레오나르도 디카프리오가 가진 것과 같은 팽이(영화에서는 꿈인지 현실인지를 구분하게 해주는 이런 기구를 '토템'이라고 부른다)가 없다. 우리가 마주한 상황은 살벌한 현실이다. 깨고 나면 모든 상황이 종료되는 꿈이 아니다. 목숨 걸고 마주 서서 직시해야 한다. 꿈과 현실이 있는 게 아니고, 나비의 현실이 있고, 장자의 현실이 있다.

꽃에서 꽃으로 우아하게 날아다니는 나비에게는 말 못할 비밀이 있다. 유충 시절 잎사귀 위를 꼬물꼬물 기어 다니던 기억이다. 또 번데기 안에서 오랜 시간 웅크리고 지내던 기억이다. 어떤 이는 '인고의 세월을 버틴 화려한 부활'이라는 식으로 표현한다. 천만의 말씀이다. 우아하게 난다고 해서 그 몸짓의 가치가 높지 않고, 꼬물꼬물 긴다고 해서 그 몸짓의 가치가 낮지 않다. 화려한 날갯짓을 위해서 번데기에서 웅크리고 인고의 시간을 버티는 게 아니다. 그냥 그렇게 사는 것이다. 열심히.

다른 현실을 사는 장자와 나비는 다르다. 나와 다른 사람도 그래서 다르다. 각자의 몸부림은 그 자체로 존중해야 한다. 나만 꿈에서 깬 현실에 살고 있다고 다른 사람을 '꿈속에 사는 사람'으로 손가락질할 수 없다. 입장 바꿔보면 내가 꿈속에 사는 사람일 수도 있다.

허물을 금할 줄만 알지, 왜 생기는지 모른다

요임금이 허유에게 물었다. "설결 선생님이라면 임금이 될 수 있겠습니까? 왕예 선생님 도움을 얻으면 설결 선생님을 불러다 임금 자리를 물려드리고 싶은데요."
"안 된다. 천하가 위태로워질 거다. 설결 선생님은 똑똑하고 아는 거 많지. 일처리도 재빠르지. 성품도 거의 성인의 반열에 올랐지. 하지만 그래서 사람의 지혜로 하늘을 주무르려 한다네. 그 분은 허물을 금하는 법에는 빠삭하지만(審乎禁過), 그 허물이 왜 생겨나는지를 몰라(不知過之所由生)." ○ 천지

이 족보 또 나왔다. 요임금의 스승이 허유, 허유의 스승은 설결, 설결의 스승은 왕예, 왕예의 스승은 포의자다. 요임금이 자기 스승(허유)에게 스승의 스승(설결)에 대한 인물평을 부탁하고 있다. 요임금

은 원래 허유에게 임금 자리를 물려주려 했다. 그러나 허유는 인간사에 휘말리고 싶지 않고, 자리에 묶이기 싫다며 거절한다. 아마 이 대화는 요임금이 허유에게 거절당한 뒤 다른 후보자로 설결을 떠올리고 됨됨이를 묻는 장면이 아닌가 싶다.

족보에서 맨 아랫자리인 요임금이 먼저 임금을 해먹고, 그 자리를 후배가 아니라 스승에게 넘기려 하고, 스승이 거절하자 또 그 스승의 스승에게 권하려 드는 장면이 조금 어색하긴 하다. 나이도 나이려니와, 우리의 관습으로는 후배 자리를 선배가 물려받는다는 게 썩 자연스럽지는 않다. 그런데 더욱 어색한 건, 자기 스승에 대한 허유의 냉정하기 이를 데 없는 평가다.

요약하자면, 똑똑하긴 똑똑한데 너무 똑똑해서 문제라는 지적이다. 저 똑똑한 거 믿고 제 능력 밖의 일에 함부로 덤벼서 사고만 치고 다니기 십상이라는 걱정이다. 과감한 도전이자 역사의 전환이 될 수 있는 시도가 '사고'로 이어질 수밖에 없는 이유로 지적한 말이 걸작이다. "허물을 금하는 법에는 빠삭하지만, 허물이 왜 생겨나는지를 모른다."

설결처럼 똑똑하긴 한데, 똑똑해서 사고를 낸 사람이 아테네 민주정치의 역사에서 맨 앞자리를 차지하는 솔론이다. 재산을 기준으로 하긴 했지만 평민들에게도 귀족들이 독점하던 정치 참여의 기회를 제공한 것이다. 그러나 평민 대다수는 정치 참여는커녕 신분 유지도 힘든 상황이었다. 땅을 저당 잡혀 돈을 빌렸다가 못 갚으면 노예로 전락했기 때문이다. 자식을 팔거나 아예 외국으로 도망가기도 했다.

부자들은 빚을 못 받아서 불만, 가난한 사람들은 경작할 땅이 없어서 불만이었다.

내전의 위기가 고조될 때 솔론이 아르콘(국정 최고책임자)에 올랐다. 솔론은 '공평한 분배로 내전을 막겠다'고 약속했다. 부자들은 공평한 분배란, 공로와 능력에 따른 배분이라고 이해했다. 갑옷과 무기를 병사 스스로 준비해서 전쟁에 참여하던 시절이다. 부자가 아니면 철갑으로 온몸을 휘두른 중장보병이 될 수 없었다. 반면 가난한 사람들은 공평한 분배를 동등한 배분이라고 생각했다. 힘센 사람도 땅 한 평, 힘없는 사람도 땅 한 평.

솔론은 일단 모든 부채를 동결시켰다. 빚 독촉 금지! 사람의 몸을 저당으로 잡는 것도 금지했다. 돈 안 갚는다고 노예로 만들기 없기! 다만 빈민들의 열망을 외면하고 토지 개혁은 손도 대지 않았다. 땅 소유권 현행 유지! 이게 솔론이 생각한 '공평함'이었다. 빈민들에게 빚은 탕감해주고 대신 부자들의 땅은 지켜주고. 하지만 돌아온 건 거센 반발이었다. 부자들은 빚을 못 받게 한다고 불만이었고, 빈민들은 땅을 안 준다고 불만이었다. 이기적인 세상인심에 낙심해서 솔론이 읊은 시가 있다. "한때는 나를 공연히 부추기더니 / 이제는 나를 차가운 눈으로 쳐다보는구나."

솔론은 "법을 지키는 것이 어기는 것보다 좋다는 것을 보여주겠다"며 개혁을 입법화했다. 그리고 100년 동안 법을 고치지 않겠다는 귀족회의의 다짐을 얻은 뒤 쏟아지는 비난을 피해 외국 여행을 떠났다. 솔론이 자리를 비운 사이 아테네는 민중의 지지를 받은 참주 페이시스트라토스Peisistratos의 통치 아래로 들어갔다. 솔론이 법으로 만든 부자와 빈민의 균형은, 참주의 등장으로 민중 쪽으로 단번에 기울었다(참주정은 독재이긴 하지만 민중의 인기를 먹고 유지된다).

"법률은 거미줄과 같다. 약한 놈은 꼼짝 못하게 하지만 힘센 놈은 찢고 무시한다." 스키타이 출신 철학자이자 솔론의 친구인 아나카르시스Anacharsis가 했던 경고다. 아닌 게 아니라 거미줄은 힘없는 파리를 꼼짝 못하게 하지만, 사람 앞에서는 힘없이 허물어지고 만다. 법률이 꼭 그렇다. 사람의 본성을 거부하는 법은 지켜지지 않는다.

제2차 세계대전이 끝나자 사람들이 몰려들면서 뉴욕에 집이 모자라게 됐다. 당연히 집값이 올랐고, 집세는 더욱 많이 올랐다. 말하자면 전세대란이었다. '똑똑한' 정부는 주택 임대료를 일정 액수 이상 받지 못하도록 하는 법을 만들었다. 말하자면 전월세 상한제다. 이 법을 시행해서 시민들은 싼 값에 좋은 집에서 살 수 있었을까? 물론 처음에는 그랬을지도 모른다. 하지만 곧 문제가 생겼다. 집주인들은 더 이상 집을 짓지 않았다. 어차피 세 줘 봤자 돈벌이로 이어지지 않으니까 그 돈을 다른 곳에 투자한 것이다. 세입자들을 쫓아내려고 난간이 부서져도, 창문이 깨져도, 지붕이 무너져도 집주인들은 나 몰라라 하고 고쳐주지 않았다. 그럼 그걸 못 견디고 세입자가 나갔을까? 물론 나가는 사람도 있었을 것이다. 그러나, 그걸 감수하고라도 싼 값에 살겠다는 사람은 남았다. 그리고 그런 사람들만 남으면, 멀쩡한 동네가 어느 순간 빈민가나 범죄의 소굴로 전락하게 된다. 경제학 책에 자주 등장하는 유명한 사례다(규제 철폐론자들이 악용하는 대표 사례 중 하나이기도 하다).

요즘에도 변형된 사치단속법이 활용되긴 하지만, 예전에는 아예 계급별로 입을 수 있는 옷의 색깔, 재료, 길이까지 세세하게 규정해 놨었다. 예컨대 황금색은 황제의 색이고 붉은색은 임금의 색이고, 자주색은 고위관료의 색이고……. 다만 아직까지도 사치단속 비슷한 일들이 남아 있는 걸 보면 효과라는 걸 기대하기는 어려웠을 것 같다. 인간의 기본적인 욕망에 반하는 일이기 때문이다. 오히려 황제의 색, 임금의 색, 고위관료의 색으로 규정되면 선망의 대상이 되지 않을까? '나도 한번 입어보고 싶다'는 욕심만 더 커지지 않았을까?

알렉산드로스의 후계자 중 한 명이지만, 가장 넓은 영토를 차지했던, 그래서 다양성과 관용의 문제에 관심이 많았던 셀레우코스 Seleukos도 똑같은 고민에 직면했던 것 같다. 어떻게 하면 부자들의 사치를 막을 것인지. 그리고 역발상을 했다. 셀레우코스가 내린 명령은 이랬다. "창녀나 매음녀가 아니면 황금 장식이나 수놓은 옷을 입지 못한다." 고급 재료를 쓰는 옷을 소비자들이 경멸하게 만드는 것이다. 선망의 대상이 아니라 경멸의 대상이 되면 입으라고 강요해도 입기를 꺼려할 테니까.

설결이 허유를 만나 물었다. "자네 어디 가는 길인가?"
"저는 지금 요임금을 피해 달아나는 길입니다."
"왜 피하는데?"
"요임금은 악착같이 인을 행하려고 애쓰는데, 그러다 천하의 웃음거리가 될 것입니다. 나중에는 사람과 사람이 서로 잡아먹지 않을까 걱정입니다. 백성들을 모으기란 쉽지요. 사랑하면 친해지고, 이익을 주면 달려오고, 칭찬하면 서로 권하지요. 하지만 싫어하는 일을 하면 금방 흩어지고 맙니다. 이렇게 사람을 모으기도 하고 흩어버리기도 하는 사랑과 이익이라는 게 바로 인의에서 비롯됩니다. 인의는 참됨이 없고 거짓되기 쉬워서, 끝에 가서는 욕심꾸러기에게 편리한 도구를 빌려주지요. 인의로 세상을 어찌해 보겠다는 건, 혼자 판단으로 천하를 재단하겠다(一人之斷制利天下)는 뜻이고, 칼 한 자루로 천하를 베어 버리겠다는 뜻입니다."

○ 서무귀

　허유는 요임금이 자신에게 천하를 물려주려 하자 산속으로 숨었다. 임금이 싫으면 제후라도 맡아 달라고 요임금이 다시 부탁하자 더러운 소리를 들었다며 시냇물에 귀를 씻었다. 이 얘기를 전해 듣고는 소에게 물을 먹이려던 소부라는 촌부는 상류로 소를 끌고 갔다. 더러운 물을 소에게 먹일 수 없다며.
　이 대화는 허유가 산속으로 숨어들어가는 중에 스승 설결을 만났다는 설정으로 장자가 꾸민 것이다. 요임금 앞에서는 설결이 임금의 재목이 못된다고 욕하더니, 설결을 만나서는 요임금이 헛심만 쓰고 있다고 비웃는 꼴이 썩 보기 좋지는 않다. 그러나 허유는 요임금을 비난하지는 않는다. 아름다운 세상, 사람 살 만한 세상을 만들어보려 하는 요임금의 진정성만은 인정한다. 하지만 안타까워한다. 요임금처럼 인의를 앞세워서는 그런 세상을 결코 만들 수 없기 때문에. 저 혼자 잘난 명분만 갖고는 아무것도 할 수 없기 때문에. 세상은 그렇게 호락호락하지 않기 때문에.

큰 선비와 작은 선비가 밤에 남의 무덤을 도굴하고 있다. 망을 보던 큰 선비가 작은 선비를 채근했다. "먼동이 트는데 왜 이렇게 일이 더딘 게냐?"
"아직 수의를 벗기지 못했습니다. 그런데 입에 구슬을 물고 있네요."
"너는 시경도 읽지 못했느냐. '살아서 베풀지 않았으니 죽어서 어찌 구슬을 머금으리오' 하지 않았느냐. 얼굴을 꽉 잡고 턱을 발로 눌러서 깨 버려라. 구슬 안 깨지게 조심하고." ○ 외물

나쁜 짓 하면서도 잘난 척은 잊지 않는다. 나쁜 짓 하면서도 갖다 붙일 명분은 언제나 준비돼 있다. 사실 우리네 삶이 그렇다. 이유를 갖다 붙이려고 하면 어떻게든 있기 마련이다. 따지고 보면 이유가 아니라 핑계고 변명인 경우가 대부분이지만.

오레스테스 Orestes는 아버지의 원수를 갚는다며 어머니를 죽였다. '아버지의 원수를 갚는다'는 무죄의 명분과 '어머니를 죽였다'는 처벌의 명분이 모두 다 있다. 코에 걸면 코걸이고, 귀에 걸면 귀걸이다. 인의라는 이름을 앞세운 허무한 명분 하나만 내세워서 세상을 바로 잡겠다는 것이야말로, 혼자서 세상을 재단하겠다는 것만큼이나, 칼 한 자루로 세상을 베어 버리겠다는 것만큼이나, 허무맹랑하다.

금지가 만능이 아니다. 법 하나로 사람을 이기려는 건, 장자의 말

처럼 사람으로 하늘을 이기려 드는 무모한 짓이다. 사람의 마음을 따라야 하고, 세상의 이치를 따라야 한다. 결대로 해야 한다. 결을 거스르면, 설령 하더라도 오래 가지 못하고 멈춰 선다. 숱한 개혁들이 좌초한 이유가 바로 여기에 있다. 명분이 앞서 현실을 무시하거나 간과한다. 독선이다.

10장
버림으로써 되찾기

브레이크 없는 벤츠는
불량품

　　　　　　　　티베트를 무력으로 점령한 마오쩌둥을 망명객 신세인 달라이 라마는 어떻게 평가할까. 같은 하늘을 지고 살 수 없는 원수? 언젠가 천벌 받을 사람? 그저 용서의 대상? 직접 평가한 말이 있다. "티베트인들에게 많은 고통을 안겨 주었지만, 티베트 불교를 전 세계에 알린 가장 큰 공로자." 아닌 게 아니라 마오쩌둥 때문에 달라이 라마 자신이 티베트에서 쫓겨났고, 티베트인들은 사소한 저항마저 처참하게 짓밟히면서 중국의 지배를 받고 있다. 그러나 달라이 라마가 해외에서 저항운동을 하면서 그 때문에 아무도 찾지 않던 산골에서 '그들만의 종교'에 머물렀던 티베트 불교가 세계적으로 알려지기도 했다. 세상에 마냥 나쁘기만 한 사람은 없다. 세상에 마냥 나쁘기만 한 일은 없다.

　세상에는 마냥 좋기만 한 것도 없다.

큰 도는 도라고 불리지 않고(大道不稱), 큰 변론은 말하지 않고(大辯不言), 큰 어짊은 어질지 않고(大仁不仁), 큰 염치는 사양하지 않고(大廉不廉), 큰 용기는 사납지 않다(大勇不忮). 도는 분명하면 도가 되지 못하고(道昭而不道), 말은 변론하면 미치지 못하고(言辯而不及), 인은 드러나면 이루지 못하며(仁常而不周), 염치는 맑기만 하면 미덥지 못하고(廉淸而不信), 용기는 꺽기를 버면 거짓된다(勇忮而不成). 이 다섯 가지는 원만한 것이지만 모난 것에 가까워지기 쉽다. ◦ **제물론**

도는 물론 좋은 것이다. 하지만 도 따지고, 도 내세우다 보면 도는 어느 틈에 사라지고 싸움만 남는다. 애초에 가르침은 하나였을 텐데 종파 없는 종교 없고 파벌싸움 없는 조직이 없다. 말이란 소통의 가장 중요한 수단이지만, 동시에 싸움의 수단이기도 하다. 말이라는 게 꼭 책임으로, 행동으로 이어지는 게 아니다. 말로야 무슨 말을 못하나. 그러니 말만 앞세우는 사람은 꼭 극단으로 흐른다. 어진 것도 좋지만 송양지인宋襄之仁의 고사에 나오는 것처럼 마냥 정정당당한 것만 찾고 군자가 할 일만 따지고 있으면 죽도 밥도 안 된다. 사람 좋은 것도 정도껏 해야 좋은 것이다. 청렴한 거야 배움직한 미덕이지만 저 혼자 깨끗한 척하느라고 주변인 괴롭히면 그것도 못 봐 줄 노릇이다. 용기는 그 자체로 객기와 종이 한 장 차이다.

미덕을 바라보는 시선 역시 종이 한 장 차이일 때가 많다. 선망의 눈길 속에는 질시 역시 섞여 있는 법이어서 여차하면 비난의 손가락질로 뒤바뀌기 일쑤다. 스타에게는 안티가 따라붙기 마련이다. 아차

하는 순간 국민영웅이 역적으로 전락한다.

묘청이 그랬고, 조광조가 그랬다. 한때 선망의 대상이던 개혁 전도사들이 증오의 대상으로 전락하면서 개혁은 좌초했다. 선망에 도취해 현실을 잊은 탓이다. 머릿속으로만 존재하는 이상을 극단적으로 밀어붙였기 때문이다.

선을 행해도 명예를 좇지 않고, 악을 저질러도 형벌에 닿지 않도록 오직 중도(緣督)를 기준으로 삼아라. ○ 양생주

좋은 일을 하더라도 착하다고 소문이 자자하도록 티 나게 하지 말고, 나쁜 짓해도 재판정에 서야 할 만큼 큰 죄 짓지 말고 살라는 뜻이다. 선은 무조건 좋은 거라고 보는 사람에게는 참 이해 안 되는 말이었던 모양이다. 이익은 《성호사설》에서 "하늘이 높아도 허리를 펴지 못하고 땅이 두꺼워도 발을 함부로 구르지 못한다는 말이냐"고 항변한다. 천만의 말씀이다. 높은 하늘 아래에서라면 허리를 펴는 건 물론이거니와 마음껏 뛰어올라야 마땅하다. 하지만 그 미덕이라는 게 하늘처럼 높지 못하다. 낮은 천정의 집이다. 자칫 높이 뛰었다간 머리가 깨진다. 미덕이란 지나치면 악덕이 되기 쉽다.

플라톤에게 많은 제자가 있었지만, 특별히 눈여겨보는 사람은 두 사람이었다. 하나가 크세노크라테스Xenocrates, 또 하나가 아리스토텔레스다. 둘 다 스승의 사랑과 기대를 받았지만 성격은 딴판이었다. 플라톤은 두 사람을 이렇게 비교했다. "한 사람에게는 박차가 필요

하고, 한 사람에게는 굴레가 필요하다." 한 사람(크세노크라테스)은 틀에서 벗어나지 못하니 좀 더 자유로운 사고가 필요하고, 한 사람(아리스토텔레스)은 너무 분방한 사고를 하니 살짝 가둬놓을 필요가 있다는 뜻이리라.

크세노크라테스는 좋게 말해 원칙주의자였다. 군사를 쓰기보다 황금 쓰기에 더 능했다는 평가를 듣는 필리포스조차도 "크세노크라테스 한 사람만은 매수할 수 없었다"고 털어놨다. 반면 아리스토텔레스는 필리포스의 아들 알렉산드로스의 가정교사였으니 비교할 만도 하다.

너무 꼬장꼬장하기만 한 스승을 놀리려고 제자들이 당대의 미녀로 이름 높은 여인을 크세노크라테스의 침실에 들여보낸 적이 있다. 숱한 남자들을 녹인 솜씨로 갖은 교태를 다 부려도 크세노크라테스는 손끝도 움직이지 않았다. 다만 손끝이 아닌 몸의 다른 끝부분은 반응을 보였다. 그는 자신의 의지에 반하는 반응을 보인 자신의 신체 부위를 불로 태워 버렸다. 그놈의 원칙이 무슨 자해공갈단도 아니고.

아리스토텔레스는 알렉산드로스가 죽은 뒤 할아버지뻘 스승 소크라테스와 똑같이 재판에서 사형선고를 받았다. 아테네인이 아니어서 평생 편견에 찬 이방인 취급을 받기도 했거니와, 자신들을 무력으로 점령한 알렉산드로스의 가정교사 노릇을 한 괘씸죄였다. 그러나 이후 대응은 "악법도 법"이라며 사형선고를 받아들이고 도망가라는 제자들의 권고마저 거부한 소크라테스와 달랐다. 아리스토텔레스는 살기 위해 탈출을 감행했다. "아테네 시민들이 두 번이나 철학에 죄를 짓게 할 수는 없다"는 말을 남기고. 원칙 대신 구차한 변명을 남겼지만, 아리스토텔레스는 덕분에 자연사할 수 있었다. 탈출한 지 불과 몇 달 후에.

그저 일이 되어가는 대로 맡겨 마음을 쉬게 하고(乘物以遊心), 어쩔 수 없는 것에 몸을 맡겨 중도를 지켜 나가면 그것이 도의 극진함입니다(託不得己以養中至矣). ◎ 인간세

아리스토텔레스의 대표작 《니코마코스 윤리학》은 아들에게 들려주는 '행복해지는 법'이다. 니코마코스가 바로 아리스토텔레스의 아들 이름이다. 책에서 말하는 행복의 비결은 '중용'이다. 과도하면 더 이상 미덕이 설 자리가 없다. 그래서 아리스토텔레스가 꼽은 사람의 가장 나쁜 품성이란 '자제력 없음 akrasia'이다.

과거 《브레이크 없는 벤츠》라는 제목의 책이 나와서 한동안 유행어처럼 쓰인 적이 있다. 자서전 제목이었으니 좋은 뜻으로 쓴 말이었다. 불의와 타협하지 않는 강직함을 강조한 표현이었다. 그러나 말은 바로 하자. 아무리 벤츠라도 브레이크가 없으면 탈 수 없다. 타는 순간 사고는 필연이다. 브레이크 없는 벤츠는 불량품, 폐기 대상이다.

"한 마리 준마의 힘은 그 말이 적당한 때에 딱 정지할 수 있는가를 보는 것으로밖에는 더 잘 알아볼 것이 없다. 분수 있는 사람들 중에도 줄기차게 말하다가 그만 끊고 싶어도 그렇게 하지 못하는 것을 본다." 몽테뉴가 《수상록》에 쓴 말이다. 노자도 말했다. "그칠 줄 알면 위태롭지 않다(知止不殆)"라고.

중간에나 처해볼까

하늘을 쳐다보다 우물에 빠졌다는 철학자 탈레스는 결혼을 하지 않고 일생을 마쳤다. 그래서 누이의 아들을 양자로 삼았다. 물론 집안에서는 결혼을 시키려고 애를 많이 썼다. 어머니는 결혼하라고 성화를 부릴 때 젊은 날의 탈레스는 이렇게 말했다. "어머니, 저는 아직 결혼할 때가 안 된 걸요." 어느 정도 나이가 된 다음에는 대답을 바꿨다. "어머니, 저는 이제 결혼할 때가 지난 걸요." 도대체 결혼하기에 적당한 때는 언제일까.

알렉산드로스가 죽은 뒤 마케도니아 본토를 지배한 안티고노스의 손자 안티고노스 2세는 역사가와 철학자의 보호자를 자처했다. 본인이 스토아학파의 시조인 제논에게서 배우기도 했다. 이 소문을 듣고 상거지 꼴로 다니는 견유학파 철학자가 안티고노스를 찾아가서 후원을 부탁했다.

"제게 은화 한 닢만 주십시오."

"그건 왕이 줄 선물이 못 된다."

보통 사람도 아닌 왕이 고작 은화 한 닢 주고서 철학자를 후원했다고 하기엔 좀 민망할 법하다. 그래서 견유학파 철학자는 금액을 바꿔서 불렀다. "그럼 제게 금화 백 냥을 주십시오."

"그건 견유학파 철학자가 받을 선물이 못 되는구나."

견유학파의 대표 디오게네스는 맨손으로 물 떠먹는 어린아이를 보고는 들고 다니던 동냥그릇마저 내다 버렸는데, 무슨 견유학파 철학자가 후원금을 금화 백 냥씩이나 받느냐는 힐난이다. 도대체 왕도 줄 만하고, 견유학파 철학자도 받을 만한 후원금은 얼마일까?

장자가 산중을 지나다 큰 나무를 봤다. 마침 나무꾼도 지나갔지만 그 나무는 본체만체했다. 어째서 베지 않느냐고 물었더니 '쓸모가 없다'고 답했다. 장자는 말했다. "이 나무는 쓸모가 없어 천년을 마치는구나."
산에서 내려와 어느 집에서 묵었다. 주인은 장자를 대접하겠다며 하인에게 닭을 잡게 했다. "잘 우는 놈을 잡을까요 잘 못 우는 놈을 잡을까요?" 주인이 말했다. "잘 울지 못하는 놈을 잡아라."
제자들이 장자에게 물었다. "나무는 쓸모가 없어 천년을 살았고, 닭은 쓸모가 없어서 일찍 죽었습니다. 선생님은 어느 쪽에 서시겠습니까?"
장자가 웃으며 대답했다. "나는 중간에나 처해볼까? 하지만 중간이라는 건, 그럴 듯해 보이지만 도가 아니다. 중요한 것은 얽매이지 않는 것이다(無肯專爲). 어찌 언제나 일정할 수 있겠느냐?" ○ 산목 앞부분은 한번 인용했던 일화다. 산에 있는 나무는 쓸모가 없어서 아무도 베어가지 않았다. 그 덕에 천년을 살았다. 안마당의 닭 중에서는 잘 울어서 쓸모 있는 놈은 살고, 못 울어서 쓸모없는 놈은 죽어서 밥상에 올랐다. 쓸모가 없다고 무조건 좋은 것도 아니고, 쓸모가 있다고 무조건 좋은 것도 아니다. 그래서 제자들이 묻는다. "선생님이라면 어떻게 하시겠습니까?"

"헷갈리니까 중간에나 처해볼까?" 장자가 웃음 띤 얼굴로 내놓은 첫 대답이다. 그러나 농담이다. 곧바로 명확하게 못 박는다. 중간이라는 건, 그럴 듯해 보이지만 도가 아니다. 가짜다. 진짜는 '얽매이지 않음'이고 '일정하지 않음'이다. 변화다.

때에 따라 용이 될 수도 있고 뱀이 될 수도 있다. '나는 용이다'라는 선언은 불필요하다. 언제나 뱀이 될 가능성을 안고 있고, 각오를 다져야 한다. 내가 용일 수도 있다. 하지만 잠시뿐이다. 나를 용으로 만드는 건 나 자신이 아니라, 세상이다. 세상은 그러나 언제까지나 나를 용으로 두지 않는다. 한순간에 뱀으로 전락시킨다. 예고도 없이 매몰차게.

'중간'은 없다. 다만 고집을 버리는, 집착을 버리는, 독단을 버리는 유연함이 있을 뿐이다. 때로는 세상에 무심한 용이 될 수도 있고, 때로는 치열하고 악독한 뱀이 될 수도 있다. 중요한 건 언제라도 입장이 바뀔 수 있다는 사실을 잊지 않고, 스스로 입장을 바꿀 준비를 하고 있는 것이다.

회색분자의 비겁한 인생인가? 패배주의에 젖은 꺾여 버린 인생인가? 비판을 하려고 들면 그렇게 말할 수 있다. 하지만 똑같은 말을 장자는 다른 방식으로 한다.

남곽자기가 책상에 기대앉아 하늘을 우러러 길게 숨을 내뿜으니 그 흐리멍덩한 모습이 마치 짝을 잃어버린 듯했다. 안성자유가 그 앞에서 모시고 있다가 말했다.
"어찌된 일입니까. 얼굴을 진정 마른 나무(槁木)와 같이 할 수 있으며 마음을 진정 죽은 재(死灰)와 같이 할 수 있습니까? 지금 책상에 기대 있는 사람은 이전에 보던 그 사람이 아닙니다."
"훌륭하구나. 나는 나를 잃었는데, 너는 알겠느냐?" ○ 제물론

도가 뭐냐는 설결의 질문을 받고 피의가 말하기 시작했다.
"몸을 단정히 하고 생각을 똑바로 해라. 도는……."
그러나 설결은 이미 졸고 있었다. 피의는 오히려 기뻐하며 노래를 불렀다.
"몸은 마른 나무(槁骸)와 같고 마음은 식은 재(死灰)와 같구나.
참으로 참된 이치를 알면서도 스스로 자랑하지 않도다.
빛을 감추고 지혜를 버렸으니 더불어 의논할 것도 없구나." ○ 지북유

말라서 생기를 잃은 나뭇가지와 다 타 버리고 식어 버린 재, 장자가 말하는 완전한 인간의 모습이다. '회색분자'는 이리 붙었다 저리 붙었다 하는 박쥐 같은 인간형이라는 뜻으로 안 좋게 쓰이지만, 장자에게 회색이란 도를 얻었을 때의 모습이다.

회색이란, 말 그대로 잿빛, 재의 색깔이다. 회색은 완전히 타고 난 다음에 나오는 색깔이다. 제대로 타 보지 않고서는 도저히 낼 수 없는 색깔이다. 말만 앞세워서는 흉내 낼 수 없는 색깔이다. 온전히 스스로를 태웠다면 선택의 여지없이 내야 하는 색깔이기도 하다.

산전수전 다 겪고, 누구보다 치열하게 세상을 살고 나서 비로소 세상을 관조하게 된 사람을 비겁자 취급하는 설익은 시선은 한때 그 누구보다 뜨거웠던 연탄재를 함부로 발로 차는 사람과도 같다. 안도현의 글처럼 "연탄재 발로 함부로 차지 마라 / 너는 / 누구에게 한 번이라도 뜨거운 사람이었느냐." 당나라 시인 이상은은 이렇게 썼다. "초는 재가 되어야 비로소 눈물을 멈춘다(蠟炬成灰淚始乾)."

말라 버린 나뭇가지 역시, 처음부터 그렇게 생기가 없는 모습이 아니었다. 그 역시 누구보다 파릇파릇한 청춘을 누렸다. 움트는 새싹의 시절을 누렸고, 뜨거운 태양 아래의 열기도 즐겼고, 차가운 겨울의 한기도 견뎠다. 그 풍상을 수없이 겪고 나서 얻은 모습이 앙상하게 말라 버린 가지다.

장자는 마른 나뭇가지와 식은 재의 경지에 이르는 길을 이렇게 설명한다.

남백자기가 책상에 기대어 앉아 하늘을 우러러 큰 숨을 쉬었다. 안성자가 들어와서 보고 물었다.

"어떻게 하면 몸은 마른 나무와 같이 하고, 마음은 식은 재와 같이 할 수 있습니까?"

"나는 처음에는 자기 자신을 잃은 사람을 보고 슬퍼했고(悲人之自喪者), 그 다음에는 남을 슬퍼하는 사람을 슬퍼했고(悲夫悲人者), 또 그 다음에는 남의 슬픔을 슬퍼하는 사람을 슬퍼했다(悲夫悲人之悲者)." ◦ 서무귀

남백자기는 앞서 등장했던 남곽자기와 같은 사람인 것 같다. 실제로는 아니더라도 장자가 하고 싶은 말을 대신 전한다는 점에서는 사실상 같은 사람이다. 안성자 역시 앞서 등장한 안성자유와 같은 사람이다. 남백자기(혹은 남곽자기)가 책상에 기대 마른 나무와 식은 재의 모습을 했다는 설정 역시도 같다. 같은 장면의 대화를 다르게 편집한 것으로 이해하면 될 것 같다. 앞서의 대화에서는 도를 얻은 사람(장자의 표현으로는 '지인至人')의 모습이 마른 나무나 식은 재와 같다는 데에 초점을 맞추고 있지만, 새로운 대화는 마른 나무와 식은 재의 모습을 띠는 방법을 소개하는 게 목적이다.

처음에는 감정에 충실하다. 자기 자신을 잃은 사람, 말하자면 제 갈 길을 잃고 방황하거나, 잘못을 저지르고도 반성할 줄 모르거나, 자신의 길을 갈 생각은 하지 않고 늘 남의 길만 흘깃거리는 사람을 보면 슬프다. 답답하다. 후배라면 혼이라도 내주고 올바른 길로 인도해주고 싶다.

그러나 다음 순간 자세히 들여다보니, 그런 사람에게 잔소리를 하는 다른 사람 역시 마찬가지다. 남의 잘못을 지적할 줄은 알지만, 정작 자신도 똑같은 잘못을 저지르고 있다. 그 역시 자신을 잃은 사람일 뿐이다. 그런 사람을 보고 있자니 다시 슬퍼진다. 답답해진다. 함

부로 충고를 던지려 했던 나 자신을 반성하게 된다.

하지만 조금만 더 생각해보니, 제 잘못 모르고 남한테 충고 늘어놓는 사람을 답답해하는 그 사람이야말로 딱하다. 모든 비판의 시작은 누군가 '자신의 길을 잃고 남의 길을 간다'에서 시작했는데, 정작 말이 거듭될수록 점점 더 '남'의 이야기로 빠져들고 '자신'의 길을 잃고 있지 않은가. 그러고 보면 이렇게 남들 보고 딱해 하는 나 자신이야말로 가장 딱한 사람이다. 그런 사실이 슬퍼진다. 답답해진다.

생각이 여기까지 미치면 더 이상 섣불리 '누가 못났네', '누가 딱하게 됐네', '누가 잘못하고 있네', '누구는 잘못 가고 있으니 올바로 인도하겠네' 같은 소리를 할 수 없게 된다. 그저 조용히 지켜보게 된다. 나 몰라라 하는 것 같으니 모르는 사람이 보면 영락없이 '고민없고' '생각 없는' 놈의 모습이다. 슬픔의 끝에 슬픔이 없다. 깊은 고민의 끝이 오히려 고민 없는 모습이 됐고, 거듭된 생각의 끝이 생각 없는 모습이 됐다.

장자가 말했듯이 "암컷이 아무리 많아도 수컷이 없다면 알이 생길 수 없다(응제왕)." 물론 수컷이 많아도 암컷이 없으면 알이 생길 수 없다. 수컷과 암컷이 낳으면 수컷과 암컷의 중간이 되나? 천만의 말씀. 때로는 수컷이 나오고 때로는 암컷이 나온다. 그리고 그 수컷은 다시 암컷을 필요로 하고, 암컷은 역시 수컷을 필요로 한다. 수컷은 누구보다 수컷다워지려 한다. 암컷을 만나기 위해. 암컷도 누구보다 암컷스러워지려 애쓴다. 수컷을 만나기 위해. 가장 자기다움, 가장 철저함을 거친 후에 상대를 인정한다. 수컷다움에 철저한 두 수컷이 만나서 더욱 수컷스러운 새끼가 태어나는 것이 아니다. 수컷다움에 철저하겠다고 수컷끼리 교배할 수는 없는 노릇이다.

임금이 싸움닭을 키우기로 했다. 열흘 후에 물었다.
"이제 싸울 만한가?"
"아직 멀었습니다. 제 기운만 믿고 돼먹지 못하게 사납기만 합니다."
다시 열흘이 지나서 다시 물었다.
"이제는 준비가 됐나?"
"아직도 멀었습니다. 다른 닭 소리만 들어도, 다른 닭 그림자만 봐도 달려들려고 합니다."
또 열흘이 지났다. 임금이 다시 물었다.
"이제는 됐겠지?"
"아직도 안 됩니다. 다른 닭을 보면 눈에 힘을 주고 위압적인 태도를 보입니다."
다시 열흘이 지났다.
"아직도 안 됐나?"
"이제 거의 다 됐습니다. 다른 닭이 소리를 쳐도 본 척도 안 합니다. 꼭 나무로 만든 닭 같습니다. 다른 닭은 감히 공격할 생각을 못하고 보기만 해도 달아납니다." ◦ 달생

나무토막처럼 보이는 싸움닭 이야기는 《일리어드》에서 트로이 여인들이 성벽 위에서 그리스 진영을 내려다보며 오디세우스를 평가

하는 장면을 연상시킨다. "자리에서 벌떡 일어섰을 때 오디세우스는 똑바로 서서 시선을 고정한 채 땅바닥을 내려다보고 있었어요. 홀을 앞으로도 뒤로도 흔들지 않고 꼭 쥐고 있었는데, 겉으로 보기에는 좀 모자라는 사람 같았죠. 아마 사람들은 심술쟁이나 완전한 바보로 여겼을 걸요."

낯선 사람이 지나간다고 사납게 짖는 개들은 대개 조그맣고 겁 많은 강아지들이다. 덩치 큰 개들은 의젓하다. 사람이 지나가면 지나가나 보다 하고 만다. 쉽게 들뜨지 않는다.

얼치기들이 거리에서 싸움질이다. 입만 열면 욕이고, 손 뻗으면 멱살부터 잡는 건달들은 모두 하수다. 서투니까 사납다. 진정한 고수들은 주먹과는 거리가 멀어 보인다. 경지를 넘어선 탓이다.

거백옥과 애태타

거백옥은 나이 육십이 되어 육십 번이나 변했다. 아직 한번도, 옳다고 시작해서 끝에 가서는 그르다고 버리지 않은 적이 없었다. 지금 옳다고 하는 것도, 지난 59년 동안 그르다고 버린 그것이 아닌지 모르는 것이다. ○**칙양**

거백옥은《논어》에도 두 번이나 등장하는, 당대에 꽤 유명한 군자였다. 한밤중에 임금이 뜰에 나가 있는데, 밖에서 수레 소리가 나다가 궁궐 앞에서 잠깐 소리가 멈췄다가 잠시 후 다시 덜컹거리며 다시 수레가 움직였다. 주변 사람들이 모두 한밤중에 누가 대궐에 들렀나 의아해 하는데, 임금이 자신 있게 말했다. "저건 거백옥이 대궐 앞을 지나간 소리다. 거백옥은 한밤중에 아무도 안 보더라도 꼭 수레에서 내려서 절을 하고 지나가거든." 날이 밝은 뒤 알아보니 과연 거백옥이었다.

이런 거백옥이지만 벼슬자리에 나가는 길은 순탄하지 않았다. 사어라는 친구가 여러 번 천거했지만 임금이 등용을 거부했다. 그러다 죽을병에 걸린 사어가 유언을 남겼다. "내가 살아서 임금을 바로 잡지 못했으니 죽어서도 예법대로 장사를 지낼 수 없다. 내가 죽거든 시체를 창문 밑에 두고 빈소도 마련하지 말라." 임금이 조문하러 왔다가 너무 초라한 빈소를 보고 깜짝 놀라자 아들이 아버지의 유언을 전했다. 임금은 그때서야 정신을 차리고 거백옥을 등용했다.

이 이야기를 듣고 공자가 한 말이 《논어》에 실려 있다. "곧구나. 사어는. 나라에 도가 있을 때에도 화살처럼 곧더니(邦有道如矢), 나라에 도가 없을 때에도 화살처럼 곧구나(邦無道如矢). 군자구나, 거백옥은. 나라에 도가 있으면 벼슬을 하고(邦有道則仕), 나라에 도가 없으면 재능을 숨기고 나타내지 않는구나(邦無道則可卷而懷之)."

공자가 세상을 돌아다니며 벼슬자리를 구할 때 거백옥의 집에 머문 적도 있었다. 그리고 꾸준히 연락을 주고받은 모양인데, 그 한 장면이 또 《논어》에 등장한다. 거백옥이 심부름꾼을 보냈더니 공자가 물었다. "어르신은 어찌 지내시는가?" 심부름꾼이 대답했다. "허물을 줄이려 노력하시지만 아직 잘 안 되시는 것 같습니다." 심부름꾼이 가고 나서 공자가 말했다. "대단한 심부름꾼이구먼. 대단해." 심부름꾼의 눈에도 거백옥은 자신을 다스리려 애쓰는 모습이었던 것이다. 《공자가어》에는 거백옥에 대해 공자가 내린 직접적인 평가도 나온다. "자기 몸은 바르게 갖지만 남에게는 바르게 하라고 하지 않는다."

 거백옥을 평생 사로잡은 질문이 있다. '혹시 내가 잘못 생각하는 것은 아닐까?' 분명히 자기 판단은 있다. 그러나 혹시라도 그 판단이 잘못됐을 가능성은 언제나 있다. 따라서 자신의 몸가짐과 마음가짐을 끊임없이 재점검한다. 하지만 그 판단을 남에게 강요하지는 않는다. '이 길이 바른 길이니 너도 이 길로 가라.' 이런 오만을 부리지 않는다. 대신 육십 평생을 지켜온 신념이라 하더라도 그게 틀렸음을 확인하면 언제라도 바꿀 준비를 하고 있다. 이런 거백옥의 성격을 보여주는 장면이 하나 더 있다.

 위나라 영공의 태자를 가르치게 된 사람이 거백옥에게 물었다. "태자는 덕이 없는 사람입니다. 제멋대로 버버려두면 나라를 위태롭게 할 것이고, 법도를 지키게 하면 제가 위태로워질 것입니다. 태자는 남의 잘못은 잘 알지만 제 잘못은 도무지 알지 못합니다. 저는 어떻게 해야 할까요?" "고민되겠구나. 경계하고, 신중해라. 그리고 네 몸을 바르게 해라. 겉모양은 따르되(形莫若就) 속마음은 맞추도록 해라(心莫若和). 다만 주의할 점이 있는데, 따르더라도 들어가지는 말고(就不欲入) 맞추더라도 티 내지는 마라(和不欲出). 태자가 어린애가 되거든 너도 어린애가 되고, 태자가 막 나가면 너도 막 나가고, 태자가 거침없으면 너도 거침없이 굴어라. 그러다 보면 잘못이 없도록 이끌 수 있을 것이다." ◦ 인간세

 거백옥이 모셨던 임금 영공이 다스리던 시기의 위나라는 어지러웠

다. 임금이 줏대 없어 실권이 왕비 남자南子에게 넘어가 있었다. 권력을 전횡하는데다 행실까지 안 좋다고 소문난 여자였다. 공자가 이 왕비를 만났다가 불의라고는 못 봐주는 제자 자로한테 혼나고는 "절대 부끄러운 짓 안 했다"고 맹세까지 하는 장면이 《논어》에 나온다. 영공의 태자 괴외는 이런 남자南子를 미워해서 암살 음모를 꾸미다 사전에 발각돼 칼 한 번 뽑아보지 못하고 외국으로 쫓겨난다. 나중에 아버지 영공이 죽자 돌아와 이미 왕이 된 자기 아들을 밀어내고 스스로 왕위에 오르기도 한다. 성질머리 고약한 귀공자였던 모양이다.

이런 태자를 가르치는 업무를 맡게 되면 누구라도 골치가 아플 법하다. 사람 한번 만들어보겠다고 덤볐다가는 오히려 제 명에 못 살 것 같고, 그렇다고 그냥저냥 월급만 축내고 있으려니 개망나니를 임금으로 모실 국민들한테 못할 짓이다. 그런 고민을 거백옥에게 털어놓는 장면이다.

거백옥으로서도 답이 쉽게 나오지 않았던 모양이다. 우선 '경계하고, 신중하고, 몸을 바르게 하라'고 한 자락 깔아놓고 시작한다. 무엇보다 책잡히지 않는 게 가장 중요하다는 뜻이다. 하지만 그래서는 월급만 축내고 있는 것이나 똑같다. 어떻게든 가르쳐야 태자의 스승으로서 직분을 다할 수 있다. 거백옥은 거울 전략을 제시한다.

"겉모양은 따르되 속마음은 맞춰라." 개망나니 태자가 술집에 가면 같이 가라, 그리고 왜 술집에 가기를 즐기는지 그 마음을 이해하라는 뜻이다. 굉장히 위험한 전략이다. 스승이랍시고는 오히려 제자를 따라 함께 타락하는 지름길이 될 수도 있다. 그래서 덧붙인다.

"따르더라도 들어가지는 말고, 맞추더라도 티 내지는 마라." 술집에 함께 가더라도 거기서 같이 망가지자고 가는 게 아니다. 어디까지나 태자를 이해하고, 문제를 찾아서 고치기 위해서다. 본분을 잊으면 안 된다. 그렇다고 '난 어디까지나 스승입네' 하고 있으면 그 역시도 모든 걸 헛수고로 만드는 지름길이다. 그렇다고 '노세, 노세' 하고 먼저 부추기면 스승으로 빵점이다.

태자가 취하면 똑같이 취하고, 태자가 고주망태가 돼 추태를 보이면 그 추태를 똑같이 보일 때 어느 순간 태자는 추태를 보이는 스승에게서 자기 자신의 모습을 발견할 것이다. 그 추태에서 혐오감을 느끼는 순간, 스스로 그 추태에서 벗어날 수 있을 것이다. 사람은 누구나 자정 능력을 갖고 있기 때문이다.

어차피 내가 진리를 독점하고 있지 않다. 내가 알고 있는 게 절대 진리라고 나 자신도 확신할 수 없는데, 단지 내가 진리라고 믿는다는 이유로 남에게 강요할 수는 없다. 남에게는 그저 스스로를 객관화시켜 볼 수 있는 기회를 만들어주는 것으로 충분하다. 고칠 거라면 알아서 스스로 고칠 일이다. 내가 할 수 있는 건 그저 그 사람을 비추는 거울이 되어주는 것뿐이다.

애태타라는 아주 못생긴 사내가 있었다. 남정네들은 애태타와 함께 있지 못해 안달이었고, 여인네들은 저마다 첩이라도 좋으니 애태타에게 시집보내 달라고 졸랐다. 애태타는 늘 남에게 맞출 뿐 자기주장을 내세우지 않는다. 높은 지위에 올라 남의 목숨을 구해준 적도 없다. 돈을 많이 벌어 남의 배를 불려준 적도 없다. 그 못생긴 얼굴은 세상을 놀래킬 지경이다. 남에게 맞출 뿐 자기주장을 하지 않는데(和而不唱), 실제로 아는 게 그리 많은 것도 아니다. 그런데도 사람들이 몰려드는 걸 보면, 애태타에게는 뭔가 특별한 게 있다. ○ 덕충부

애태타哀駘它. 불쌍한 곱사등이라는 뜻이다. 게다가 지독하게 못생기기까지 했다. 이 정도 되면 노틀담의 꼽추 콰지모토처럼 온갖 편견에 가득 찬 멸시의 대상이 되기 십상이다. 하지만 애태타는 멸시가 아닌 부러움의 대상이 돼 있다. 남녀를 막론하고 누구나 함께 있고 싶어 하는 사람이다. 잘난 것도 없다. 지위가 높은 것도 아니고, 돈이 많은 것도 아니고, 그렇다고 아는 게 많은 것도 아니다. 그런데도 애태타에게는 사람들이 몰려든다. 이유는 '남에게 맞출 뿐 자기주장을 하지 않기' 때문이다.

온갖 주변인들이 찾아가 고민 상담을 늘어놓는 사람이 하나씩 있다. 이런 사람들의 중요한 공통점, 절대 어설픈 해법을 제시하지 않는다. 그저 들어준다. 고민을 나눈다. 고민을 함께한다. 뻔한 고민이고 뻔한 해법이 있어도 끝까지 고민을 함께 들어준다.

사실 고민을 하는 사람들이야말로 누구보다도 많은 생각을 이미 한 사람들이다. 그리고 대개의 경우 해법도 이미 알고 있는 사람들이다. 이 사람들에게 필요한 것은 격려와 용기지, 어설픈 잔소리와 강의가 아니다. 하물며 무식쟁이 취급은 더욱 아니다. 설령 대화 중 해법을 찾는 수가 있더라도, 그건 해법을 말해줬기 때문이 아니

라 해법이 저절로 드러났기 때문이다. 해법은 배우는 게 아니라 찾는 것이다. 많은 고민들이, 실은 해법이 없기도 하다. 그저 평생 안고 가야 하는 숙제다. 대화 상대가 되어 해줄 수 있는 일이란, 어깨를 토닥여주는 것뿐이다.

용두레를 쓰지 않는 까닭

자공이 길을 가다 한 노인이 밭이랑을 만드는 것을 봤다. 먼 길을 돌아 물을 길어다 밭에 물을 대고 있었다. 힘만 들고 일이 진척되지는 않았다. 그래서 자공이 말했다.
"노인장, 기계를 쓰면 힘은 별로 들지 않고 얻는 건 많을 텐데요. 기계를 써보시지요."
"어떤 기계요?"
"용두레라고 합니다. 낮은 곳의 물을 높은 곳으로 끌어올려주지요."
"재주 부리는 기계를 쓰면 재주가 필요한 일이 생기고, 재주가 필요한 일이 생기면 재주를 피우려는 마음이 생기는 법이라오. 재주 피워 어떻게 해보려는 마음이 있으면 참됨이 없고 편안하지가 못하지. 그러니 나는 기계를 몰라서 못 쓰는 것이 아니라 마음에 부끄러워 안 쓰는 것이오."
자공은 부끄러워 머리를 숙이고 아무 말도 하지 못했다. ○ **천지**

장자는 공자를 끌어들여 바보짓 시키는 것으로 모자라 공자의 제자들도 등장시켜 시골 촌부에게 망신당하는 역할을 맡긴다. 특히 자공은 공자의 제자들 중에서도 현실 적응력, 생활력이 가장 강했다. 다들 고담준론을 벌이고 있을 때 돈 벌어다 스승 밥 먹이는 건 늘 자공이었다. 공자가 곤경에 처했을 때 공자 자신은 거문고나 뜯고 있었지만, 자공은 외부와 교섭을 벌여 구원병을 보내도록 했다. 공자의 제자들 중에서 가장 출세한 것도 자공이었다.

자공이 보기에 시골 노인이 일하는 꼴은 한심하기 짝이 없었을 것이다. 언덕 아래 우물에서 물 한 바가지 퍼다가 힘겹게 한참을 걸어서 언덕 위의 밭에다 붓고, 다시 터덜터덜 언덕 아래로 내려가기를 반복하는 모습을 상상해보면 자공의 심정이 이해된다. 하루 종일 퍼다 날라도 힘만 들지 밭은 축이지도 못할 것이다. 자공이 답답하다 못해 한마디 하고 만다. "그거 양수기로 퍼 올리면 간단한 일을 뭐 그리 어렵게 하십니까? 양수기가 뭔지도 모르십니까?"

그랬더니 노인이 오히려 혀를 찬다. "이 사람아, 기계 쓰면 좋은 거 누가 몰라서 안 쓰나? 그렇게 꾀부리고 편한 거 찾다 보면 끝도 없으니 안 쓰는 걸세. 세상 사람들이 온통 그렇게 꾀만 부리니 세상이 이 모양 이 꼴 아니겠나."

생텍쥐페리가 스스로 어른을 위한 동화라고 한 《어린왕자》의 한 장면이 떠오른다. 어린왕자가 지구로 오는 도중에 별난 알약을 파는 상인을 만났다. 1주일에 알약 하나만 먹으면 목이 마르지 않고, 그럼 1주일에 53분을 절약할 수 있다고 선전했다. 어린왕자는 "그 53분으로 무얼 하나요?"라고 천진난만하게 묻는다. 갑작스러운 질문에 당황하면서도 상인은 "자신이 하고 싶은 일을 할 수 있다"고 둘러댄다. 그러자 어린 왕자가 하는 말이 걸작이다. "나에게 53분이 있다면 시원한 샘물이 있는 곳으로 천천히 걸어가겠어."

물을 마시는 건 물론 부족한 수분을 보충하는 일이지만, 물을 마시는 행위 자체가 주는 즐거움이 있는 법이다. 물을 마시기 전의 욕망과 물을 마시러 가는 길의 기대감, 그리고 시원한 물이 목구멍을 타고 넘어갈 때의 청량감 모두가 물을 마시는 기쁨이다. 알약 하나로 갈증을 해소하는 건, 이 모든 기쁨을 포기하는 짓이다.

밭에 물을 대는 건, 물을 대는 자체가 중요한 것이고, 특히나 물을 제때에 대 줘야 한다는 점에서는 시간을 줄이는 게 필요하다. 쓸데없이 헛심을 쓸 필요도 없다. 어린왕자가 그랬던 것처럼 일부러 천천히 걸어 다니면서 할 필요가 없는 일이다. 노인도 안다. 일 자체를 위해서는 기계를 쓰는 게 좋다는 것을.

하지만 사람은, 밭에 물을 대자고 태어나지 않았다. 내 발걸음이 거듭될 때마다 밭이 조금씩 젖어 들어가는 걸 확인하기 위해 태어났다. 사람은 묵묵히 땀 흘리며, 꾀부리지 않고 주어진 역할에 매진하는 그 자체에서 존재의 이유를 찾는다. 꾀부리기 시작하면, 편한 거 찾기 시작하면 땀의 가치를 소중히 여기지 않고, 제 역할을 남에게 떠넘기고 싶어 하게 된다. 고생의 가치를 잊게 된다. 자신의 삶을 정면으로 직시할 수 있는 용기를 잃게 된다.

스파르타에 리쿠르고스Lykurgos라는 전설적인 왕이 있다. 형의 뒤를 이어 왕이 됐지만, 형수가 임신 중인 것을 알고는 아이가 태어나길 기다려 8개월 만에 왕위를 물려준 역사에 흔치 않은 사례를 남기기도 했다. 리쿠르고스는 '스파르타'를 떠올리면 생각나는 모든 것을 만든 사람으로 기억된다. 여성을 포함해 전 국민을 군인으로 만들고, 공동식사를 시키고, 검소한 생활을 하도록 했다. 그리고 "내가 돌아올 때까지 내가 만든 법을 고치지 말라"는 말을 남기고 길을 떠나서는 음식을 끊고 스스로 죽었다. 자신이 만든 법을 영원히 고치지 못하게 하기 위해서였다.

리쿠르고스가 스파르타 국가 개조에 나서서 가장 먼저 한 일은 토지개혁이었다. 모든 땅을 몰수해 다시 분배한 것이다. "스파르타는 형제들이 땅을 고루 나눠가진 가족과 같다"는 게 개혁의 구호였다. 경제적 여건에 아무런 차이가 없도록 하고, 대신 개개인의 용기와 덕으로 사람의 차이를 따지도록 한다는 게 개혁의 목표였다. 사람살이에 중요한 것은 부자가 되는 게 아니라 용기 있고 덕 있는 사람이 되는 것이라는 신념의 결과였다.

땅은 어떻게든 몰수한다지만, 집안의 가재도구와 숨겨둔 돈까지 몰수할 수는 없는 법이다. 하지만 재산을 숨겨두면 여전히 돈이 사람을 평가하는 기준으로 남기 마련이다. 리쿠르고스는 그 해법으로 화폐개혁을 단행했다. 금화와 은화를 모두 거둬들이고 쇳덩어리를 돈으로 사용하도록 했다. 뭐 하나 사려면 마차 한 가득 쇠돈을 가져가야 했다. 그렇게 부피가 많이 나가는 쇠돈을 집안에 보관할 수도 없었다.

공산주의가 실패한 것은 생산과 소비를 통제하는 데에는 성공했지만 수요, 즉 욕망을 통제하는 데 실패했기 때문이다. 리쿠르고스는 그 욕망마저 통제했다. 사람의 기본적인 욕망은 식욕과 성욕이다. 리쿠르고스는 모든 사람들이 한 자리에 모여 같은 음식을 먹도록 했다. 삭스핀 먹는 사람과 탕수육 먹는 사람과 짜장면 먹는 사람의 차이를 없앨 때, 서로를 샘내는 일도 없어진다. 물론 다 같이 짜장면을 먹게 되는 게 단점이다. 다 같이 삭스핀을 먹는 평등은 없다.

스파르타에서는 잠도 군대 내무반처럼 꾸며진 막사에서 남자들끼리 혹은 여자들끼리 모여서 잤다. 부부가 함께 있을 수 있는 시간은 저녁식사 후, 취침시간 전 잠시뿐이었다. 심지어 왕마저도 개인 취침이 허용되지 않았다. 나중에 어떤 왕은 승전을 명목으로 왕비와의 개인 식사와 개인 취침을 허락해 달라고 요청했지만 거절당했다.

'스파르타식 교육'이라는, 다소 왜곡된 이미지의 체벌 교육 방식 외에는 스파르타가 남긴 문화유산이 없다고들 한다. 실제로 오늘날에는 자그마한 시골마을에 불과한 스파르타에 찾아간 사람들은 영화 〈300〉의 주인공이기도 한 레오니다스 왕의 (현대에 만들어진) 조각상을 배경으로 사진을 찍어오는 게 고작이다. 역사 유물이라고는 전혀 남아 있지 않다. 남기질 않았으니까. 아니, 만들지를 않았으니까 말이다.

어쩌면 리쿠르고스도 알았는지 모른다. 아테네의 페리클레스가 그랬던 것처럼 파르테논 신전 같은 으리으리한 신전 지어서 경제도 발전시키고, 문화유산도 남기고, 인기도 얻는 게 정치적으로 손쉬운 지배의 방법이라는 것을. 하지만 그렇게 화려함을 추구하면 빈부의 격차가 생기고, 없는 사람은 있는 사람을 질시하고, 있는 사람은 없는 사람을 멸시하기 십상이라는 것 역시도 알고 있었다. 화려함을 추구하면 내면의 사람다움을 오히려 잃게 될 위험을 읽어냈다. 사람이 마음의 평화를 얻기 위해 신전을 짓는데, 으리으리한 신전을 지으면 오히려 마음의 평화를 해치는 일만 생긴다.

  실제로는 수백 년의 격차가 있지만, 리쿠르고스가 페리클레스를 만난다면 시골노인이 자공에게 했던 말을 똑같이 들려줄지 모른다. "이보게, 으리으리한 신전 지으면 멋진 줄 몰라서 못 짓는 게 아니라네. 그렇게 외면만 따지다가 내면의 마음을 다칠까봐 차마 안 하는 거라네."

나무와 땅이 모여
산을 이룬다

말을 부위별로 갈가리 찢어놓으면 말이라고 할 수 없지만(指馬之百體而不得馬), 그 모두를 합해서 눈앞에 매어 놓으면 말이라고 한다. 산은 낮은 것을 쌓아서 높은 것이 되고, 강은 작은 물을 합해 큰 것이 되듯이, 사람도 작은 것을 합해서 큰 인물이 된다(大人合倂而爲公). 그래서 큰 사람은 제 마음에 주장이 있다고 해서 고집하지 않고(有主而不執), 제 주장이 옳다고 해서 남의 의견을 거절하지 않는다(有正而不距). 나무와 돌이 다르지만, 그 모두가 한데 모여 산을 이루는 것과 같다(木石同壇). 여론이라는 것이 이와 같다. ○ **칙양**

머릿속에 그려보면 끔찍한 그림이 나오긴 하지만, 말을 부위별로 잘라서 늘어놨다고 생각해보자. 눈 따로, 입 따로, 장기도 따로따로, 뼈도 따로따로. 그걸 말이라고 할 수는 없다. 그게 모두 합쳐졌을 때

비로소 말이라고 부를 수 있다.

말이 중요한 이유는 물론 튼튼한 다리가 있어서지만, 그렇다고 다리만 있어서는 아무것도 할 수 없다. 사람을 태울 탄탄한 등도 있어야 하고, 앞을 볼 눈도 있어야 한다.

산에는 나무도 있고 돌도 있다. 물론 흙도 있다. 그 모두가 합해져서 산이다. 모양이 볼품없어서 그렇지 돌만 갖고도, 흙만 갖고도 산이 될 수 있지 않느냐고 반문할 수 있다. 물론 가능하다. 적어도 짧은 시간 동안은. 나무가 없으면, 흙으로만 이뤄진 산은 오래 가지 못하고 허물어진다. 비만 조금 오면 산사태를 겪기 마련이다. 한 가지로만 이뤄진 이른바 순수함이란, 외부의 변화에 치명적이기 마련이다.

사람 사는 사회가 그렇다. 말이 합쳐진 모습을 우리는 '통합'이라고 부른다. 말이 부위별로 낱낱이 해체된 모습을 '분열'이라고 한다. 대한민국이 대한민국이기 위해서는 분열되어서는 안 되고 통합되어야 하는 게 바로 이런 이유다. 그러나 그 통합이 '획일'을 뜻하지는 않는다. 획일은 비만 오면 산사태가 일어나는 흙산처럼 위태하다.

모래와 진흙과 돌과 나무와 온갖 풀벌레까지 함께 모여 산을 이루듯이, 폭포에서 떨어진 계곡물과 시냇물과 심지어 상류에서 아낙들이 빨래한 구정물까지 다 합해져서 큰 강을 이루듯이, 사람 사는 사회도 성인군자부터 파렴치범까지 다 함께 사는 곳이다. 그렇게 어우러져 살면서 서로가 서로를 정화하는 게 또한 사람 사는 사회다.

산 속에 짐승이 배설물을 쌌다고 호들갑 떠는 사람은 아무도 없다. 그런데 사람 사는 사회에서는 자신과 다른 생각을 가진 사람을 보면 어쩔 줄 몰라 한다. 이런 생각, 저런 생각 가진 사람들이 모두 다 함께 사는 곳이 사회다. 세상에 똑똑한 인간 많다. 진지한 인간도 많고, 감수성 예민한 인간도 많고, 웃기는 인간도 많다. 여기에 미친 놈 한둘 추가한다고 달라질 것 없다. 어차피 역사란 그런 별종들이 발전시켜 왔다. 내게는 남들이 성격 이상한 별종이지만, 그 남들에게는 내가 별종일 수도 있는 법이다. 획일적인 사회는 숨이 막히고 만다.

헨리 8세의 재혼을 반대하다 처형당한 토마스 모어는 마지막 순간에 "내 목은 짧으니 조심해서 자르게"라고 도부수에게 농담을 던질 정도로 유쾌한 사람이었다. 그러나 정작 모어가 그린 유토피아는 그리 유쾌한 땅이 아니었다. 정치적 자유는 보장한다. 단, 국회의사당 밖에서의 정치토론 금지. 누구나 하루에 6시간만 일하면 된다. 그러나 일하는 도중 꾀부리기는 엄격히 금지. 감시인이 있고, 게으름을 피우는 순간 채찍질이 가해진다. 마지막으로, 자랑질 금지. 누구나 똑같이 밋밋한 옷만 입어야 한다. 멋 부리기는 가장 엄격히 금지되는 사안이다. 어기면 채찍질 또는 사형이다(400년 후에 실제로 장발단속, 미니스커트 단속이 이뤄진 나라도 있었지만). 유토피아는 말 그대로 '어디에도 없는 땅'이 될 수밖에 없다. 또한 어디에도 없어야 마땅하다. 본능마저 무시하는 획일 사회는 지상낙원이 아니라 지옥 그 자체다.

백성들에게는 원래 떳떳한 본바탕이 있다. 베 짜서 옷을 해 입고, 밭 갈아 밥을 지어먹으니 이것이야말로 덕이다. 또 무리지어 하나가 되지만 치우치지 않으니(一而不黨), 이를 구속 없이 자유로움(天放)이라고 한다. 지극한 덕을 이룬 세상에서는 백성들의 행동이 느리고 무거웠으며, 그 눈길은 밝고 환했다. 사람들은 한데 모여 추녀를 잇대고 살았고, 짐승들도 무리를 짓고 초목은 절로 자라났다. 짐승과 더불어 한 가지로 살았고 만물과 하나되어 구별이 없었다(族與萬物竝). ○ 마제

 희한한 별종으로 사는 데에는 용기가 필요하다. 주변의 시선, 수군거림, 손가락질을 감수해야 한다. 때로는 노골적인 괴롭힘이 있을 때도 있다. 교육이라는 명목으로 처벌이 가해지기도 한다. 어릴 때부터 '별종이 된다는 건 피곤하고 고달픈 일'이라는 교훈을 얻게 된다.
 별종이 되는 데 대한 두려움은 소수가 되는 두려움으로 이어진다. 별종을 괴롭히는 데 대한 익숙함은 다수의 횡포를 부리는 익숙함으로 이어진다. 스스로 다수에 속한다는 위안을 얻으면서 소수가 되는 두려움을 떨치는 방법, 그것이 파당을 만드는 것이다. 비슷한 생각을 가진 사람들이 모여 생각을 발전시키는 건 좋은 일이다. 문제는 파당이 되면 '다른' 생각을 또 다른 '별종' 취급을 하며 배척하기 일쑤라는 점이다. 애당초 부당한 별종 취급 때문에 모인 사람들이 단지 자신들과 다르다는 이유로 다른 사람들을 또 배척하는 역설이다.
 처음부터 사람은 다 다르고 사람 수만큼의 가치가 있다고 인정한다면 모두가 다 함께 살 수 있다. 파당을 지어서 서로 배척하고 싸울 필요도 없다. 그저 자유를 만끽하면 된다.

속박으로부터의 자유

양주 묵적의 무리들은 몸과 마음을 괴롭혀 스스로 얻었다고 뽐내지만, 그건 얻은 것이 아니다. 마음과 몸을 괴롭혀 얻은 것을 얻었다고 한다면, 비둘기나 올빼미가 새장 안에 있으면서도 스스로 얻었다고 하겠구나. 화려한 복장을 하고 홀을 잡고 큰 띠를 매고 있다고 뻐기는가. 안으로는 울타리를 치고 밖으로는 얽매를 겹겹이 치고는 눈을 껌벅이는 꼴이다. 마치 죄인이 수갑과 차꼬를 찬 것이나 마찬가지다. 호랑이나 표범이 철창 안에 있으면서(虎豹在於囊檻) 스스로 얻었다고 뽐내는(亦可以爲得) 것과 다를 바 없다. ◦천지

양주와 묵적은 당대에 장자는 물론 공자보다도 훨씬 일반인들에게 설득력을 가졌던 인물들이다. 양주는 '복잡한 세상사야 어찌되든 나 하나부터 제대로 살자'는 생각의 소유자였다. 자칫 이기주의로 비치

기 쉽지만, 전쟁이 일상이던 시대에 생명을 소중히 여기자는 생각처럼 와 닿는 게 없다.

묵적은 흔히 겸애兼愛라는 한 단어로 설명되는 사상가다. 전쟁이 일상인 시대에 '서로 싸우지 말고 사랑하자'는 말이야말로 민중이 가장 듣고 싶은 말이었다. 그러나 현실에서는 늘 싸움이 일어나기 마련, 묵적은 싸움을 말리겠다며 늘 약자의 편을 들었다. 그러다 보니 강자의 미움을 받았다. 그래서 묵가 사상은 역사에서 잊히고 말았다.

하지만 장자가 보기엔 양주와 묵적 모두 허황된 주장을 하고 있다. 겸애, 말은 좋다. 하지만 사람의 본성이 어디 그런가. 순수하기 이를 데 없는 어린아이들도 손 안에 쥔 과자 하나를 양보하지 않는 법이다. 때 묻은 어른들이 제 것을 양보하며 '다 함께 잘 사는' 길을 모색한다는 건 본성을 억누르는 짓이다. 양주의 주장 역시도 마찬가지다. '세상사 어찌되든 나 하나 잘 살면 그만'이라지만, 사람이 세상사와 무관하게 살 수 없다. 어차피 다른 사람과 어울려 사는 게 세상이다. 타인과의 관계에 대한 고민은 삶의 본질이다.

많은 생각을 공유하면서도 장자와 에피쿠로스가 결정적으로 갈라서는 게 바로 이 대목이다. 에피쿠로스가 만든 '정원'은 세상과 단절된 곳이었다. 에피쿠로스는 "세상사와 정치의 감옥에서 우리 자신을 해방시켜야 한다"고 가르쳤다(정치와 거리 두기, 사실 이게 에피쿠로스의 쾌락주의가 수천 년 동안 편견에 찬 시선을 받게 된 진짜 이유였다. 적극적으로 세상 속으로 들어간 경쟁자 스토아학파는 제도권에서 에피쿠로스를 비방했다. 정치와 세상과 담 쌓고 지낸 에피쿠로스와 그의 후예들은 아무런 반박도 하지 않았다. 반박을 할 힘도 없었다. 그들은 스토아학파가 덧씌운 굴레에서 결코 벗어나지 못했다).

"알려지지 않는 삶을 살라"는 에피쿠로스의 가르침은 "벼슬 살며 출세하느니 진흙탕에서 꼬리를 끌겠다"고 한 장자와 비슷해 보인다. 어차피 장자도 방외지자方外之者, 세상 밖에서 노니는 사람을 꿈꿨다. 그러나 방외지자의 삶과 정원에서의 삶은 다르다. '정원'에 사는 사람들은 세상을 외면한 사람들이다. 방외지자는 세상을 똑바로 보기 위해, 세상을 좀 더 잘 보기 위해 세상과 거리를 두는 사람이다. 세상의 규칙에 구애받지 않고 더 좋은 규칙을 모색하는 사람이다. 결국 더 좋은 세상을 만들기 위해 고민하는 사람이다.

다시 인용문으로 돌아가서, 레드 카펫을 걷는 쭉 빠진 턱시도와 화려한 드레스처럼 부러움을 자아내는 복장이 없다. 세상의 시선을 한 몸에 받으며 마음껏 뽐낼 수 있는 복장이다. 그러나 실제로는 가장 불편한 복장이기도 하다. 꽉 저며 맨 넥타이는 숨쉬기조차 불편하고, 몸에 딱 달라붙는, 몸매가 훤히 드러나는 드레스는 밥은커녕 물 한 잔 마음 놓고 마시지 못하게 한다.

홀은 절대 권력의 상징이다. 절대 권력은 무한 자유를 뜻할 것 같지만 실은 무한 구속의 지름길이기도 하다. 인간으로서의 가장 내밀한 비밀마저 보호받지 못한다. 똥오줌을 눌 때조차 혼자만의 시간을 허락받지 못하고, 그 똥오줌조차 다른 사람의 검사를 받는다. 심지어 가장 은밀한 사생활이라고 할 수 있는 잠자리마저 은밀하지 못하다. 잠자리를 갖는 날짜도 따로 택일을 받아야 하고, 잠자리 횟수도 제한을 받고, 잠자리 도중에도 내시와 상궁들의 잔소리를 들어야 한다. '군왕은 무치(부끄러움이 없다)'라는 말로 그 모든 감시를 합리화한다.

몽테뉴는 "당나귀가 왕보다 낫다"고 했다. 당나귀의 주인은 힘들게 짐수레를 끌도록 시키지만, 때로는 들에서 고삐마저 풀고 풀을 뜯어먹을 기회를 준다. 그러나 왕은 하인들에게서 그런 편안한 시간조차 허락받지 못한다.

절대 권력의 속사정이 그렇다면, 부스러기 권력은 말할 것도 없다. '에헴' 하고 큰소리치는 건 겉모습일 뿐이다. 큰 목소리에 비례해서 그 자신에게 가해지는 구속의 크기도 커진다.

장자가 낚시를 하고 있을 때 임금이 보낸 심부름꾼이 찾아왔다. "나랏일을 좀 맡아주십시오." 장자는 돌아보지도 않은 채 말했다. "당신네 나라에는 신령스러운 거북이 있다죠? 죽은 지 삼천 년이나 됐는데, 비단으로 싸서 묘당에 고이 간직한다고 하던데. 그 거북은 죽어서 뼈를 남겨 귀하게 여겨지기를 바랐을까요, 아니면 살아서 진흙탕에서 꼬리를 끌기(寧生而曳尾途中)를 바랐을까요?"
"물론 진흙탕에서 꼬리를 끌더라도 살기를 바랐겠지요."
"돌아들 가시오 나도 진흙탕에서 꼬리를 끌겠소." ○ 추수

거북은 진흙탕에서 사는 게 당연하다. 거북은 비단 옷을 입기를 원하지 않는다. 죽은 뒤 추앙받기를 원하지도 않는다. 고생스러워도 여건 닿는 만큼 먹을 것을 찾고 척박한 환경에서 뒹구는 게 행복이다.

장자가 실제로 벼슬자리를 제안 받았는지는 중요하지 않다. 장자가 살아생전에 이미 높은 벼슬을 제안 받을 정도로 대단한 명성을 누렸을 것 같지도 않다. 장자 스스로가 그 명성을 싫어했을 테니까. 하지만 이야기의 주인공이 꼭 장자일 필요는 없다. 중요한 건, 고관대작으로서의 풍요롭고 화려한 삶보다 진흙탕을 구르더라도 자유롭게 살고 싶다는 그 마음이다. 편안한 삶과 자유로운 삶 중에서 자유로운 삶을 선택하는 자세다.

　알렉산드로스는 "알렉산드로스가 아니라면 디오게네스가 되고 싶다"고 했지만, 불행히도 그런 마음으로는 절대 디오게네스가 될 수 없다. 절대 권력이 아닌 부스러기 권력을 누리느니 무한 자유를 누리고 싶다는 마음은 이해가 된다. 그리고 그런 자세가 무의미한 것도 아니다. 그러나 '절대 권력을 가질 수 없다면'이라는 전제에 이미 권력 지향의 성격이 드러나 있다. 권력을 지향하는 사람은 이왕이면 절대 권력을 더욱 좋아하지만, 부스러기 권력이라고 마다하는 법이 없다. 그리고 권력에 집착하는 그 마음이 있는 한, 자유는 영원히 누릴 수 없을지도 모른다.

늪에 사는 꿩은 열 걸음에 한 번 모이를 쪼아먹고 백 걸음에 한 번 물을 마시면서도 둥우리 안에서 길러지기를 바라지 않는다. 비록 왕 대접을 받더라도 즐겁지 않기 때문이다.　◎ **양생주**

　삶은 괴롭다. 먹을 것은 거저 주어지지 않는다. 스스로 찾아야 한다. 열 걸음을 걸어 찾을 수 있다면 다행이다. 백 걸음을 걸을 수도 있고, 때로는 하루 종일 걸어서 찾아야 할 때도 있고, 그나마 못 찾아 굶어야 할 때도 많다. 집에서 기르는 꿩은 그보다 훨씬 편하게 살 수 있다. 배고플 틈도 없이 때 되면 먹을 것을 가져다준다. 그것도 영양 관리도 잘 돼 있는 것으로. 물은 원할 때면 언제든지, 얼마든지 마실 수 있다. 삶을 위한 모든 편의가 주어져 있다. 다만 한 가지가 없다. 그것은 자유다.

이솝 우화에 최초로 개가 된 늑대 이야기가 나온다. 늑대가 개가 되면 더 이상 추위에 떨 필요도 없고, 먹을 것을 찾아 헤맬 필요도 없다. 만날 몽둥이찜질에 쫓겨다니기 일쑤였던 사람에게서 귀여움까지 받는다. 그러나 목에는 개 줄이 채워져 있다.

그리스 비극의 황금기를 연 아이스킬로스는 《결박된 프로메테우스》에서 제우스에 대항했다가 바위에 묶여 독수리에게 간을 쪼아 먹히는 프로메테우스와 제우스의 신임을 받는 심부름꾼 헤르메스의 신세를 대입시킨다. 자유를 외치는 프로메테우스가 말한다. "나는 이 불행을 자네의 종살이와 결코 바꾸고 싶지 않네." 헤르메스는 냉소한다. "그러는 댁은 이 바위에 종살이를 하는 신세 아니던가요?"

어차피 종살이를 한다면 바위에 하는 것보다 제우스에게 하는 편이 낫지 않을까 하는 생각이 고개를 드는 순간, 《그리스인 조르바》의 조르바가 일갈한다. "두목, 당신은 긴 줄 끝에 묶여 있어요. 왔다 갔다 하니까 당신은 그걸 자유라고 생각하겠죠. 하지만 당신은 그 줄을 잘라 버릴 생각은 꿈에도 못해요."

새는 푸르른 하늘을 날아다닐 때 가장 자유롭다. 물고기는 깊은 물속을 헤엄칠 때 가장 자유롭다. 호랑이는 울창한 숲을 누빌 때 가장 자유롭다. 그게 자신의 본성이기 때문이다. 우리는 스스로 그 본성을 속이고 산다. 본성을 억누르면서 억누르지 않는다고 생각한다. 우리를 묶고 있는 긴 줄을 스스로 깨닫지 못한 결과다.

우리의 인생을 마차에 묶인 개에 비유했던 사람이 에픽테토스다. 어차피 끌려가게 돼 있으니 알아서 마차와 같은 방향으로 움직이는 게 편하다고 가르쳤다. 반대 방향으로 가면 개만 고통스러울 뿐, 어차피 끌려가는 결과에는 아무런 영향을 미치지 못한다.

에픽테토스는 자유란, 규칙을 따르는 것으로부터 비롯된다고 주장했다. 예컨대 우리는 쓰고 싶은 글을 마음대로 자유로이 쓸 수 있다. 단, 전제조건이 있다. 글자를 알아야 하고, 문법을 알아야 한다. 알 수 없는 언어로, 제멋대로 쓰면 아무도 읽지 못한다. 완벽한 자유란, 실제로는 전혀 자유롭지 않음을 뜻하게 되는 것이다.

장자의 생각은 다르다. 규칙은 더 나은 규칙으로 대체될 수 있다. 규칙 안에만 머물면 더 나은 규칙을 생각해 낼 수 없다. 장자가 세상 밖에 머무르려는 진짜 이유다. 어차피 문법은 바뀐다. 매여 있는 게 아니다. 새로운 단어도 만들어진다. 그러면서 언어도 발전한다. 이태준이 《문장강화》에 쓴 것처럼 "말은 영구히 '헌 것, 부족한 것'으로 존재한다. 글 쓰는 사람은 전래어든 신어든 외래어든, 오늘 아침부터라도 이미 존재하는 어떤 언어에도 만족해서는 안 될 것이다. 끊임없는 새 언어의 탐구자라야 한다."

틀을 깨려는 노력이 없으면, 규칙 자체를 객관화해서 바라보는 노력이 없으면, 창조는 없다. 답습이 있을 뿐이다. "칠십 평생에 벼루 열 개를 밑창 냈고 붓 천 자루를 몽당 붓으로 만들어" 추사체라는 독특한 필체를 만들어낸 서예가 김정희는 장자를 제대로 이해한 것 같다. "난초를 그리는 데 법이 있어도 안 되고 법이 없어도 안 된다(寫蘭有法不可 無法亦不可)."

우리는 모두 보이지 않는 개 줄을 걸고 산다. 개 줄을 끊어내야 한다. 그 개 줄은 단지 외부로부터의 간섭만 의미하지는 않는다. 스스로 부여하는 속박 역시 개 줄이다.

숙산무지가 공자를 만난 뒤 노자를 찾아가 말했다. "공자는 아직 멀었더군요. 남 가르칠 형편이 아니던 걸요. 아직도 세상에서 인정받으려는 허망한 명예에 집착합니다. 그것이야말로 질곡인 줄을 몰라요."
"그러는 네가 그 질곡을 벗겨주지 그랬느냐?"
"하늘이 내린 벌인데 제가 어떻게 벗겨주겠습니까." ○ 덕충부

숙산무지는 '숙산에 사는 발 없는 사람'이라는 뜻의 가공인물이다. 가공인물이니까 장자가 하고 싶은 말을 대신해주는 입인 셈이다. 그런 사람을 통해 하는 말이 "허망한 명예에 집착하는 건 질곡"이라는 지적이다. 질곡桎梏이란 손에 채우는 수갑桎과 발에 채우는 수갑梏이다. 사람을 꽁꽁 묶는 속박이다. 아닌게 아니라 공자는 인의라는 자신의 신념에 사로잡혀 한평생 중국 대륙을 떠돌며 고생했던 사람이

다. 그 고생을 '하늘이 내린 벌'이라고 표현한 것이다. 공자가 허망한 명예에 집착했다는 게 비판의 요지는 아니다. 인의라는 신념에 사로잡힌 자체가 이미 질곡이다. 그 질곡은 사실 공자 스스로 채운 것이다. 그 질곡마저 벗어던질 때 진정한 자유를 누릴 수 있다.

속박은 외부로부터만 오지 않는다. 외부의 개 줄을 끊고, 스스로의 개 줄에 묶일 수도 있는 것이다. 《그리스인 조르바》의 저자 니코스 카잔차키스는 이렇게 썼다. "그들은 단지 감옥을 바꿀 뿐이다. 이제는 더 이상 돌, 회반죽, 그리고 철근의 벽이 아니라 희망과 꿈의 벽이지. 그들은 감옥을 바꾸는 거야. 그리고 이것을 자유라고 부르지."

비단 외부로부터의 자유만 문제가 아니다. 내면으로부터의 자유, 고정관념으로부터의 자유, 학교에서 배운 것, 그리고 책에서 배운 것으로부터의 자유. 이런 것에 속박당하는 것은, 대개 스스로에게 자신이 없어서다. 스스로에게 가치를 부여하면 구애될 것이 없다.

중요한 점 하나 더. 숙산무지는 공자를 질곡에서 벗겨주지 않았다. 물론 공자 스스로 선택한 질곡이기에 스스로가 벗어날 수 있기 때문이다. 실은 그보다 더 중요한 이유가 있다. 인의에 대한 신념을 질곡으로 규정한 건 어디까지나 숙산무지의 관점일 뿐이다. 그게 질곡이니 벗어나라고 강요하는 건, 그 자체로 공자에게는 또 다른 질곡이 될 수 있다. 공자에게 자기 신념에 차 스스로 속박당하고 있다면서, 자기도 똑같은 잘못을 저지르는 꼴이다. 내 관점이 옳다며 상대에게 자신의 관점을 강요하는 건 폭력이다. 절대화된 신념은 내게도, 남에게도 자유의 적이다.

완전한 자유란,
결국 의존을 깨닫는 것

> 북쪽 바다에 곤이라는 물고기가 있다. 그 크기는 몇 천 리나 된다. 그 물고기가 변해서 붕이라는 새가 된다. 그 새의 등덜미는 몇 천 리나 되는데, 한번 기운을 떨쳐 날면 날개가 마치 하늘에 드리운 구름과 같다. ○ **소요유**

붕새 이야기는 《장자》를 시작하는 첫머리다. 동시에 결론이기도 하다. 그러나 나 자신도 그랬거니와 《장자》를 처음 접하는 사람에게는 본뜻이 전달되기보다는 '뭐 이런 황당한 이야기가 있나' 싶은 생각이 들게 한다. 《장자》를 다 읽고 다시 보면 '이 이야기 한 편이 장자의 모든 내용을 담고 있었구나'라고 뒤늦게 생각하게 하기도 한다. 거의 모든 장자 해설서들이 맨 앞부분에서 다루는 이 이야기를 이 책에서는 가장 나중에 다루는 이유도 그래서다. 이제는 붕새를 이해할 준비가 됐기 때문이다.

곤이라는 물고기는 북쪽 바다에 산다. 동양권에서 북쪽은 대개 좋지 않게 쓰인다. 춥고 어둡고 음습하다. 우리가 사는 힘한 세상이다. 물고기는 우리 자신이다. 크기가 몇 천 리나 되지만 수면 아래에 있어 존재감이 없는, 저마다 알고 보면 너무나 잘났지만 남들은 잘난 줄 몰라주는 그런 존재다.

그런 물고기가 변해서 새가 된다. 등덜미가 몇 천 리나 되는 어마어마한 크기다. 날개를 펴면 구름처럼 하늘을 가린다. 더 이상 힘한 세상에 매이지 않는다. 더 이상 수면 아래에 모습을 감추지도 않는다. 자유롭게, 멋지게, 거칠 것 없이 창공을 가른다. 변신이다. 예전의 모습을 털어내고 새로운 모습으로 거듭난다. 자유란 그렇게 거듭나는 변신이다. 자신을 버림이고, 자신을 되찾음이다.

붕새는 바다 기운이 한번 크게 움직일 때에 남쪽 바다로 옮겨 가려고 하는데, 남쪽 바다는 곧 천지다. ● **소요유**

주의할 점은 변신이 저절로 이뤄지지는 않는다는 점이다. "바다 기운이 한번 크게 움직일 때에" 변신한다. 바다 기운이 한번 크게 움직이는 때를 '틈타' 할 수도 있고, 바다 기운이 한번 크게 움직이는 '덕분에' 할 수도 있다. 계기가 될 수도 있고, 기회가 될 수도 있고, 도움이 될 수도 있다. 어쨌든 바다 기운이 한번 크게 움직인 데 '힘입어' 변신을 이룬다. 세상이 무엇 하나 혼자 힘으로만 되는 건 없다.

자기 변신마저도. 모든 게 작용과 반작용이다.

그리고 향하는 곳이 남쪽이다. 남쪽은 북쪽의 반대다. 밝고, 따뜻하다. 이상향이다. 자유가 충만한 곳이다. 그런데, 붕새는 남쪽으로 '장차 옮겨 가려' 할 뿐 도착했다는 말은 보이지 않는다. 남쪽은 하나의 지향점이다. 자유가 그렇다. 하나의 지향일 뿐이다. 삶이 그렇듯 과정이 의미 있는 것이지, 성취라고 생각하면 이미 손 안에는 아무것도 없기 마련이다.

"떠다니며 노닐어서 찾는 바를 모른다(浮遊不知所求)(재유)." 이게 자유의 모습이다. 거창한 목적을 세우고, 그 목적을 향해 '사소한' 것들을 희생하기 시작하면, 그 역시 억압이고 폭력이다. 자유는 그냥 자유로움 그 자체이지 무엇을 '위한' 자유란 없다.

《제해》를 보면 "붕새가 남쪽 바다로 옮겨 가려 할 때에는 물결을 치면서 삼천 리를 난 다음 회오리바람을 타고 구만 리를 올라가서 여섯 달 만에야 쉰다"고 하였다. ◦ **소요유**

《제해》라는 책은 과거에 있었던 책이라고도 하고, 장자가 워낙 황당한 이야기하려니까 민망해서 책 이름 아무거나 하나 주워섬긴 것이라고도 한다. 아무래도 좋다. 기억해둘 건, 물고기가 새로 변신하자마자 곧장 남쪽 바다를 향한 비행을 시작하는 게 아니라는 점이다. 하늘 높이 날아오르는 게 먼저다(왜 그런지는 몇 문장 뒤에 장자가 직접 설명한다).

변신에는 계기 또는 기회가 있었다. 다른 사람 또는 조건의 도움을 받았다. 의존이다. 그러나 물고기가 새로 변신했더라도 날아오르는 건 새 자신의 문제다. 새 자신의 힘으로 비상해야 한다. 홀로서기다.

구만리를 올라가는 길이 쉬울 리 없다. 물속에서 물 밖으로 나오는 것만도 한번에 성공한다는 보장이 없다. 생물이 지구상에 모습을 드러낸 뒤 물속에서 물 밖으로 나오는데 수십억 년이 걸렸다. 그리고 그 생물이 다시 하늘을 나는 데 또 수십억 년이 걸렸다. 등덜미만 몇천 리에 이르는 붕새라고 해서 그 비상이 쉬울 턱이 없다. 오히려 그토록 크기 때문에 비상은 더욱 힘들 수 있다.

그 모든 실패와 좌절을 딛고 드디어 물을 떨치고 올라 하늘로 솟아오르더라도 끝이 아니다. 무려 구만리의 수직상승을 감행해야 한다. 우주선을 발사해도 가장 위험한 때가 바로 궤도에 오르기까지 수직상승의 시간이다. 중력을 뚫고, 공기저항을 이겨내고, 창공의 한 점이 될 때까지 솟아올라야 한다. 누구도 도움을 줄 수 없다. 오로지 혼자 힘으로 모든 어려움을 극복해야 한다.

물론 그 길이 쉽지는 않다. 카잔차키스의 표현을 빌리자면 "타 죽더라도 비밀을 보겠다"는 각오가 필요하다. 같은 말을 조르바의 입을 빌릴 때에는 좀더 시원스레 한다. "부딪혀 작살이 나면 그뿐이죠." 까짓것 한번 해보는 거다. 물론 작살날 각오도 해야 한다. 비상에 실패하면 추락이 기다리고 있다는 사실을 직시해야 한다.

아지랑이나 티끌은 모두 생물이 불어버는 입김이다. 하늘이 저토록 푸른 것은 하늘의 본래 빛깔인가, 멀고멀어 끝이 없는 까닭인가. 붕새가 나는 구만리 상공 저 위에서 지상을 내려다보아도 또한 저러할 뿐이다.

o **소요유**

　시선이 하늘 높은 곳으로 바뀌었다. 하늘 높은 곳, 구만리 상공에서 보면, 세상 만물이 아지랑이나 티끌로만 보일 것이다. 하나하나의 개체보다는 큰 지형이 눈에 들어올지도 모르고, 큰 구름의 이동이 한눈에 보일지도 모른다(그래서 혹시 누군가 기우제를 지내고 있으면 구름을 살짝 밀어주고 싶은 유혹을 느낄지도 모른다. 물론 티끌처럼 작아지는 바람에 기우제를 지내는 모습이 안 보인다는 함정이 있긴 하다).

　하늘 색깔도 마찬가지다. 장자가 의도한 바는 아니겠지만, 구만리 상공이면, 대략 3만 6천km, 정지위성 궤도 높이와 일치한다. 우주 상공이다. 지구를 보면 '아름답고 푸른 별'로 보인다. 반면 하늘은 우리가 보는 푸른색이 아닌 칠흑 그 자체다.

　시선이 바뀌면 보이는 게 달라진다. 땅 위의 아옹다옹하는 삶이 쪼잔해 보이고, 큰 틀에서는 오히려 쪼잔한 싸움의 두 당사자 모두에게 귀를 기울이는 여유도 생기고, 혹여 나 자신이 싸움의 당사자가 된다면 통 크게 한발 물러설 용기를 주기도 한다. 무엇보다, 더 이상 땅 위의 삶에 집착하지 않게 된다. 그래서 땅 위에서 사는 법에 미련을 갖지 않는다. 지금까지 내 삶을 지배해 온 규칙의 구속을 더 이상 받지 않게 되는 것이다. 조르바가 말했던 긴 줄을 드디어 끊게 되는 것이다.

핵심은 거리 두기다. 땅 위의 삶을 하늘에서 바라봤기 때문에 새로운 깨달음을 얻는다. 땅 위에서만 산다면, 그게 전부다. 그러나 하늘에서 본다면, 더 넓은 땅을 보고, 그 땅 너머의 바다도 보고, 그 바다 너머의 다른 땅도 볼 수 있다. 내가 옳다고 여겨 온 신념, 나를 가둬 온 고정관념을 바로 그런 거리 두기로 깨어 버릴 수 있다.

'높이 나는 새는 멀리 본다'는 유명한 말에 '낮게 나는 새는 자세히 본다'는 반론이 정답처럼 돼 있다. 물론 맞는 말이다. 그러나 핵심을 빗나간 말이다. '높이 나는 새가 멀리 본다'는 말은, 비루한 일상을 좀 더 객관적으로 볼 수 있는 거리를 확보했다는 뜻이다. 다 썩어빠진 물고기 한 마리를 놓고 서로 물어뜯고, 그러다 그 물고기마저 물에 빠뜨려서 먹지 못하게 되고, 그럼 빈손으로 서로 죽도록 싸움만 하는, 그런 일상을 지배하는 규칙이 과연 정당한지, 다른 규칙의 여지는 없는지, 새로운 규칙은 어디서 찾아야 할지를 고민할 수 있는 거리를 확보한다는 뜻이다.

지구 안에서는 지구를 볼 수 없다. 지구를 벗어나서 우주로 나가야만 지구를 볼 수 있다. 자기 자신의 모습조차도 나보다 남들이 더 정확하게 볼 수 있다. 어차피 속사정을 모르고 하는 헛소리라고? 천만의 말씀이다. 그 놈의 속사정이야말로 비겁한 변명이다. 그래서 스스로를 볼 때 거울을 통해서 본다. 바깥에서의 시선을 이용하는 것이다.

한 조직이 출구가 안 보이는 위기에 빠졌을 때, 가장 정확한 처방과 해법을 내놓을 수 있는 사람은 외부인이다. 똑같은 교육을 받고, 똑같은 규칙을 만들어 적용해 왔고, 똑같은 고민을 나눈 사람들이

회의실에서 머리 쥐어뜯어 봤자 똑같은 답만 나온다. 외부인은 그런 일체의 관행과 규칙을 뛰어넘어 문제의 핵심을 볼 수 있다. '높이 나는 새'가 별다른 게 아니다. '낮게 나는 보통 새'의 관점에 지배당하지 않는, 다른 시선을 가진 자유로운 새다. "나는 아무것도 바라지 않는다. 나는 아무것도 두려워하지 않는다. 나는 자유이므로." 카잔차키스의 유명한 묘비명은 소설 같아 보이지 않는 소설 《신을 구하는 자》의 일부분이다. 원문은 뒤에 두 문장이 더 있다. "나는 마음과 가슴, 그 모두로부터 자유롭다. 훨씬 더 높이 올랐기에 나는 자유롭다."

이 자유란, '독재 타도'와 같은 쩨쩨한 구호의 수준을 넘어선다. 불교에서 말하는 해탈의 개념에 오히려 가깝다. 아닌 게 아니라 달마 이후 희미해 가던 선의 전통을 다시 세운 혜능 이후 불교 철학은 장자에게 많은 걸 빚지고 있다. 도道를 중심 개념으로 삼고, 깨달음을 얻은 사람을 진인眞人 또는 지인至人이라고 부르는 것도 장자의 용어를 빌린 것이다. 그 전통에서 우뚝 선 봉우리 하나가 임제林際다. 임제는 이런 과격한 언사를 남겼다. "부처를 만나면 부처를 죽이고, 조사를 만나면 조사를 죽여라."

같은 말을 서산대사는 좀 더 부드럽게 했다. 서산이 사명에게 물었다. "어떻게 왔느냐?"

"옛길을 따라서 왔습니다."

"옛길을 따르지 말라."

부처의 권위에 눌려 무비판적으로 받아들이면 이미 새로운 관점을 얻기는 틀려먹었다. 하물며 스승은 말할 것도 없다. 스승은 물론 부처의 가르침마저 멀찍이 떨어뜨려놓고 객관화해서 볼 수 있어야 한다. 절대적인 그 무언가를 인정하면 자유는 없다. 깨달음도 없다. 해탈도 없다.

물이 깊지 못하면 큰 배를 띄울 힘이 없다. 한 그릇 물을 웅덩이에 부어놓고 지푸라기 하나를 띄우면 배처럼 뜨지만, 그곳에 잔을 띄우면 가라앉고 만다. 물은 얕고 배는 크기 때문이다.
마찬가지로 바람이 쌓인 두께가 얇으면 저 큰 붕새의 날개를 떠받칠 힘이 없다. 구만리쯤 올라가야 바람이 충분히 쌓여서, 그 바람으로 날갯짓을 하면 아무것도 거칠 것이 없다. 그런 다음에야 남쪽 바다로 간다.

○ 소요유

예컨대 경비행기는 높은 고도까지 올라가지 않는다. 올라갈 필요도 없고, 그럴 능력도 없다. 대형 항공기이기 때문에 높은 고도가 필요한 것이다. 붕새도 마찬가지다. 하찮은 매미 따위라면 힘든 변신의 시간도 필요 없고, 활주로를 달리는 도움닫기도 필요 없고, 구만리까지 오르는 비상도 필요 없다. 날개가 몇 천 리에 이르는 붕새이기 때문에 힘든 도약이 필요하다. 그 날갯짓을 하려면 날갯짓을 받아주는 충분한 공기가 있어야 하기 때문이다. 좁은 공간에서는 몇 천 리나 되는 날개를 펼치지도 못한다. 하물며 날개를 퍼덕거리는 건 더욱 불가능하다. 거대한 새에게는 광대한 공간, 그 자신의 자유로운 몸짓을 받아주는 환경이 반드시 필요하다.

매미와 산까치가 한번 올라오르면 구만리를 나는 붕새 이야기를 듣고 비웃었다. "우리는 훌쩍 솟아 날아 봤자 나무덤불에 부딪히거나 그마저 실패해서 땅바닥에 처박히는데, 무슨 영광 보겠다고 구만리나 날아오르겠다고 하는 거람?" ◦ **소요유**

앞서 이미 인용했던 매미와 산까치 이야기는 바로 이 맥락에서 나왔다. 높이 날고 싶었던 갈매기 조나단 시절을 비웃는 친구들처럼, 거대한 날개를 퍼덕이는 붕새를 비웃는 매미와 산까치가 있었다. 자신들의 삶을 조금 떨어져서 돌아볼 생각이라고는 전혀 하지 않는, 그저 비루한 일상에 매몰돼 그저 그런 하루가 전부라고만 생각하는 인생들이다. 그리고 도약을 꿈꾸는, 조금 다른 삶의 방식을 고민하는 사람에게 가차 없는 비웃음을 날리는 인생들이다. 바로 지금 이 순간에도 얼마나 많은 붕새들이 매미와 산까치의 이런 비웃음에 용기를 잃고 있을까. 어쩌면 붕새에게 가장 필요한 건 날갯짓을 위한 공기가 아니라 매미와 산까치의 이해일지도 모른다.

구만리까지 솟아오르는 건 어쨌든 붕새 혼자 감당할 일이다. 그 어떤 어려움이 닥쳐와도, 그 어떤 비웃음이 날아와도, 꿋꿋하게 용기를 잃지 말고 비상해야 한다. 그러나 최초의 변신, 그리고 구만리 상공에서의 비행은 혼자서만 하는 게 아니다. 바람이 없으면 날갯짓을 할 수 없다. 완전한 자유란, 결국은 의존을 깨닫는 것이기도 하다.

마치며

이 책을 유심히 읽은 독자라면 눈치 챘을지 모른다. 이 책에 등장하는 사람들 대부분이 2천년 전 사람인데, 딱 두 사람이 예외다. 한 명은 《그리스인 조르바》의 작가 니코스 카잔차키스, 다른 한 명은 《수상록》의 작가 몽테뉴다.

카잔차키스는 한때 '성자의 질병(중세 수도자들이 육체적 욕망에 못이겨 유곽을 찾아 발길을 옮기면 몸에 종기와 부스럼이 났다는 희귀한 증상)'까지 앓을 정도로 독실한 기독교인이었다. 그러나 그리스의 유명한 수도원 계곡까지 가서 고행을 거듭하는 수도자들을 보고 나서 내린 결론은, 조르바처럼 '현재를 살자'였다. '자유롭게 살자'였다. '나중에 커서 훌륭한 사람이 되겠다'는 꿈을 갖고 있던 시절, 내게 조르바는 그저 날건달일 뿐이었다. 그러나 내가 이미 커 버렸음을 자각한 이후, 조르바는 내 우상이 됐다. 내게는 여전히 손에 잡히지 않는 자유를 조르바는 이뤘기에. 장자가 꿈꾼 '진인真人'의 삶을 소설로 그려낸다면 《그리스인 조르바》가 되지 않을까 하는 생각을 해보곤 한다.

몽테뉴에게도 많은 빚을 졌다. 딱히 출처를 밝히지 않고 《수상록》에서 많은 일화를 가져왔다. 몽테뉴가 생각한 바람직한 인간형이 에피쿠로스를 거쳐 카토와 소크라테스로 옮겨 가는 동안 퍽이나 많은 이야기가 등장하는 탓이다. 그러나 내가 몽테뉴에게 빚진 건 그런 일화 몇 개 정도가 아니다. 몽테뉴의 문제의식을 빚졌다. 사람 잘 살자고 사람이 만들어낸 종교가 사람을 죽이는 시대를 견디지 못하고 몽테뉴는 공직에서 물러나 글을 썼다. 그리고 그놈의 절대진리가 무엇이길래 사람이 사람을 죽일 수 있느냐고 되물었다. 자신과 종교가 다르다는 이유만으로 상대를 사탄으로 규정하는 500년 전 몽테뉴의 시대와, 자신과 신념이 다르다는 이유로 상대를 악으로 규정하는 지금의 한국 사회가 뭐가 다른지 나는 알지 못한다. "제 아무리 왕좌에 앉아 있어 봤자 '똥구멍' 위에 앉아 있기는 똑같은" 주제에 뭐가 그리들 잘났는지 모르겠다. 내가 이 책을 쓰는 마음이 몽테뉴가 《수상록》을 쓰는 마음과 다르지 않았을 것 같다. 내 노트북 속에서 이 책 원고의 이름은 '장자 에세이'였다.

이 책에 실린 《장자》의 번역은 《장자》(김달진 옮김)를 기본으로 했다. 10여 년 전 뜻도 모르고 맥락도 모르면서 억지로 완독했던, 그리고 미국까지 갖고 갔던 《장자》이기도 하다. 한자어가 워낙 많이 등장하고 고어체 문장이 많아서 경우에 따라서는 원문을 참조해 윤색했다. 꼭 필요한 경우가 아니면 고유명사를 생략하기도 했다.

《장자》의 사상을 이해하는 데에는 《장자, 마음을 열어주는 위대한 우화》(정용선 지음), 《장자, 차이를 횡단하는 즐거운 모험》(강신주 지음)의 도움을 받았다. 특히 정용선의 책은 '내편'을 충실히 번역하고 있어서 김달진이 번역한 《장자》를 윤색할 때 많이 참고했다. 오쇼의 장자 해석서 《삶의 길 흰구름의 길》과 《장자, 도를 말하다》 역시 장자 사상의 핵심을 이해하는 데 도움을 준 책이다. 토머스 머튼의 《장자의 길 The Way of Chuang Tzu》은 미국에서 산 작은 책이었지만, 내 식대로 장자를 풀어내는 데 큰 영감을 줬다.

책에 등장하는 《열자》의 문구는 김학주가, 《논어》는 한상갑이 옮긴 책에서 가져왔지만 문맥에 따라 손을 보기도 했다. 《사기》는 '본기'와 '세가'는 정범진, '열전'은 김원중의 번역본을 기초로 다시 꾸몄다.

선불교 이야기는 《혜능 육조단경》(김진무 옮김), 《임제어록》(정성본 옮김), 《선의 황금시대》(오경웅 지음), 《길 없는 길》(최인호 지음), 《도나 먹어라》(이외수 지음)에서 옮기면서 살짝씩 윤색했다.

《그리스 철학자 열전》(라에르티오스 지음, 전양범 옮김)과 《플루타르크 영웅전 전집》(이성규 옮김)은 이 책에 등장하는 서구 인물과 철학 이야기 대부분의 출처다. 《소크라테스의 변명》(플라톤 지음, 황문수 옮김), 《플라톤 대화편 전집 Essential Dialogues of Plato》(벤자민 조웻 옮김)에서도 한두 대목씩 따 왔다. 물론 상세 대화는 조금씩 살을 붙이기도 했다.

《역사》(헤로도토스 지음, 천병희 옮김), 《펠로폰네소스 전쟁사》(투키디데스 지음, 천병희 옮김),《그리스 역사》(크세노폰 지음, 최자영 옮김)에서도 몇몇 이야기를 인용했다.《고대 그리스의 영광과 몰락》(김진경 지음),《그리스인 이야기 1, 2, 3》(앙드리 보나르 지음, 양영란·김희균 옮김),《최초의 민주주의》(폴 우드러프 지음, 이윤철 옮김),《고대수사학》(만프레트 푸어만 지음, 김영옥 옮김),《위대한 연설》(김헌 지음),《고대 아테네 정치제도사》(최자영 지음)가 없었다면 읽기 쉽지 않았을 책들이기도 하다.

스토아철학은《그리스 로마 에세이》(키케로 외 지음, 천병희 옮김),《직언》(윌리엄 어빈 지음, 박여진 옮김),《화에 대하여》(세네카 지음, 김경숙 옮김),《엔키리디온 Enchiridion》(에픽테토스 지음, 와일더 출판사 편)에서 대부분 인용했다.

그리스 신화는《일리아스》(호메로스 지음, 천병희 옮김),《그리스 비극 걸작선》(아이스킬로스·소포클레스·에우리피데스 지음, 천병희 옮김),《소포클레스 전집 The Complete Plays of Sophocles》(로버트 바그·제임스 스컬리 옮김)과《문명의 배꼽, 그리스》(박경철 지음)를 참조했다.《오디세이아》(호메로스)는 번역본을 준비하지 못해 미국 도서관에서 봤는데, 번역자를 따로 적어두지 않았다. 이솝우화는《이솝우화전집》(고산 엮음)을 모본으로 삼았지만 윤색 과정에서《라퐁텐 우화집》(민희식 옮김)을 참고했다.

마지막으로 크게 빚진 책이 한 권 더 있다. 이윤기의《무지개와 프리즘》. 어찌 보면 하찮은 산문집일 뿐이다. 그러나 내게는 그리스 신화와의 첫 만남이었고, 동서양 고전과의 첫 만남이었으며, 심지어 장자와 카잔차키스와의 첫 만남이기도 했다. 술로 밤을 지새우기 일쑤던 신참 기자가 책을 가까이 하게 됐고, 그리스 신화와 손자병법, 장자를 주제로 책도 내게 됐다. 책 한 권이 내 인생을 바꿨다. 이 책도 누군가에게 그랬으면 좋겠다.